KB067241

한번 읽으면 절대로 잊지 않는

경리·회계·총무

한번 읽으면 절대로 잊지 않는

경리·회계·총무

이종민 지음

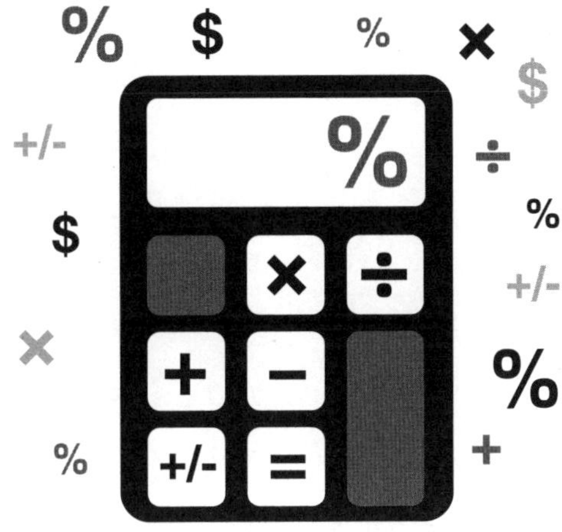

최고의 전문가가 되는 데는 10일이면 충분하다

메이트북스

메이트북스 우리는 책이 독자를 위한 것임을 잊지 않는다.
우리는 독자의 꿈을 사랑하고,
그 꿈이 실현될 수 있는 도구를 세상에 내놓는다.

한번 읽으면 절대로 잊지 않는 경리·회계·총무

초판 1쇄 발행 2019년 10월 20일 | **초판 3쇄 발행** 2024년 9월 5일 | **지은이** 이종민
펴낸곳 ㈜원앤원콘텐츠그룹 | **펴낸이** 강현규 · 정영훈
등록번호 제301-2006-001호 | **등록일자** 2013년 5월 24일
주소 04607 서울시 중구 다산로 139 랜더스빌딩 5층 | **전화** (02)2234-7117
팩스 (02)2234-1086 | **홈페이지** matebooks.co.kr | **이메일** khg0109@hanmail.net
값 17,000원 | ISBN 979-11-6002-255-1 03320

이 도서의 국립중앙도서관 출판시도서목록(CIP)은 e-CIP홈페이지(http://www.nl.go.kr/ecip)에서 이용하실 수 있습니다.(CIP제어번호 : CIP2019038891)

회계를 모르고
어떻게 사업을 한단 말인가?

• 이나모리 가즈오(일본의 세계적 기업가) •

회계담당자가 회사의 미래를 좌우한다

인공지능기반 자동재무제표가 실행된다면, 현재 회계담당자인 내 업무를 뺏는 경쟁자로 생각해본 적이 있는지요? 미래학자들은 인공지능의 영향으로 제일 먼저 없어질 직업으로 회계·세무관련 직종을 예상하고 있습니다. 클라우드 활성화 및 인공지능의 발달로 머지않아 자동재무제표 작성이 가능해지고, 자동세금신고도 가능해질 것입니다. 따라서 기업 내에서 회계직원은 지금보다 줄어들 것이라 예상할 수 있습니다.

인공지능을 나의 경쟁자가 아닌 보조자로 사용하기 위해서는 제일 먼저 재무제표 작성연습부터 해보길 권합니다. 회계담당자는 회사에서 회계 소프트웨어를 사용하고 있더라도 직접 손으로 증빙정리, 전표 작성, 장부 작성, 시산표 작성, 재무제표 작성까지 전 과정을 직접 해보길 권합니다. 귀찮은 일이지만 이를 통해 재무제표 작성 전 과정을 명확하게 이해할 수 있습니다.

회계 소프트웨어의 경우 증빙을 입력하면 재무제표 및 장부가 출력됩니다. 그 중간과정인 블랙박스는 이러한 재무제표 작성연습을 통해 그 실체가 명확하게 보입니다. 현재 사용하는 회계 소프트웨어의 활용도가 한층 더 높아집니다. 재무제표를 보는 분석력도 향상되고, 회사 의사결정에 필요한 기초자료도 적시에 제공할 수 있게 됩니다. 또한 회계·세무분야 외 원가관리나 자금관리, 인사관리, 총무관리로도 외연을 넓힐 수 있습니다. 이러한 변신을 통해 다가올 디지털 시대에 회계담당자는 자신만의 고유한 장점을 가지게 됩니다.

향후 다가올 시대를 제4차 산업혁명시대 또는 디지털시대라고 합니다. 우리의 모든 생활이 빅데이타를 중심으로 클라우드의 급격한 활용과 인공지능의 급속한 발달이 예견됩니다. 이렇게 되면 사는 게 지금보다 편할 수는 있지만, 능력있는 소수에게 부와 권력이 집중될 것입니다. 또한 기업에도 큰 변화가 나타날 것입니다. 기업 내에서도 경영자에게 정보와 권력이 집중될 것입니다. 그리고 경험이 풍부한 회계담당자의 수요는 늘어날 것입니다. 회계담당자는 인공지능기반 자동재무제표를 활용해 실시간으로 재무정보를 제공할 것입니다. 이러한 변화를 통해 과거 회계부서가 다른 부서를 뒤치닥거리하던 관행에서 벗어나 선도적으로 전체 부서를 이끌어가는 부서로 변모할 것입니다. 또한 다른 부서와 소원했던 대면관계는 급격히 늘어날 것입니다.

요즘은 회계기준도 세법도, 그리고 기업 관련 상법과 금융 관련 법률도 계속 바뀌고 있습니다. 회계기준의 경우 회계투명성을 최우선으로 두고, 2011년부터 상장·협회등록 법인은 한국채택 국제회계기준(K-IFRS), 비상장법인인 일반기업들은 일반기업회계기준, 2013년부터 중소기업은 중소기업기준을 적용하게 되었습니다.

세법의 경우 일자리 창출, 벤처기업에 대한 세제지원이 강화되고, 법인세율 및 개인소득세율은 인상되고 있습니다. 또한 국세청 전산분석의 발달로 기업의 매출, 비용에 대한 정확성, 투명성이 강조되고 있습니다.

기업을 둘러싼 환경들이 점점 더 복잡해져가는 현실에서, 기업이 생존하고 성장하기 위해서는 중소기업, 특히 소기업은 경영자나 직원 구분할 것 없이 일당백으로 일을 해야 합니다.

관리업무 중 회계나 세법이 점점 더 복잡해지는 데 반해, 회계·세무에 경험이 풍부한 직원이 부족한 경우가 대부분입니다. 중소기업의 경우 인력수급이 열악해 신입 관리직원이 회계·세무지식이나 이론을 배운 상태에서 출발하기보다는 입사해 실제 업무를 배우고 익히는 경우가 대부분입니다.

문제는 그렇게 실무에서 익힌 지식과 경험은 이론의 틀이 없어, 조금만 상황이 바뀌어도 응용이 불가능하거나 엉터리 추리를 한다는 데 있습니다. 점점 실무를 할수록 본인 스스로 책이나 강의를 통해 회계기준이나 세법체계를 배워야겠다고 절실하게 느끼게 됩니다. 하지만 공부할 시간이 빠듯해 포기하는 게 현실입니다.

또한 한 번 배웠다고 해서 업무 응용력을 완벽하게 갖추기 힘듭니다. 회계기준이나 세법은 계속 바뀌기 마련입니다. 따라서 지속적으로 본인 스스로 교육에 대한 투자가 필요합니다. 그리고 외부전문가에게 의지하는 것도 특정 문제에 대해 본인 스스로 의견이나 결론을 낸 후에 자문을 구해야 합니다.

이 책은 중소기업의 관리업무를 수행하면서 경험했던 내용 중에서 중소기업 회계담당자들이 유의해야 할 회계 및 세무사항 등을 담았습니다. 따라서 시간이 없어 학원에 가지 못하거나 독학할 시간이 없는 회계담당자들이 책을 보고 찾아서 실무에 적용할 수 있도록 했습니다. 또한 이론적 배경도 익힐 수 있도록 쓰여졌습니다.

실무를 하는 회계담당자에게 새로운 부담거리가 아니라 조금이라도 도움이 되기를 바랍니다. 관리업무에 골치를 앓는 경영자도 이 책에서 필요한 부분을 읽어 해결책을 찾고, 이론적 틀을 얻기를 바랍니다. 더 나아가서 회계담당자의 장·단점을 파악해 좀 더 원활하게 의사소통할 수 있기를 기대합니다.

용어가 회계 초보자가 이해하기 어려운 부분도 있을 것입니다. 조언을 주시길 바랍니다. 계속 보충해 나가겠습니다. 어떤 부분은 필요 이상으로 길게, 어떤 부분은 너무 짧게 기술되어 있을 것입니다. 이는 제 지식의 한계로 향후 보충해 나가도록 하겠습니다. 꼭 부탁드리고 싶은 점은 책 내용에 의도치 않은 실수가 있을 수도 있다는 점입니다. 따라서 실무에 활용할 때는 그 내용을 확인한 후 실행하기를 바랍니다.

끝으로 제 개인적으로 관심사인 모든 증빙이 스캐닝을 통해 자동인식이 가능한 인공지능기반 자동재무제표 개발에 관심이 있으신 분들의 연락을 기다리겠습니다.

이종민

차례

: 3일차 : 장부 작성이 회계의 기본이다

: 4일차 : 회사의 재산과 손익관리, 어떻게 하나요?

: 5일차 : 증빙관리와 어음관리, 제대로 하면 돈 번다

: 6일차 : 골치 아픈 세무업무, 어떻게 처리하나요?

: 7일차 : 세금신고 및 납부, 어떻게 하나요?

: 10일차 : 회사의 내부관리, 이렇게 해야 정답이다

『한번 읽으면 절대로 잊지 않는 경리·회계·총무』 저자와의 인터뷰

'저자 심층 인터뷰'는 이 책의 심층적 이해를 돕기 위해 편집자가 질문하고 저자가 답하는 형식으로 구성한 것입니다.

Q. **『한번 읽으면 절대로 잊지 않는 경리·회계·총무』를 소개해주시고, 이 책을 통해 독자에게 전하고 싶은 메시지가 무엇인지 말씀해주세요.**

A. 공부할 시간이 부족한 중소기업 회계담당자들이 이 책을 통해 실무에 많은 도움을 얻기를 기대합니다. 관리업무에 골치를 앓는 경영자도 이 책에서 필요한 부분을 읽어보고 해결책을 찾기를 희망합니다.

회계담당자는 인공지능의 발달로 자동재무제표 작성이 가능해졌다고 걱정할 게 아닙니다. 오히려 이를 적극적으로 활용해 실시간 재무정보를 경영자의 의사결정에 도움이 되도록 제공해야 하며 이러한 변화에 대비해 본인만의 고유한 강점을 가져야 합니다.

Q. 회계라고 하면 어렵고, 숫자 감각이 뛰어난 사람들만 할 수 있는 일처럼 인식되어 있습니다. 회계담당자의 업무가 무엇인지 간단하게 설명 부탁드립니다.

A. 회계담당자에게 필요한 것은 숫자에 대한 관심이 아니라 회사 업무에 대한 관심과 이해입니다. 회계에 필요한 숫자는 복잡한 수학 지식이 아니라 사칙연산 정도입니다.

회계담당자가 회계에 능통하기 위해서는 많은 노력을 해야 합니다. 회계자료를 보면서 회사 내부사정을 공부하시길 바랍니다. 그 다음, 동종 업계 중 최고인 회사의 회계자료를 보며 공부하십시오. 그렇게 공부하면 지식이 쌓이고, 회사발전에 큰 도움이 될 것입니다.

Q. 회계담당자가 어떻게 현금의 입·출금을 정리해서 경영자에게 보고해야 하는지 자세한 설명 부탁드립니다.

A. 회사가 전표를 제대로 작성한다면, 회사에 자금이 들어오고 나가는 것이 체계적으로 정리된 자금일보의 토대가 마련됩니다. 회계 소프트웨어를 사용하는 경우에는 전표를 작성하는 대신 컴퓨터 화면에 전표 내용을 입력하기만 하면 됩니다.

경영자는 전표를 토대로 작성된 자금일보를 통해서 자금현황을 파악합니다. 따라서 회계담당자는 자금일보를 반드시 작성한 후 현금, 통장, 어음 실물잔액과 일치하는지 확인해야 합니다.

또한 전표를 근거로 현금출납장, 예금장, 차입금대장, 받을어음장, 지급어음장 등 장부도 작성해야 합니다.

Q. 연말결산시 회계담당자가 챙겨야 할 것들은 어떤 것이 있을까요?

A. 회사는 연말 재무제표를 통해 주주로부터 평가를 받기 때문에 가장 신경이 쓰입니다. 손익계산서 실적을 통해 승진되기도 하고 성과급을 받기도 합니다. 주주는 배당 규모를 예측할 수 있으며, 국세청은 이를 통해 세금규모를 예측할 수 있습니다.

연말결산시 가장 먼저 챙겨야 할 사항은 연말결산 정리사항입니다. 연말결산 정리사항으로는 선급비용 정리, 미지급비용 정리, 감가상각, 재고금액 확정, 세금추정 등이 있습니다. 이런 정리를 통해 연말 재무제표가 확정됩니다. 회계담당자는 연말에 재무제표를 확정하는 업무에 숙달되어 있어야 합니다.

Q. 접대를 하면 세무상의 한도를 넘는 경우가 발생하기도 합니다. 이런 경우 어떤 문제가 생기게 되나요?

A. 접대를 하고 증빙을 받으면 회계상 비용으로 처리되어 세무상 손금으로 인정됩니다. 하지만 세법에서 정한 한도금액을 넘으면 손금인정이 되지 않아 세금부담이 발생합니다.

접대를 하고 건당 1만 원이 초과하는데 정규증빙(세금계산서, 신용카드, 현금영수증)을 받지 못하면 회계상 비용으로는 처리되지만 세무상으로는 손금인정이 되지 않아 세금부담이 발생합니다.

한편 접대비로 분류되는 경조사비는 정규증빙을 수령하지 못합니다. 대신 청첩장이나 부고장을 챙기고 회사 내부적으로 기록한 경우에는 지출에 대해 회계상 비용으로 처리되며, 세무상 한도대상이 되는 손금으로 인정해줍니다.

참고로 김영란법(부정청탁금지법)은 공무원 등 공직에 종사하는 사람에게 접대를 하는 경우, 접대종류에 따라 처벌되지 않는 금액의 한도가 있음을 회계담당자는 알고 있어야 합니다.

Q. **부가가치세 신고와 납부는 어떻게 해야 하는지, 주의해야 할 사항은 어떤 것들이 있는지 설명 부탁드립니다.**

A. 부가가치세를 납부하는 과세사업자는 세금계산서와 관련된 가산세가 자주 발생하니 주의해야 합니다. 예로 세금계산서합계표를 제대로 신고하지 않았을 경우에는 합계표미제출가산세를 내야 합니다. 또한 부가가치세 신고를 나중에 했을 경우 신고불성실가산세를 내야 합니다. 부가가치세 신고기간에 납부할 부가가치세가 없어 신고자체를 하지 않는 경우에는 세금계산합계표미제출가산세를 내야 합니다.

부가가치세를 제때 안 냈을 경우 납부불성실가산세가 있습니다. 부가가치세를 연체하는 경우 회사 신용이 떨어질 뿐만 아니라 이자율도 꽤 높아 빌려서라도 내는 것이 유리합니다. 간혹 회계담당자가 경영자에게 부가가치세 납부기일에 보고해 회사 자금사정상 연체가 생기기도 합니다.

부가가치세신고 후 누락된 것은 부가가치세수정신고나 경정청구를 통해 신고하고 납부 또는 환급하면 됩니다.

부가가치세 신고기한 내에 신고하지 않을 경우 수정신고도 할 수 없습니다. 이를 기한 후 신고라고 하는데 가산세가 수정신고와 비교가 되지 않을 정도로 많기 때문에 주의해야 합니다.

부가가치세 신고기간이 되면 부가가치세신고서에 신고할 내용이 없거나 납부할 세금이 없어도 꼭 신고해야 합니다.

종종 회계담당자가 본·지점 간 내부거래에 세금계산서 발행의무가 있는 것을 간과해 매출부가가치세와 가산세를 내는 경우가 있습니다. 이를 피하기 위해서 총괄납부나 사업자단위과세제도를 적극 활용해야 합니다.

Q. 회계담당자가 주의해야 할 것 중에서 탈세를 말씀하셨습니다. 자세한 설명 부탁드립니다.

A. '절세'란 과세소득이 줄면 이에 따라 세금이 줄어드는 것을 말합니다. 절세를 할 수 있는 세법상 규정 중에는 소득공제와 중소 제조업 및 벤처업세액감면과 임시투자세액공제 및 연구인력비세액공제 등이 있습니다. 회계담당자는 이를 잘 알아두어야 합니다. 우리 회사에 적용 가능한지, 중복적용이 가능한지 확인해야 합니다. 또한 최저한세도 고려해야 합니다.

반면에 '탈세'란 세법에서 정한대로 하지 않고 세금을 고의적으로 적게 내는 것을 말합니다. 여기에는 조세포탈·조세회피 등이 포함됩니다. 보통 역분식회계의 결과로 나타납니다.

실물거래 없이 서류상으로만 매입세금계산서를 받거나, 매출액을 고의로 누락하거나, 접대비를 복리후생비 혹은 회의비로 처리하거나, 대표자가 개인적으로 사용한 경비를 회사의 비용으로 처리한 경우가 탈세에 해당합니다.

국세청 자체분석을 통해 탈세가 발견되는 경우 그 결과에 따라 세금부담이 큽니다. 탈세는 규모나 성격에 따라 조세범처벌법의 적용을 받아 형사고발 될 수도 있기 때문에 회계담당자는 주의해야 합니다.

Q. 회계담당자의 업무 중에서 자금일보의 중요성에 대해 말씀하셨습니다. 자세한 설명 부탁드립니다.

A. 회계담당자는 자금일보를 경영자에게 제출하기 전에 자금잔액이 회사 현금잔액, 통장잔액, 받을어음잔액과 일치하는지 확인한 후 경영자에게 제출해야 합니다. 이를 통해 경영자도 회사 자금상태를 완전히 파악할 수 있어야 합니다.

자금일보를 통해 경영자는 결제해야 할 자금규모가 현재 보유한 자금으로 충당할 수 있는지 정확하게 알 수 있습니다. 결제하고도 여유자금이 있다면 운용계획을 짤 수도 있습니다.

회계도 모르고 숫자도 싫어하는 경영자는 자금일보를 멀리할 수 있습니다. 자금일보 자체를 요구하지도 않습니다. 이런 상황이 지속되면 회사가 자금예측을 제대로 하지 못해 유동성위기에 처할 수 있습니다.

자금일보는 매일 작성하는 것이며, 자금주보는 주 단위로 작성하는 것이고, 자금월보는 월 단위로 작성합니다. 이러한 것들은 특별한 양식이 없기에 회사실정에 맞게 작성해야 합니다. 핵심은 경영자가 반드시 이해할 수 있도록 고안해서 사용해야 한다는 점입니다.

Q. 회계담당자가 만들어야 하는 회사 규정은 어떤 것들이 있나요? 설명 부탁드립니다.

A. 회계담당자는 여비교통비규정과 접대비규정 그리고 급여·퇴직금규정 등 회사의 규정을 만들어야 하며, 기존 규정이 개정되는 세법, 근로기준법 등 각종 법에 저촉되는 것이 없는지 확인해야 합니다.

그 다음 계정과목규정집 및 회계업무매뉴얼과 전결규정을 만드는 것이 필요합니다. 이런 규정들은 회사업무가 영업·생산·관리 등으로 구분되어 있고, 관리업무도 회계·자금·인사·총무업무로 구분되어 있으며, 회계업무도 회계·세무 등으로 구분되어 있는 경우에 필요한 규정입니다.

특히 계정과목규정집의 경우 회사 회계시스템이 정립되고 어느 정도 미래에 대한 예측이 가능한 경우에 만들 수 있습니다.

회계업무매뉴얼은 회계업무범위를 확정하고, 업무절차를 기술하고, 업무처리에 필요한 사항을 기록한 것입니다. 이 역시 어느 정도 예측이 가능해야 만들 수 있습니다.

전결규정은 경영자가 하던 결재를 하위 관리자들이 결재가 가능하게 권한이양이 된 것을 말합니다. 이 역시 향후 조직 형태를 예측해야 합니다.

Q. **회계업무를 처음 시작하는 회계담당자들이 지녀야 할 자세는 무엇인지 따뜻한 말씀 부탁드립니다.**

A. 재무제표 작성과 관련해 자동화될 수 있는 회계담당자업무가 줄어들 수도 있다고 합니다. 그러나 재무제표 작성시 회사실정에 맞는 분개가 자동화된다고 하더라도 , 이를 판단하고 선택하는 것은 결국 회계담당자 몫입니다.

회계담당자업무 중 자금계획 작성업무는 회사를 살릴 수도, 위험에 빠뜨릴 수도 있는 중요한 업무입니다. 이런 중요한 업무를 담당하는 회계담당자가 가져야 할 기본덕목은 올바른 마음가짐과 성실성입니다.

또한 회계담당자는 회사살림꾼입니다. 회계담당자가 아닌 이상 실제 회사 내부사정을 잘 모릅니다. 따라서 회계담당자는 회사 재산을 잘 관리해야 합니다.
관리부서 직원 중 회계담당자가 최고경영자가 되는 경우가 많습니다. 왜냐하면 회사에는 회계관리가 필수적이고, 회계관리의 기본이 숫자이며, 회계담당자는 매일 숫자를 다루기 때문입니다.

1 DAYS

1일차에서는 회계담당자의 마음자세를 언급하고 있습니다. 흔히 회계담당자를 고리타분하거나 아니면 숫자를 즐기는 것을 타고났다고 생각합니다. 그러나 실제로 회계는 회사를 살릴 수도, 위험에 빠뜨릴 수도 있는 막중한 업무입니다. 이런 막중한 업무를 담당하는 회계담당자의 마음자세에 대해 언급하는 것은 너무나 당연합니다. 책의 곳곳에 이해는 되지만 실천하려면 만만치 않은 내용들이 있습니다. 어렵더라도 지금 이 책을 읽는 즉시 실천하려고 흉내내는 것부터 시작하시기 바랍니다.

1일차

회계담당자는 회사의 중심이다

1년간 회계담당자가 해야 할 업무부터 파악하자

1년 동안 회계담당자의 업무계획은 구체적이며 실천할 수 있는 것이어야 합니다. 실행 불가능한 업무계획을 매일 보는 것 자체가 큰 스트레스이기 때문입니다.

회사의 규모나 업종에 구분없이 회계담당자의 기본업무는 똑같습니다. 기본업무는 증빙정리부터 재무제표를 작성하는 재무회계업무, 원가계산과 예산관리를 하는 관리회계업무, 세금을 신고하고 납부하는 세무업무, 자금의 수입 및 지출을 관리하는 자금관리업무를 예로 들 수 있습니다.

관리업무 중에서 흔히들 혼동하는, 사람을 채용하고 관리하는 인사업무와 회사의 물자를 관리하는 총무업무는 회계업무와 구별되는 업무입니다.

회계담당자가 유념해야 할 것은 상기업무와 관련해 현재 자금현황을 보고할 때는 100% 정확해야 하지만, 경영자가 투자 등 회사 전반에 영향을 미치는 의사결정에 필요한 보고를 할 때는 100% 정확성보다는 중요성을 감안해 적시에 보고하는 습관을 기르는 것이 필요합니다.

구체적인 '재무 및 관리회계업무'로는 매일해야 하는 증빙 및 전표관리, 거래처원장 등 장부 작성, 현금 및 통장잔고 확인, 매월 손익보고 및 원가계산, 매년 재무제표 작성 등의 업무가 있습니다.

'세무업무'에는 보통 매월 급여와 4대보험신고 및 납부, 보통 3개월마다 부가가치세신고 및 납부, 6개월마다 법인세 중간예납신고 및 납부, 그리고 1년마다 연말정산, 법인세 및 소득세신고가 있습니다.

'자금관리업무'는 오늘 발생한 수입, 지출을 기록하고 내일의 수입·지출계획을 작성하는 업무, 매월 자금조달 및 운용계획으로 급여예산, 차입금이자 및 원금상환계획, 금융기관 잔액확인과 여신한도 및 담보제공 내역파악 등을 들 수 있습니다.

현실적으로 이러한 회계업무는 직원이 2~3명 정도인 소기업에서는 주로 경영자가 직접하되, 꼭 해야 하는 세무업무 위주로 합니다. 반면에 10명 정도 되는 소기업은 회계담당자 1인이 회계업무 외에 인사·총무업무까지 관리업무 전체를 담당합니다. 직원이 100명 이상인 기업에서는 회계, 인사, 총무업무에 각각의 담당자가 존재하며, 회계업무도 현금·예금 출납 등 자금업무와 매입·매출업무관리 등 세무업무에 각각 담당자가 존재하기도 합니다.

한편 신입 회계담당자의 경우 대기업에서는 사내교육과 업무인수인계를 받은 후 업무를 시작합니다. 그러나 중소기업에서는 사내교육이 별도로 없고, 또한 전임자의 일을 제대로 이해하지 못한 채 인수인계하는 경우가 대부분입니다.

1년 동안 회계담당자의 업무계획은 구체적이며 실천할 수 있는 것이어야 합니다. 거창하거나 방대해서는 안 됩니다. 왜냐하면 실행이 불가능한 업무계획을 매일 보는 것 자체가 큰 스트레스이기 때문입니다.

연간계획 중 하나인 예산 작성은 1월 15일까지, 월간계획 중 당월 수입·지출 및 다음 달 수입·지출계획은 익월 5일까지, 급여 및 이자 지급은 매월 25일까지, 일간 계획 중 당일 자금거래 및 내일 자금계획 작성은 당일 5시 내지 익일 8시까지로 계획할 수 있습니다.

성실한 관리자는 연간계획뿐만 아니라 월간계획, 매일의 일과를 짜서 계획적으로 일을 하고 경영진에게 보고합니다. 또 하루 일과를 마치면 계획 중에서 실행한 것과 실행하지 못한 것을 검토하고 원인을 분석합니다.

또한 매월, 매년 역시 계획과 실행한 것을 분석해 다시 계획을 세웁니다. 계획은 머릿속에 있는 것을 기록해서 남겨야 합니다. 예로 시중에서 흔히 볼 수 있는 세무·회계 다이어리를 이용해 연, 월, 일로 회사의 업무계획을 기록하고 체크할 수 있습니다.

회계담당자에게 있어 1년의 마지막 달은 감회가 새롭습니다. 이때 회계담당자의 마음은 수확을 앞둔 농부의 마음처럼 설렘 그 자체일 것입니다. 1년 동안의 업무를 마무리하면서 연초의 계획과 대비해볼 것입니다.

만약 계획을 달성하지 못한 경우에는 계획이 무리하지는 않았는지, 계획이 회사 전체의 방향과 벗어난 것은 아닌지, 아니면 평소 기본 업무 외에 특별업무가 자주 발생하지는 않았는지, 그 원인을 전반적으로 검토해봐야 합니다.

〈회계담당자의 업무내용과 업무주기〉

업무구분	업무내용	매일	매월	3개월	1년
세무업무	급여 및 4대 보험신고		●		
	부가가치세신고			●	
	연말정산				●
	법인세(소득세)신고				●
회계업무	증빙 및 전표관리	●			
	장부관리	●			
	현금 확인, 통장 확인	●			
	월손익 보고 및 원가계산		○	○	●
	제무제표 및 결산서 작성		○	○	●
	예산관리		○	○	●
자금관리업무	수입 · 지출기록	●			
	수입 · 지출계획	●	○	○	○
	급여, 차입금이자, 원금상환		●		
	자금조달 및 운용		●	○	○
	여신한도 및 담보제공 확인		●		
	금융기관 잔액 확인		●		

※ 세무업무 중 법인세 중간예납업무는 6개월 단위임

※ 대기업은 이 모든 업무를 세분화해서 처리하고 있고, 중기업은 세무, 회계, 관리업무를 각각 한 사람이 하며, 소기업은 회계담당자 한 사람이나 경영자가 직접 모두 한다.

1분 칼럼

회계업무를 제대로 하기 위해서는 회계업무 외에도 영업, 생산, 구매 등과 같은 회사 업무의 전체 흐름을 알아야 합니다. 중소기업의 경우 회계담당자는 본인의 의지만 있으면 하나에서 열까지 모든 일들을 해볼 수 있습니다. 이렇게 하다 보면 어느덧 회계담당자는 회사에 꼭 필요한 관리자가 되어 있을 것입니다.

회사 재산이 곧 내 재산이다

회계담당자는 회사의 물자를 정확하게 기록하고 실물을 확인해야 합니다.
만일 차이가 생긴다면 원인을 찾아 상황에 맞게 개선해야 합니다.

회사의 모든 수입과 지출내역은 회계담당자를 통해 경영자에게 보고됩니다. 직원 중 회사의 살림살이를 누구보다 잘 아는 사람이 바로 회계담당자입니다. 즉 회계담당자는 회사의 살림꾼입니다. 회계담당자가 아닌 경우에는 실제 회사의 살림살이 사정을 잘 모릅니다. 따라서 회계담당자는 회사 재산을 잘 관리해야 합니다.

회계담당자의 기본 덕목은 성실성입니다. 시간이 지나면 관리부서 직원 중 회계담당자가 최고경영자가 되는 경우가 많습니다. 왜냐하면 잘 되는 회사에는 관리가 필수적이고, 관리의 기본은 숫자이며, 회계담당자는 매일 숫자를 다루기 때문입니다.

구체적으로 회계담당자는 매일 수입과 지출을 기록하고, 향후 수입과 지출을 예측하고 계획을 세워야 합니다. 이러한 자금흐름은 가장 간단하게 엑셀로 자금일보와 자금계획표를 작성해 수행할 수 있습니다.

중요한 점은 자금일보와 자금계획표는 경영자가 이해할 수 있는 수준으로 작성해야 된다는 점입니다. 만약 다른 회사 것을 무조건 베껴서 사용하면 회계담당자는 작성하는 데 시간을 다 보내고, 경영자는 이를 활용할 줄 모르게 됩니다.

자금예측을 통해 자금이 부족하다면 수입을 더 앞당길 수 있는지, 혹은 지출을 줄일 수 있는지 분석해보고, 안 되면 다른 방안을 찾아 자금을 조달할 방법을 찾아야 합니다.

일부 회계담당자는 순진하게도 거래처가 약속한 날짜에 당연히 돈을 입금해 줄 것으로 생각하고, 결제 당일에 입금 확인도 하지 않고 일괄적으로 지불합니다. 그러나 이는 안이한 발상입니다. 거래처가 제날짜에 제대로 입금시키지 않아 자금경색이 오는 상황이 발생하는 게 현실이니까요.

심한 경우에는 회계담당자가 지급어음의 결제일자를 제대로 확인하지 못해, 결제 당일 일시적인 자금경색으로 흑자부도를 초래할 수도 있습니다. 회사가 어려워 부도가 나는 것이 아닙니다. 흑자부도의 원인은 회계담당자의 어처구니없는 실수 때문입니다. 때로는 회사의 부서 간에 정보가 공유되지 않아 흑자부도가 나는 경우도 있습니다. 상상하기 어렵지만 실제로 더러 발생하는 상황입니다.

이 밖에도 회계담당자는 회사의 물자를 정확하게 서류에 기록하고, 주기적으로 실물을 확인해야 합니다. 만일 차이가 생긴다면 그 원인이 낭비인지 불가피한 것인지 등의 원인을 찾아 상황에 맞게 개선해야 합니다.

중소기업의 경우에는 관리 시스템이 제대로 갖추어진 경우가 드뭅니다. 또한 업무구분 및 각 담당자의 역할이 명확하게 나누어져 있지도 않습니다. 이런 상황에서 회계담당자에게 살림꾼로서의 역할은 더욱 필요합니다. 즉 회계담당자의 성실성과 계획성이 회사의 존립을 좌우하는 것입니다.

숫자와 친해지는 것은 회계담당자의 의무

회계담당자는 늘 숫자를 가까이 하면서 숫자에 울고 웃습니다.
회계담당자가 숫자에 익숙해지기 위해서는 회사에 대한 관심이 먼저입니다.

우리는 일상생활에서 숫자를 떠나서는 하루도 살 수 없습니다. 마찬가지로, 회사생활에서도 숫자를 떠나서는 살 수 없습니다. 회사에서 가장 중요한 자료는 회계용어와 숫자로 표현된 자금일보와 재무제표 등의 회계자료입니다. 회계자료는 회사의 모습을 있는 그대로 단시간 내에 보여주는 가장 간결한 자료 중 하나입니다.

회사에서 여러 상황에 대해 수치를 이용하면 서로 소통이 원활해집니다. 예를 들어 회사에서 올해 정한 매출목표가 100억 원이었는데, 실적은 90억 원으로 목표액과 10억 원의 차이가 발생했고, 그 원인이 경기침체와 이에 따른 고가품 판매 감소가 주원인이라고 보고하면, 보고자의 의도가 100% 그대로 경영자에게 전달됩니다.

하지만 숫자는 의사소통과 판단을 도와주는 참고 자료입니다. 숫자 그 자체가 해결책을 제공해주는 것은 아닙니다. 해결책은 쌍방이 완벽한 이해를 바탕으로 머리를 맞대고 고민해야 나오는 것이니까요.

사장님은 으레 회계담당자가 숫자에 능통할 것으로 생각합니다. 어떤 경영자는 숫자를 다루는 회계담당자에 대해 경외심을 가지고 있습니다. 심지어 회계담당자가 숫자를 좋아하는 것을 타고났다고 생각하는 경영자도 있습니다.

하지만 회계담당자에게 진실로 필요한 것은 회사 업무에 대한 관심과 이해입니다. 회계에 필요한 숫자는 복잡한 수학지식이 아니라 사칙연산 정도입니다. 물론 수학지식이 뛰어나다면 이해가 더욱 빠른 것은 사실입니다.

회계담당자는 늘 숫자를 가까이 하면서 숫자에 울고 웃습니다. 모든 보고서에는 숫자가 들어갑니다. 따라서 회계담당자가 숫자에 익숙해지기 위해서는 회사에 대한 관심이 먼저입니다.

회계담당자가 숫자에 능통하기 위해서는 남들이 안 보는 곳에서 많은 노력을 해야 합니다. 결코 저절로 되는 게 아닙니다. 당장 회사의 과거 몇 년치 재무제표와 결산서, 세무조정계산서, 회계감사보고서, 사업계획서 등 회계자료를 보는 연습을 하십시오. 다시 말해 회계자료를 보면서 회사 살림살이를 제대로 이해하시기 바랍니다.

그런 다음 다른 회사의 회계자료, 특히 동종 업종에서 최고인 업체의 회계자료들, 예로 금융감독원의 전자공시시스템을 통해서 보십시오. 그렇게 하면 회계담당자의 눈과 귀가 확 뚫릴 것이며, 본인과 회사발전에 큰 도움이 될 것입니다.

적극성과 창의성은 회계담당자의 필수

적극적인 회계담당자는 직접 회사를 경영하는 마음가짐을 가집니다.
지금 일하고 있는 곳에서 승부를 걸기 바랍니다.

경험상 경영자가 당연하다고 생각하는 회계담당자의 업무는 과거 또는 오늘의 증빙정리, 전표 작성, 장부 작성, 재무제표 작성 등의 회계업무와 법인세신고 등과 같은 세무업무, 그리고 실제 자금의 입·출금 정리 및 예측 같은 자금관리업무입니다.

참고로 시중에 나와 있는 회계 소프트웨어는 장부 및 재무제표 작성이 자동으로 작성되어 회계담당자의 일상적인 업무부담을 줄여주고 있습니다. 향후 인공지능 기반 자동재무제표 작성이 가능해진다면 회계담당자는 재무제표 분석과 내부 의사결정에 대부분의 시간을 할애할 것입니다.

실제 자금의 입·출금이 정리된 자금일보는 간단한 것처럼 보이지만 회사의 실정에 맞게, 그리고 경영자가 완전히 이해할 수 있도록 작성하는데 최소한 몇 개월의 시간이 소요됩니다. 이는 경영자가 자금일보를 제대로 이해하는 데 많은 시간이 걸리기 때문입니다. 특히 영업이나 엔지니어 출신 경영자의 경우 숫자와 친숙하지 않기 때문에 자금일보를 정착시키기는 더욱 어렵습니다. 만일 회계담당자가 경영자를 이해시킬 수 없다면, 회계사와 같은 전문가의 도움을 받아 해결하는 것이 현명합니다.

자금일보는 기본적으로 회사의 상황을 완전히 파악해서 작성하고, 또 경영자가 이를 완전히 이해할 수 있도록 작성해야 합니다. 바로 이 부분에 회계담당자의 창의성이 필요합니다.

그밖에 회계담당자의 창의성이 돋보이는 경우로는 자금의 운용계획, 판매가격 결정을 지원하는 원가계산 등이 있습니다. 더 나아가서는 일반적으로 회계사 등 외부전문가와 함께 추진하는 계정과목규정집 작성, 회계업무 매뉴얼 작성 등이 있을 수 있습니다.

경영자는 창의적이고 적극적인 회계담당자를 원합니다. 회계담당자는 앞에서 언급한 업무들을 통해 그 역량을 인정받을 수 있습니다. 회계담당자는 자신만의 뚜렷한 역량을 계발해야 합니다. 최고경영자의 자리에 오른 회계담당자 대부분이 창의적이고 적극적인 사람들입니다.

회계담당자는 회사의 핵심입니다. 회사의 모든 수입과 지출 내용이 회계부서를 통해 경영자에게 보고됩니다. 회사의 모든 일들을 속속들이 꿰고 있기 때문에 회계담당자는 회사의 보배와 같은 존재입니다.

따라서 적극적인 회계담당자는 직접 회사를 경영하는 느낌을 가집니다. 자신이 하는 일에 긍지를 가지고, 자신의 일에 충실해 실력을 쌓으면 미래는 반드시 열립니다. 지금 일하고 있는 곳에서 승부를 걸기 바랍니다.

소기업의 경영자는 '원가 대비 효익'이라는 원칙에 따라 장부 작성과 세금신고업무를 외부전문가인 회계사나 세무사에게 의뢰하는 경우가 일반적입니다. 혼자서 모든 것을 할 수 있다는 사고는 회사라는 돈 버는 시스템에는 어울리지 않습니다.

항상 경청하면서 메모하는 습관이 필요하다

회계담당자는 누구보다 회의 내용을 잘 경청하고 이해해야 합니다. 또한 이를 반드시 메모하고 다시 확인하는 습관도 길러야 합니다.

회사에서는 여러 직원들이 이윤창출이란 공동의 목표를 달성하기 위해 노력합니다. 매순간 목표를 달성하기 위해 노력하지만, 경영자가 의도한 대로 수행되는 경우는 거의 없습니다. 이때 회의에서 대화를 통해 해결책을 이끌어낼 수 있어야 합니다.

회사 직원들은 서로의 이야기를 진지하게 듣고, 자신의 의견도 진지하게 밝혀야 합니다. 이를 통해 처음에 세운 계획을 모든 직원들이 이해한 상태에서 계속 수정해나갈 수 있습니다. 이러한 작업을 반복할 때 회사의 목표를 달성할 수 있습니다.

만일 회의를 한답시고 목표를 달성하지 못한 것에 대해 경영자가 일방적으로 질책만 한다면, 직원은 아이디어를 내기는커녕 항상 주

눅만 듭니다. 사기저하, 시간낭비, 경영자의 원맨쇼일 뿐인 회의가 무슨 소용이 있겠습니까?

급성장하는 중소기업의 경우 대화의 요령은 특히 중요합니다. 기존 직원과 신규 직원 사이에는 경력 차이와 연령 차이, 문화 차이가 큽니다. 대화의 원칙과 요령이 없으면 의사소통의 불일치를 극복할 수 없습니다.

회사에서 영업부서는 매출로, 생산부서는 제품으로 업무와 성과가 눈에 보입니다. 반면에 회계부서의 업무와 성과는 눈에 잘 보이지 않습니다. 회의에서도 영업이나 생산부서가 주로 주도하고 회계부서는 조용한 편입니다. 그러나 회사의 사활이 걸린 일들을 정리하는 역할은 회계부서가 합니다. 회사를 기계로 비유하면 회계부서는 윤활유와 같습니다.

시간이 지나면 회의내용을 잊어버리기 때문에 회계담당자는 누구보다도 회의 내용을 잘 경청하고 이해해야 합니다. 또한 이를 반드시 메모하고 다시 확인하는 습관을 길러야 합니다. 또 메모한 내용은 매일매일 들여다보다 보고 확인해야 합니다.

아무리 작은 규모의 회사라 하더라도 회계담당자가 경영자에게 보고할 때는 반드시 메모나 보고서와 같은 서류로 보고하는 습관을 길러야 합니다. 또한 결재 역시 서류로 받아야 합니다. 장황하게 말로 보고하거나, 두서없이 서류를 작성하지 않는 것이 보고할 때의 요령입니다. 우리가 잘 알고 있는 육하원칙에 입각해서 보고서를 작성한다면 보고하고자 하는 내용을 간결하게, 그리고 명확하게 정리할 수 있습니다.

재무제표를 직접 손으로 작성해 보자

회계 소프트웨어의 장점을 취하고, 단점을 극복하려면 처음 시작하는 회계담당자는 자기가 직접 전표에 차변, 대변 분개를 작성합시다.

재무제표란 일반적으로 재무상태표, 손익계산서, 자본변동표, 이익잉여금처분계산서, 현금흐름표의 5가지 종류를 말합니다. 이 중 자본변동표 및 현금흐름표는 외부 회계감사를 받지 않는 회사에서는 의무가 아니지만, 외부 회계감사를 받는 회사에서는 필수입니다.

'재무상태표'는 일정시점에서 회사의 재산상태를 나타냅니다. 예를 들면 현재 예금잔액이 얼마인지, 외상채권잔액이 얼마인지를 나타내는 것입니다.

'손익계산서'는 일정기간 동안의 경영성과를 나타냅니다. 즉 지금까지 매출액은 얼마이고, 법인세는 얼마이며, 이익은 얼마인가를 나타냅니다.

'자본변동표'는 일정시점에 자본규모와 한 회계기간 동안 자본의 변동을 나타내는 표입니다. 여기서 자본의 규모라 함은 재무상태표상 자본 총계로서 이는 자본금, 자본잉여금, 자본조정, 기타포괄 손익누계액, 이익잉여금의 합계입니다. 자본변동표는 예를 들어 기중에 유상증자규모, 배당규모, 이익규모 등에 관한 정보를 나타냅니다.

'이익잉여금처분계산서'는 일정기간 동안 벌어들인 이익을 어떻게 처리할 것인지 보여주는 표입니다. 주주에게 배당은 어느 정도 하고, 투자는 어느 정도로 할지 보여줍니다.

'현금흐름표'는 한 해 동안 현금·예금이 얼마나 증감했으며, 그 증감한 원인이 무엇인지를 보여주는 표입니다. 다시 말해서 현금이 영업활동에서 얼마, 투자활동에서 얼마, 재무활동에서 얼마 증감했는지를 보여주는 표입니다.

요즘 회사들은 회계 소프트웨어를 활용해 재무제표를 만듭니다. 회계 소프트웨어를 사용하면 차변, 대변 분개만 사용자가 정해주면 자동으로 재무제표가 산출되어 회계담당자의 노동시간이 절약된다는 장점이 있습니다. 그러나 입력을 잘못하면 차변, 대변 합계가 틀려 그 원인을 찾는데 애를 먹는 단점도 있습니다.

회계 소프트웨어의 장점을 취하고, 단점을 극복하려면 처음 시작하는 회계담당자는 자기가 직접 전표에 차변, 대변 분개를 작성합시다. 이를 통해 계정과목별로 총계정원장 장부를 만듭니다. 그 후 월 단위로 마감을 해서 시산표를 만들고, 이를 통해 재무제표를 직접 작성해볼 필요가 있습니다.

이렇게 직접 작성해 보면 현실적으로 잘 와닿지 않던 블랙박스인 재무제표 작성 과정을 쉽게 이해할 수 있습니다. 이를 통해 회계 소

〈재무제표 작성 과정 : 거래에서부터 재무제표까지〉

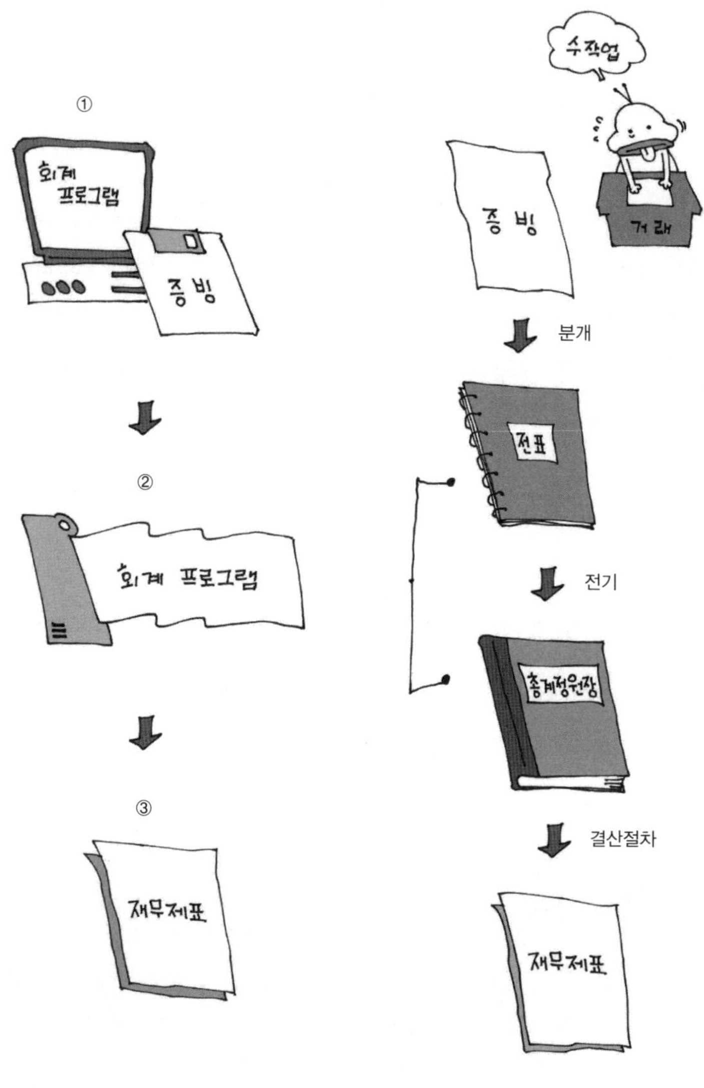

프트웨어를 효율적으로 다룰 수 있고, 재무제표간 연결관계 및 출력자료의 생성과정도 잘 알 수 있습니다.

요즘 회계 소프트웨어는 인공지능을 이용해 발생한 거래 중 기존 거래와 유사한 것은 기존분개를 찾아서 미리 제시해줍니다. 또한 통장 및 신용카드거래내역도 자동 입수됩니다. 게다가 향후에는 인공지능이 알아서 재무제표를 작성해줄 것이라고 합니다. 극단적으로는 재무제표 작성과 관련된 회계담당자라는 직업은 소멸될지도 모른다고 합니다. 그러나 재무제표 작성 중에서 회사에 맞는 분개 내용인지 판단하는 것은 결국 회계담당자의 몫인데, 과연 회계담당자란 직업이 소멸될까요?

1분 칼럼

2011년부터는 상장기업(코스닥 포함)에 대해서는 한국채택 국제회계기준(K-IFRS)을 적용하고(희망 기업은 2009년부터 적용 가능), 한국채택 국제회계기준상 재무제표는 재무상태표, 포괄손익계산서, 자본변동표, 현금흐름표로 구성됩니다. 또한 2013년부터 중소기업의 경우 재무제표는 대차대조표, 손익계산서, 자본변동표 또는 이익잉여금처분계산서로 구성됩니다.

2 DAYS

회사의 거래가 발생할 때 이를 제대로 정리하기 위해서는 전표를 사용해야 합니다. 전표를 제대로 작성하려면 차변, 대변의 분류 및 계정과목의 결정이 핵심입니다. 요즘 회계 소프트웨어는 인공지능을 이용해 발생한 거래 중 기존 거래와 유사한 것은 기존 분개를 찾아서 차변, 대변의 분류 및 계정과목을 미리 제시해줍니다. 그러나 이를 보고 판단하는 것은 회계담당자의 몫입니다. 판단하기 위해서 회계담당자는 전표 작성 훈련을 통해 차변, 대변 계정과목과 친해져야 합니다. 그래야만 회계 소프트웨어의 블랙박스를 제대로 이해할 수 있습니다.

2일차에서는 전표 내용 중 계정과목들 중에서 실무에서 발생하는 중요한 것들을 예로 들어 설명했습니다. 또한 그림에서는 바로 실무에 활용될 수 있도록 계정과목들이 재무상태표와 손익계산서에 어떻게 표시되는지 보여주고 있습니다.

2일차

먼저 전표 작성법과 계정과목부터 배우자

회계담당자는 어떻게 현금의 입·출금을 정리해서 경영자에게 보고하나요?

회계담당자는 일계표 또는 자금일보를 반드시 작성한 후 현금, 통장, 어음실물 잔액과 일치하는지 확인하고 경영자에게 매일 보고해야 합니다.

회사에 현금이 들어오는 것을 '입금'이라고 표현합니다. 입금은 은행에서 예금을 찾아올 경우, 사장님이 회사에 운영자금을 넣을 경우 등입니다. 이때 증빙으로는 통장사본이나 입금표 등이 생깁니다. 현금이 들어온 증빙을 제대로 보관하고 체계적으로 정리해 재무제표에 반영하기 위해서는 입금전표를 작성해야 합니다.

반대로 회사에서 현금이 나가는 것을 '출금'이라고 합니다. 직원식대를 지불하면 증빙으로는 신용카드전표나 간이영수증이 생깁니다. 사장님이 가불할 때는 증빙으로 내부서류인 지출결의서 등이 생깁니다. 출금에 대해서도 증빙을 제대로 보관하고 정리해 재무제표에 반영하기 위해서는 출금전표를 작성해야 합니다.

현금 입·출금 이외의 모든 거래를 '대체거래'라고 합니다. 대체거래의 경우로는 외상대금이 은행계좌를 통해 회수될 때는 증빙으로 통장입금내역이 있습니다. 은행에서 차입해 올 때는 이사회결의서, 차입금통장내역(또는 통장입금내역)이 있습니다, 거래처에 외상대금을 은행을 통해 지불할 때는 무통장입금증(또는 이체영수증)이 있습니다, 은행에서 빌린 돈을 갚을 때는 통장출금내역이 있습니다. 외상으로 판매하거나 구입할 때는 세금계산서나 신용카드전표 등이 발생합니다. 이러한 대체거래에 대해서도 역시 증빙을 제대로 보관하고 정리해 재무제표에 반영하기 위해서는 대체전표를 작성해야 합니다.

위의 내용을 통해서 볼 때 회사가 전표를 제대로 작성한다면, 재무제표 작성뿐만 아니라 매일 회사에 자금이 입출되는 것을 체계적으로 정리해 보여주는 자금일보의 토대가 마련됩니다. 물론 회계 소프트웨어를 사용하는 경우는 전표를 작성하는 대신에 컴퓨터에 전표내용을 입력하기만 하면 됩니다. 이를 통해 하루 동안의 재무제표로 현금, 예금, 어음출납을 포함한 모든 거래를 나타내는 일계표를 출력할 수 있습니다.

수치에 밝은 경영자에게는 일계표를 직접 보고해도 됩니다, 그러나 보통의 경우 사장님은 전표를 토대로 작성된 자금일보를 통해서 자금현황을 파악할 수 있습니다. 따라서 회계담당자는 일계표 또는 자금일보를 반드시 작성한 후 현금, 통장, 어음실물잔액과 일치하는지 확인하고 사장님에게 매일 보고해야 합니다.

또한 전표를 근거로 손으로 현금출납장, 예금장, 차입금대장, 받을어음장, 지급어음장 등 장부를 작성해야 합니다. 아니면 회계 소프트웨어를 통해 장부의 내용이 맞는지 확인해야 합니다.

〈입금전표〉

입 금 전 표

200× 년 ×월 ×일

과목		항목		사장
적요		금액		전무
사무실 경비 지출 용도로 하루은행에서 인출		1000000		상무
				부장
				과장
				계
합계		1000000		

〈출금전표〉

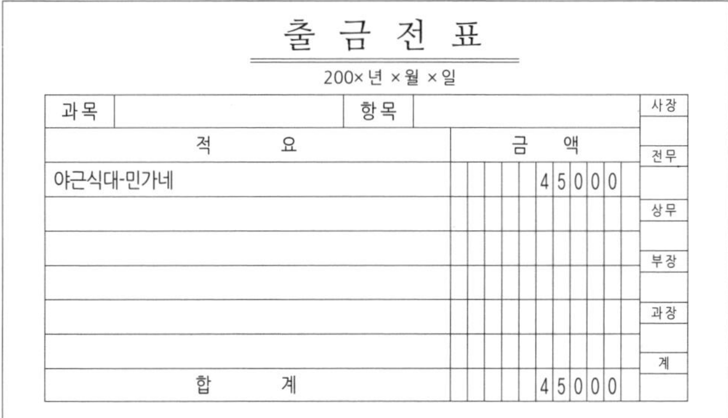

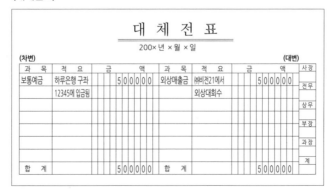

출 금 전 표

200× 년 ×월 ×일

과목		항목		사장
적요		금액		전무
야근식대-민가네		45000		상무
				부장
				과장
				계
합계		45000		

〈대체전표〉

대 체 전 표

200× 년 ×월 ×일

(차변) (대변)

과목	적요	금액	과목	적요	금액	사장
보통예금	하루은행 구좌	500000	외상매출금	㈜비전21에서	500000	전무
	12345에 입금됨			외상대회수		상무
						부장
						과장
						계
합계		500000	합계		500000	

법인설립 전 경비는 회사 비용(창업비)으로 인정받나요?

사업을 시작할 때 사업자등록을 신청해 발급받고 지출경비를 비용처리하면 됩니다. 다만 사업 개시 전에 지출한 경비 중 일부는 회사 비용으로 인정받을 수 없습니다.

법인설립이란 법원에 법인설립신고를 통해 법인탄생을 증명하는 법인등기부등본을 발급받고, 관할세무서에 사업자등록을 신청해 사업자등록증을 발급받으면 종료됩니다. 예전에는 법인등기를 대부분 법무사가 대행해 주었습니다. 요즘은 벤처기업이나 스타트업 창업자 중심으로 본인이 시간이 좀 걸리더라도 직접 인터넷으로 법인등기를 하는 경우도 많습니다. 법인설립은 사람이 태어나면 주민등록신고를 하는 것과 마찬가지입니다. 보통 법인이든 개인사업자든 설립할 때는 사무실을 구하고, 인테리어를 하며, 비품을 구입하고, 직원을 채용하는 과정을 거칩니다.

이 경우 사무실 임차에 따른 임차보증금과 비품구입비, 인테리어

시설비는 회사 자산으로 처리됩니다. 그러나 법인등기비용과 법무사 수수료를 제외한 업체에 지불할 비용과 직원급여 등의 비용은 회사를 설립하기 위해 들어간 비용이라 하더라도 창업비로 인정받으려면 조건이 있습니다.

바로 법인 설립 때 국가의 헌법과 같은 회사의 헌법인 정관에 이러한 사항을 변태설립사항으로 미리 집어넣어야만 창업비로 인정을 받을 수 있습니다. 대신 회사설립에 대해 법원이 실질조사를 해야 하므로 설립에 상당한 시간이 걸려, 현실적으로 이렇게 설립하는 회사는 거의 없습니다.

따라서 대다수의 회사들은 법인설립 전에 지출된 경비 중 법인등록과 관련된 등록세 및 법무사 수수료만 창업비로 처리하고, 그 외 비용은 실무상 대표이사의 가지급금으로 처리하는 것이 현실입니다.

회계담당자는 대표이사의 가지급금이 발생하는 것을 피하기 위해서는 업체에게 지불할 비용을 회사 설립 후로 늦추어 결제하는 것이 요령입니다. 설립 후 대금을 치르면서 세금계산서나 계산서, 현금영수증, 신용카드 매출전표를 받으면 완벽하게 회사 비용으로 인정받을 수 있기 때문입니다. 또한 급여도 회사 설립 후에 급여나 상여를 지급하는 방법을 써서 회사가 불이익을 받지 않도록 할 수 있습니다.

참고로 개인사업자의 경우는 설립 절차가 필요 없기 때문에 등기부등본이 없어 창업비가 없습니다. 따라서 사업을 시작할 때 사업자등록을 신청해 발급받고 지출경비를 비용처리하면 됩니다. 다만 이 경우에도 사업 개시 전에 지출한 경비는 회사 비용으로 인정받을 수 없습니다.

• 법인설립 이전에 지출된 비용 중 일부가 회사 비용으로 처리되지 않고, 대신 대차대조표 상 가지급금으로 처리된다.

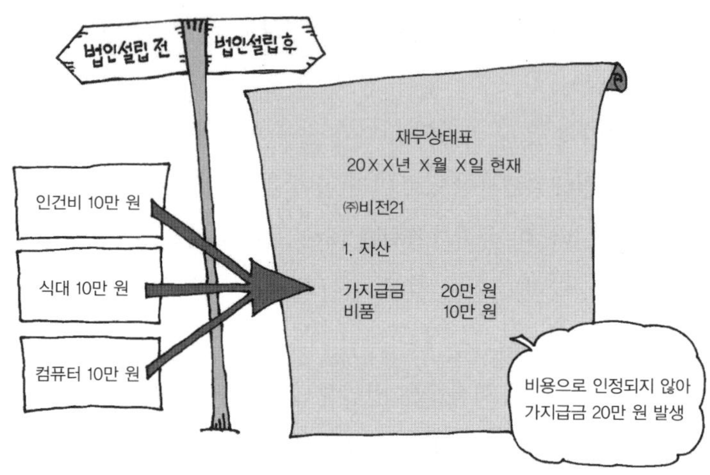

 **1분 칼럼**

법인사업자든 개인사업자든 창업 후 사업자등록 20일 전에 받은 세금계산서는 부가가치세를 공제받을 수 있을 뿐만 아니라, 회사 자산 및 비용으로도 처리할 수 있습니다. 회계담당자는 잘 알아두시기 바랍니다.

자주 쓰는 비용과목부터 파악하자

회계담당자는 비용과목들이 세법에서도 손비로 인정받을 수 있도록
스스로 학습을 통해 정확하게 알고 있어야 합니다.

'접대비'란 회사의 영업을 진작시키기 위해 거래처에 식사나 술로 대접하는 비용을 말합니다. 이러한 접대비는 세무상 연간 손비로 인정해주는 한도가 정해져 있습니다. 연간한도는 기본 금액(중소기업 2,400만 원, 일반기업 1,200만 원)에 매출액의 일정비율을 더한 금액입니다. 참고로 중소기업의 경우 2017년부터는 그 범위가 확대되어 주점 등 소비성 서비스업을 제외하고, 법무·회계·세무 등 전문직을 포함한 전 업종이 중소기업 업종에 해당합니다.

한편 접대비와 비교되는 과목은 '복리후생비'로 거래처가 아닌 직원의 식사나 사택제공 등 복리후생을 위해 지출하는 비용을 말합니다.

'기부금'은 접대비와 달리 거래처가 아닌 제3자에게 아무런 대가 없이 지출하는 것입니다. 지출한 금액 중 손비로 인정받는 한도에 따라서 수재의연금처럼 전액 인정받는 전액손금기부금과 종교단체기부금처럼 일부만 인정받는 지정기부금, 임의단체에 낸 기부금으로 손금으로 전액 인정받지 못하는 기부금이 있습니다.

'세금과공과'란 말 그대로 자동차세 등 세금과 회사가 부담하는 국민연금 등의 각종 공과금을 말합니다. 세금 중 차량범칙금과 자동차세 가산세는 정부에 대한 의무를 위반해서 내는 것으로 손비로 인정해주지 않습니다.

'여비교통비'란 임직원이 업무상 근거리 출장으로 지출하는 교통비와 장거리 출장에 따른 항공비, 숙박비, 식대 등의 일체 비용을 말합니다. 여비교통비의 경우 증빙을 통한 실비정산이 원칙이지만, 출장이 잦은 회사나 관리인력이 부족한 회사는 여비교통비규정을 만들어 사용하기도 합니다. 이 경우 숙박비나 일비금액을 정해서 규정대로 정리합니다. 또한 증빙이 취약한 국가로의 해외출장을 갈 경우에는 이 규정이 유용하게 사용될 수 있습니다. 전문가의 도움을 받아 여비교통비 규정을 만드는 것이 현명합니다.

'통신비'는 전화요금, 우편요금, 휴대폰 요금, 인터넷 요금 등을 말합니다. 또한 해외 출장시 현지 통화로 지출하고 받은 외화영수증은 환전 당시 환율로 환산합니다. 반면에 외화 신용카드영수증은 사용당시 환율로 환산해야 하지만, 카드회사에서 원화로 청구하는 금액을 비용으로 기록해도 무방합니다.

회계담당자는 상기 비용 과목들이 세법에서도 손비로 인정받을 수 있도록 스스로 학습을 통해 정확하게 알고 있어야 합니다.

차량을 구입하거나 리스할 때 회계처리는 어떻게 하나요?

리스는 물건을 구입한 것으로 회계처리를 하는 금융리스와 물건을 빌리고 사용료를 내는 것으로 회계처리를 하는 운용리스로 나누어집니다.

회사에서 구입하는 차량은 승용차일 수도 있고 화물차일 수도 있습니다. 새 차를 구입할 경우에는 딜러가 알아서 차량인도부터 차량등록까지 알선을 해줍니다. 이때 차량구입 증빙으로 세금계산서, 보험료영수증, 취득세, 등록세 영수증이 생깁니다.

새 차를 살 때 계약금이 지출된 회계처리는 다음과 같습니다.

(차변) 선급금	1,000,000	- ○○자동차
(대변) 보통예금	1,000,000	- ○○은행

차량인도시에는 세금계산서상 차량금액 및 탁송료 금액에 대해 다

음과 같이 회계처리합니다.

(차변)	차량운반구	20,000,000
	부가가치세대급금	2,000,000
(대변)	선급금	1,000,000
	미지급금	21,000,000

또 취득세 및 등록세를 납부하고 공채할인손실을 처리할 때와 보험료를 지불할 때의 회계처리는 다음과 같습니다.

(차변)	차량운반구	1,000,000
(대변)	현금	1,000,000
(차변)	보험료	500,000
(대변)	현금	500,000

개인에게 중고차를 구입하면 증빙으로 세금계산서 대신 계약서가 발생합니다. 계약서에는 상대방의 인적사항, 차량번호, 차량가격, 대금지급조건 등이 기재되어 있어야 합니다. 또한 차량대금은 일정기간 감가상각을 통해 비용이 되며, 보험료는 결산일까지 소멸된 기간만 보험료로 비용으로 처리됩니다.

차량구입대금 납부방법으로는 일시불과 할부가 있으며, 고가차량의 경우에는 리스를 이용하기도 합니다.

차량할부는 우리가 흔히 아는 '외상거래'와 유사합니다. 차이점은 외상거래의 경우 대금결제가 불규칙하지만, '할부거래'는 차를 살 때 미리 결제조건도 정해져 있어 일정기간 동안 정해진 시점에 정해진 금액을 낸다는 것에 차이가 있습니다.

'리스'는 구입이나 할부와는 다릅니다. 즉 거래형태를 살펴보면, 구입자가 대금을 지급하는 것이 아니라, 차량을 중개한 리스회사가 판매회사에 먼저 결제를 하고, 구입자로부터 일정기간 동안 차량대금과 이자를 받는다는 점이 다릅니다.

이러한 리스는 물건을 구입한 것으로 회계처리를 하는 금융리스와 물건을 빌리고 사용료를 내는 것으로 회계처리를 하는 운용리스로 나누어집니다. 리스를 이용하는 이유는 거액의 투자에 돈을 한꺼번에 지불할 필요 없이 일정기간 리스료로 나누어 지불하면 되기 때문입니다.

금융리스의 경우 리스자산이 리스 이용자에게 이전되는 형식을 취하므로 리스 이용자의 재무상태표에 차량이 금융리스자산으로 표시되고, 지급해야 할 리스료가 금융리스미지급금으로 표시됩니다. 리스미지급금은 리스대금상환표에 따라 지급되는데, 원금부분은 재무

구분	내용
소유권 이전	리스기간 종료시 리스자산의 소유권을 무상 또는 일정한 가액으로 리스 이용자에게 이전하기로 약정한 경우
염가구매선택권	리스자산의 염가구매선택권이 이용자에게 주어진 경우
리스기간	리스기간이 리스자산내용연수의 75% 이상인 경우
기본리스료 현재가치	리스실행일 현재 기본리스료를 내재이자율로 할인한 현재가치가 리스자산의 공정가액의 90% 이상인 경우

상태표상 부채인 금융리스미지급금을 줄여나가고, 이자 부분은 손익계산서상 이자비용으로 표시됩니다.

한편 운용리스는 금융리스와 효과가 똑같으면서도 리스자산은 리스회사에 소속되어 있습니다. 리스 이용자의 입장에서는 지급대금이 모두 손익계산서상 리스임차료란 비용으로 처리됩니다. 금융리스는 다음 중 하나에 해당하면 되고, 그 외는 모두 운용리스로 표시됩니다.

참고로 2018년부터 K-IFRS를 적용하는 상장기업 등은 리스 이용자의 경우 금융리스 형태로만 회계처리해야 합니다.

〈작성된 전표와 재무제표와의 관계〉

금융리스

재무상태표	
재무상태표 20XX년 X월 X일 현재	
㈜비전21	
1. 자산 차량운반구	500,000원
2. 부채 미지급금	500,000원

운용리스

손익계산서	
20XX년 X월 X일 ~ 20XX년 X월 X일	
㈜비전21	
1. 매출액	
⋮	
3. 판매비와 일반관리비 렌탈료	50,000원

금융리스와 운용리스의 이론적 구분은 간단하지만 실무에서 계약서를 통해 정확하게 구분하는 것은 매우 힘든 일입니다. 따라서 제일 좋은 방법은 리스회사의 담당자에게 확인해 이에 따라 회계처리를 하는 것이 가장 정확합니다.

지점에 보내는 전도금은 어떻게 정산하나요?

지점은 전도금을 받으면 지출한 뒤, 증빙을 정리해 본점에 보냅니다.
본점은 받은 증빙을 확인한 뒤, 사용한 만큼 전도금을 내려보냅니다.

법인의 경우 본점은 회사 활동의 주 무대가 되는 곳을 말합니다. 반면에 지점은 본점에서 지리적으로 떨어져 있고, 본점의 활동과 달리하거나, 동일한 본점 활동을 대신하거나, 본점의 활동을 지원하는 곳을 말합니다. 예로 제조업체의 경우 지방 공장이 본점이 되고, 서울의 판매소가 지점이 되는 것입니다.

이런 경우 회사는 관리목적상 지점을 본점의 통제하에 둡니다. 예로 자금관리 면에서 지점에 필요한 일상경비는 본점에서 미리 일정한 금액을 내려보내는데, 이를 '전도금'이라고 합니다.

지점은 전도금을 받으면 일상업무에서 필요한 곳에 지출하고, 증빙을 정리해 본점에 보냅니다. 본점은 받은 증빙을 확인한 뒤, 다시 사용한 증빙만큼 전도금을 내려보냅니다.

따라서 본사의 회계담당자는 내려보낸 전도금이 지점의 경비가 제대로 집행되었는지, 증빙은 세법상 적절한 증빙을 챙겼는지를 확인할 수 있습니다.

반대로 지점의 회계담당자는 본사의 통제를 항상 의식할 수밖에 없습니다. 이 때문에 전도금에 대해 경비를 제대로 집행하고, 증빙도 제대로 챙겨야 합니다.

회계처리는 본점은 지점에 전도금을 내려보낼 때 전도금계정과목을 쓰고, 지점에서 증빙이 올라올 때 그 금액만큼 전도금에서 차감해 비용으로 처리합니다. 또 그만큼 전도금을 다시 내려보내면서 전도금계정과목으로 처리하면 됩니다.

반대로 지점은 전도금을 받을 때 전도금장부에서 기록하고, 비용을 지출할 때는 전도금잔액에서 차감해 기록하면 됩니다.

회사가 전도금을 활용할 때는 일정한 금액한도를 정해서 운용하는 경우도 있고, 일정한 기간을 정해서 운용하는 경우도 있습니다. 경험상 일정한 금액을 정해놓고 운용하는 것이 관리가 단순해집니다.

참고로 법인은 본점과 지점이 자금거래 외 재화와 용역거래 역시 자주 발생합니다. 이 경우 내부매출 및 매입거래를 세무상 문제없이 정리하기 위해서는 법인 본점 및 지점마다 부가세를 신고하고 납부하는 대신 법인본점에서 일괄적으로 부가가치세를 신고하고 납부하는 사업자단위 과세제도를 활용하는 것이 좋습니다.

〈본점에서 지점으로 전도금 지급시〉

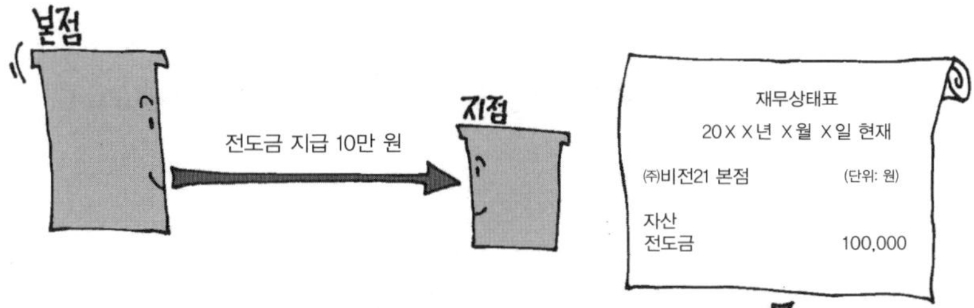

본점

전도금 지급 10만 원

지점

재무상태표	
20X X년 X월 X일 현재	
㈜비전21 본점	(단위: 원)
자산	
전도금	100,000

〈지점 사용경비 정산〉

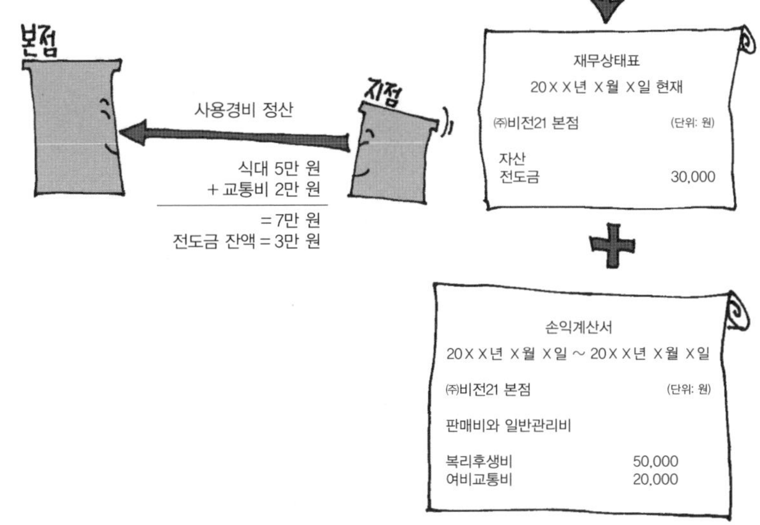

본점

사용경비 정산

지점

식대 5만 원
+교통비 2만 원
=7만 원
전도금 잔액=3만 원

재무상태표	
20X X년 X월 X일 현재	
㈜비전21 본점	(단위: 원)
자산	
전도금	30,000

손익계산서	
20X X년 X월 X일 ~ 20X X년 X월 X일	
㈜비전21 본점	(단위: 원)
판매비와 일반관리비	
복리후생비	50,000
여비교통비	20,000

1분 칼럼

지점에서 전도금정산이 제대로 안 되는 것은 지점에 문제가 발생했기 때문입니다. 이때 본사의 회계담당자는 즉시 경영자에게 보고해 원인을 파악하고 조치를 취해야 합니다.

제품 개발에 지출한 개발비와 개발(국고)보조금은 어떻게 처리하나요?

개발보조금은 협약 종결시 공인회계사의 감사를 받는 것이
일반적이므로 회계담당자는 이를 염두에 두고 정리해야 합니다.

제품개발비란 회사가 새로운 제품을 개발하기 위해 지출한 비용입니다. 그렇다면 구체적으로 어떤 비용이 개발비일까요?

먼저 회사에서 신제품을 개발하기 위한 프로젝트가 존재합니다. 그 프로젝트는 자료조사나 이론적인 검토 및 실험실 단계인 순수한 연구단계를 지나서 개발단계로 접어들어야 합니다. 또한 성공확률이 높아 상용화가 충분히 가능해야 합니다.

이러한 프로젝트에 지출된 개발비용은 매일 연구원들의 연구진행 성과가 기록된 연구일지를 토대로 개발비라는 무형자산 항목으로 기록됩니다. 그후 신제품이 상용화되어 팔릴 때는 그동안의 개발비를 사용 가능 기간 동안 상각해 제조비용으로 처리합니다.

반면에 개발단계에서 상용화되지 못한 프로젝트에 지출된 비용은 경상개발비라는 손익계산서상 판매비와 일반관리비의 한 항목으로 처리합니다. 한편 순수연구단계인 프로젝트비용은 연구비란 판매비와 일반관리비의 한 항목으로 처리합니다. 유망한 회사라 할지라도 초창기 회사들은 판매비와 일반관리비로 처리해야 할 개발비를 무형자산인 개발비로 처리하곤 합니다. 그 이유는 개발비를 비용으로 처리하면 손익계상서상 손실이 커져서 이를 줄이기 위해서입니다. 이렇게 해야 금융기관이나 (기술)신용보증기금에서 신용평가상 불이익을 받지 않아 계속 거래가 가능하기 때문입니다.

어떤 회사는 재무상태표상 수십억 원의 개발비가 존재합니다. 이러한 개발비 규모는 금융기관거래 때문에 비용처리하지 못한 개발비가 계속 쌓여 있는 경우도 있을 것입니다. 회계담당자는 회사의 사정을 잘 알고 있으므로, 거액의 개발비에 대한 대처방안을 잘 세워둬야 합니다.

한편 신제품개발 프로젝트로 정부에서 개발비에 대해 (국고)보조금을 받은 업체들이 있습니다. 개발비수령통장, 지출영수증 및 지출기록을 따로 관리해야 한다는 원칙은 잘 알고 있지만, 실제로 잘 관리하는 회사는 의외로 적습니다.

보조금을 받을 때 별도의 통장으로 받고, 지출할 때도 그 통장을 통해서만 지출하고, 증빙도 챙기고, 기록도 별도로 하면 아무런 문제가 없습니다. 개발보조금은 협약 종결시 공인회계사의 감사를 받는 것이 일반적이므로 회계담당자는 이를 염두에 두고 정리해야 합니다.

개발(국고)보조금은 개발 성공 여부와 무관하게 무상으로 지원받는 것과 협약 종료시 개발이 성공하면 원래 지원금액의 일정액을 지급하거나, 매출액의 일정 비율로 지급하는 조건부 보조금이 있습니다. 따라서 회계담당자는 계약서의 조건을 잘 이해하고, 이에 따라 정확하게 회계처리를 해야 합니다.

개발보조금은 인건비, 원재료비 등 경비지원을 받은 경우와 기계 등 자산을 지원받는 경우로 나눠집니다. 개발보조금을 받을 때 수익으로 처리하고, 인건비, 원재료비 등으로 지출하는 경우에는 개발비(자산과목)으로 다음과 같이 회계처리합니다.

(차변) 보통예금	100,000,000
(대변) 국고보조금(영업외 수익)	100,000,000
(차변) 개발비(개발 완료시까지 적립)	100,000,000
(대변) 보통예금	100,000,000

또한 연구개발자산 취득보조금을 보조금통장에 지원받은 후, 기계 등 자산을 취득할 때는 다음과 같이 회계처리합니다.

(차변) 보통예금	100,000,000
(대변) 국고보조금(예금차감계정)	100,000,000
(차변) 자산	100,000,000
(대변) 보통예금	100,000,000
(차변) 국고보조금(예금차감계정)	100,000,000
(대변) 국고보조금(자산차감계정)	100,000,000

또한 이 자산을 감가상각할 때는 다음과 같이 회계처리합니다. 금방 이해하기는 좀 어려운 회계처리입니다.

(차변) 국고보조금(자산차감계정)	40,000,000
(대변) 감가상각충당금	40,000,000

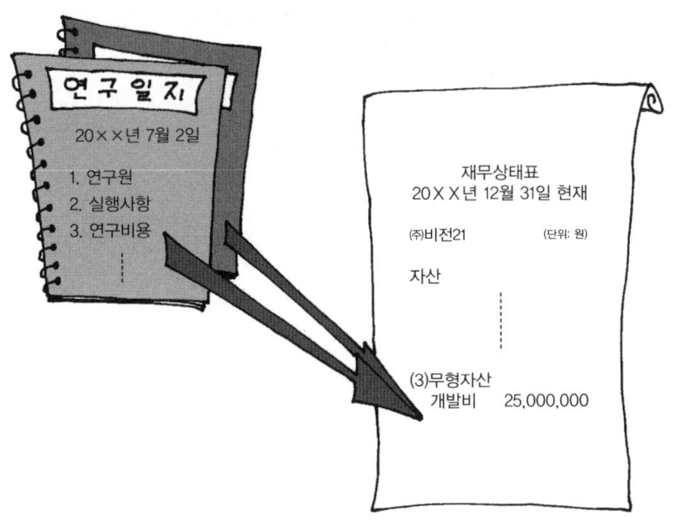

1분 칼럼

개발보조금의 종류는 다양하며 이에 따라 회계처리도 달라집니다. 명확한 회계처리를 위해서는 계약서를 정확하게 이해하는 것이 첫 번째이며, 만일 이해가 어려울 때는 반드시 전문가의 자문을 얻어 해결해야 합니다.

산업재산권 취득비용인 출원비는 어떻게 회계처리해야 하나요?

특허권을 취득하는 데는 보통 몇 년이 걸립니다. 특허권 취득 전까지 지출된 특허출원비는 재무상태표상 선급금으로 처리합니다.

산업재산권은 무형의 재산으로 특허권, 의장권, 상표권, 실용신안권을 말합니다. 산업재산권은 시간이 갈수록 기업생존에 핵심자산입니다. 산업재산권외 핵심자산으로는 무형의 브랜드, 노하우, 인적자원, 제조공정 등이 있습니다.

산업재산권 '출원비'는 산업재산권을 취득하기 위해 들어간 비용을 말합니다. 이 중 특허출원비는 특허권을 취득하기 위해 지출된 특허출원료와 변리사비용 등의 부대비용을 말합니다.

특허권을 취득하는 데는 보통 몇 년이 걸립니다. 특허권 취득 전까지 지출된 특허출원비는 재무상태표상 선급금으로 처리합니다. 그 후 특허권을 취득했을 때 선급금과목을 특허권으로 대체합니다.

만일 특허권을 획득하는 것에 실패했을 경우에는 선급금과목을 손익계산서상 일반관리비 중 지급수수료(특허사무실 수수료) 및 세금과 공과(특허청에 납부하는 관납료 등)로 대체하면 됩니다. 참고로 특허를 취득한 후에 특허갱신비용 등 지출되는 비용 역시 지급수수료 및 세금과공과로 처리하면 됩니다.

회사가 소유한 특허권의 재산적 가치는 회사 전체 가치에 큰 비중을 차지합니다. 그러나 재무상태표상에서 특허권금액은 이미 지불된 특허출원비만을 기록합니다. 이는 특허권이 보여줄 미래 현금창출능력을 측정해 기록하는 것이 아니라, 회계 속성상 역사적 원가주의에 입각해 처리하기 때문입니다. 다른 예로 회사의 토지 시세는 어마어마한데, 재무상태표에는 아주 오래전 얼마 안 되는 취득금액으로 기록되어 있는 것과 같습니다.

따라서 회사를 인수할 때나 매각할 때는 회사 장부상의 가치가 아니라, 이러한 가치평가를 통해 회사가치를 평가하게 됩니다. 주식투자에서도 회사가치를 기준으로 하는 가치투자의 경우 특허권 등 무형자산의 가치를 나름대로 평가해서 투자 여부를 결정합니다.

현실적으로 이러한 무형자산이 가치가 있다는 것은 알지만, 그 가격이 얼마나 되는지 알아내는 것은 여간 어려운 일이 아닙니다. 회계담당자는 평소에 회사의 무형자산 가치가 얼마인지 추정하는데 주의를 기울일 필요가 있습니다. 회사에 무형자산 가치평가 문제가 대두됐을 때는, 평소의 식견으로 독자적인 판단기준을 가지고 회사의 무형자산을 제대로 평가할 수 있는 가치평가 전문기관을 찾아야 합니다.

작성한 전표는 재무제표의 어디에 나타나죠?

전표내용은 현금출납장 등 장부기록을 거쳐 재무제표 중 현금 등 해당되는 계정과목에 결과치로 나타납니다.

회계담당자가 매일 거래내용을 직접 전표로 작성하는 경우, 전표내용은 현금출납장 등 장부기록을 거쳐 재무제표 중 현금 등 해당되는 계정과목에 결과치로 나타납니다.

예를 들어 1년 중 급여지급이 유일한 거래인 경우, 급여를 이체할 때 회계담당자는 (차변)급여 1천만 원, (대변)보통예금 1천만 원으로 대체전표를 작성한 후, 총계정원장 중 급여계정원장 1천만 원 및 보조원장 중 보통예금보조원장에 보통예금 감소 1천만 원으로 기록합니다. 그리고 합계잔액시산표 작성 후 재무제표를 작성하면 재무상태표에서는 보통예금이 원래 잔고에서 1천만 원 줄어든 금액으로 나타나며, 손익계산서에서는 급여 1천만 원이 나타납니다.

회계 소프트웨어를 이용하는 경우에는 회계담당자가 급여거래를 제대로 입력하기만 하면 총계정원장과 보조원장 그리고 재무제표가 자동출력됩니다.

다른 예로 대표이사가 가불해간 것을 정산하는 경우 회계담당자는 (차변)현금 300만 원, (대변)가지급금 300만 원으로 입금전표에 기록하고, 보조원장인 현금출납장 및 총계정원장 중 가지급금 계정별원장에 기록합니다. 이 경우 재무상태표에는 현금이 원래 잔고에서 300만 원 늘어난 금액으로 나타나며, 가지급금은 정산되었으므로 0으로 나타납니다.

또 다른 예로 볼펜 등 문방구를 산 경우 회계담당자는 (차변)소모품비 1만 원, (대변)현금 1만 원으로 출금전표에 표시하고, 보조원장인 현금출납장 및 총계정원장 중 소모품비 계정별원장에 기록합니다. 재무상태표에서는 현금이 원래 현금잔고에서 1만 원 줄어든 금액으로 나타나며, 손익계산서에서는 소모품비 1만 원으로 나타납니다.

회계담당자는 재무제표를 작성한 후에는 각 계정의 금액이 맞는지 스스로 확인해 보는 것이 중요합니다. 재무상태표 항목인 현금, 가지급금 등은 잔액확인이 필요하며, 손익계산서 항목인 소모품비 등은 금액확인이 필요합니다.

재무상태표의 경우 예금 및 차입금은 통장이나 인터넷을 통해, 외상채권 잔액 및 외상채무 잔액은 거래처원장 및 거래처의 확인을 통해 알 수 있습니다. 재고자산은 재고자산의 수량 및 금액을 기록한 재고수불부로 확인할 수 있습니다. 이러한 재고수불부는 재고가 단순한 회사의 경우 엑셀을 이용해 간단하게 만들 수도 있고, 재고가 좀 복잡하면 시중에 나와 있는 회계 소프트웨어를 활용할 수도 있습

〈작성된 전표와 재무제표와의 관계〉

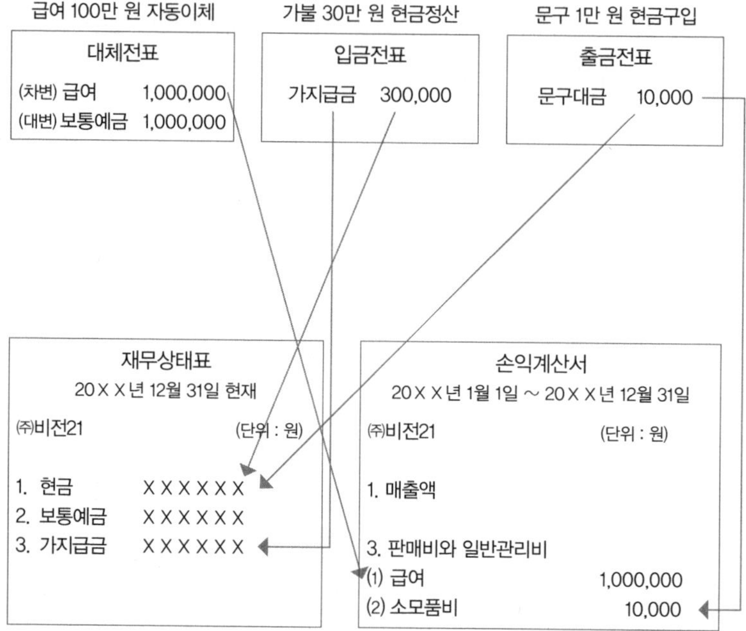

니다. 고정자산은 세금계산서나 계약서로 확인할 수 있습니다.

손익계산서의 경우 금액 확인은 부가가치세신고서와의 대조를 통해 확인할 수 있습니다. 급여의 경우 원천징수신고서를 통해, 광고비 등은 매입세금계산서를 통해 확인할 수 있습니다. 그 외 경비는 월별 경비 비교를 통해 확인할 수도 있습니다.

3 DAYS

3일차에서는 전표를 통해 작성된 각종 장부들을 관리에 활용하는 예를 설명하고 있습니다. 현금출납장 등 이러한 장부는 재무제표에 나타나는 현금 등 개별 계정과목에 대한 상세내역으로 경영자, 투자자, 채권자, 국세청, 회계감사인 등 모든 이해관계자가 중시하는 자료입니다. 법적으로 장부 작성이 의무라는 점을 떠나서 왜 중요하며, 어떻게 활용해야 하는지 배워봅시다.

장부를 작성할 때는 회계 소프트웨어를 이용하는 것이 수작업으로 만드는 것보다 더 효율적입니다. 그러나 처음부터 회계 소프트웨어에만 의존하면 장부 작성과정을 이해하지 못합니다. 또한 응용력이 떨어져 돌발상황이 발생하면 회계 및 세무처리가 힘듭니다. 장기적으로는 경영자로 진입이 어려울 것입니다.

3일차

장부 작성이 회계의 기본이다

현금출납장은 어떻게 작성하나요?

현금출납장의 회사 내부용도는 현금이 들어오고 나간 기록이 일자별로 일목요연하게 정리된 후, 예산 대비 분석이 가능하도록 하는 것입니다.

하루에 발생한 현금거래를 증빙을 토대로 입금전표 및 출금전표를 작성하고, 이를 수작업으로 일일이 장부에 기록하면 현금출납장이 됩니다. 만일 회계 소프트웨어를 사용한다면 증빙내용을 직접 회계 소프트웨어에 입력하면 됩니다,

현금출납장에서 사용하는 입금·출금이란 용어는 현금 입금·출금을 의미하는 것이지, 예금거래를 포함하는 것이 아니라는 점을 주의해야 합니다.

회사에서는 가끔 현금 및 예금을 현금으로 표시하기도 합니다. 이럴 경우 은행에서 예금을 현금으로 인출하는 거래나, 현금을 은행에 예금하는 거래는 장부에 나타나지 않습니다. 따라서 충분한 거래내

용이 나타나지 못한다는 단점이 있습니다.

참고로 예금장, 어음장, 외상매출처원장, 외상매입처원장은 주로 대체전표를 토대로 작성합니다. 예로 매출 중 외상거래나 매입 중 외상거래는 세금계산서나 계산서, 신용카드전표 등과 같은 정규증빙을 토대로 대체전표가 작성되고, 이 내용이 외상매출금원장과 외상매입금원장에 반영됩니다.

현금출납장의 회사 내부용도는 현금이 들어오고 나간 기록이 일자별로 일목요연하게 정리된 후, 예산대비 분석이 가능하도록 하는 것입니다. 우리가 용돈기입장을 작성하면 수입·지출내역이 일목요연하게 파악됩니다. 그러면 불필요한 지출을 줄이기 위해 노력하고, 또 계획적인 생활습관을 가질 수 있는 것과 마찬가지입니다.

현금출납장의 내용은 날짜, 적요(거래내용), 입금, 출금, 잔액으로 구성됩니다. 이러한 내용은 거래마다 발생한 증빙을 토대로 입금·출금전표를 통해 작성됩니다. 회계담당자는 매일 현금출납장의 잔액과 실제 현금잔액을 비교해야 합니다. 그리고 차이가 있으면 그 원인을 찾아내야 합니다.

중소기업에 갓 입사한 회계담당자가 처음 맡는 업무 중 하나가 바로 현금출납장 작성입니다. 실상은 입금·출금거래 내용을 장부에서 빼먹을 뿐만 아니라, 제대로 된 증빙을 챙기지 못하고 흘리는 경우가 대부분입니다. 간혹 장부상 현금잔고가 실제 잔고보다 터무니없이 많거나 적어 그 원인을 찾으려고 끙끙거리는 경우도 생깁니다.

요즘은 현금거래가 별로 없고 예금거래가 대부분입니다, 따라서 현금출납장의 거래규모가 예전만 못합니다. 그러나 관리시스템 확립 차원에서는 매우 중요한 장부입니다. 회계담당자는 매일 현금출납장을 작성할 때 집중해 증빙을 확인하고, 전표를 작성한 후 장부를 작성해야 합니다. 그리고 매일 장부기록이 끝난 뒤에는 장부상 현금잔액과 실제 현금잔액을 비교하는 습관을 길러야 합니다.

1분 칼럼

현금출납장은 금융기관이 현장실사를 할 때 가장 중시하는 자료 중 하나입니다. 회계 담당자는 실사에 대비해 그날까지의 출납 내용을 작성해 두어야 합니다. 한편 장부 작성 자체를 외부 기장업체에게 의뢰하는 경우에는 외부 기장업체에서 작성해 온 장부를 제대로 검토해야 합니다.

현금 잔액이 실제와 차이가 나면 어떻게 하죠?

장부상의 현금이 실제보다 더 많은 현상이 발생하는 경우, 이를 일치시키도록 해야 합니다. 회계의 첫걸음은 현금관리입니다.

현금이 지출되었지만 지출증빙이 제대로 갖춰지지 못해 현금출납장상 기록을 하지 않는 경우, 현금출납장상의 현금잔액이 실제로 가지고 있는 현금보다 많게 됩니다. 한 예로 영업상 필요해서 영업비를 지출했는데, 증빙을 챙기지 못한 경우에 이런 현상이 발생합니다.

다른 예로 법인의 대표이사가 지출증빙 없이 현금을 인출해갈 때나, 직원이 지출증빙 없이 가불할 때 합니다. 또 다른 예로 회계담당자가 지출증빙을 분실했거나, 현금을 잃어버렸을 경우에도 이런 현상이 발생합니다.

장부상의 현금이 실제보다 더 많은 현상이 발생하는 경우, 회계담당자는 금액의 많고 적음에도 불구하고 일치시키도록 해야 합니다.

왜냐하면 회계의 첫걸음이 현금관리이기 때문입니다. 경영자는 현금 과부족이 발생하면 회계담당자의 능력에 의문을 품게 됩니다.

요즘처럼 인터넷을 이용해 모든 수입과 지출을 현금이 아닌 예금으로만 관리하면 현금거래는 전혀 없어서 현금관리가 필요 없게 됩니다. 그러나 대다수의 회사가 현금거래 규모가 줄었을 뿐이지, 일상적인 상황에서는 현금지출을 하고 있습니다. 예로 문방구 등 일상물품비, 식대 등 일상경비, 택배비나 우표 등의 구입처럼 현금지출이 꼭 필요한 경우가 있습니다. 따라서 현금출납장을 제대로 작성하는 것은 반드시 필요합니다.

회계담당자는 현금관리를 귀찮고 하찮은 일로 여기면 안 됩니다. 회계담당자 본연의 업무로 인식해야 하고, 경영자에게는 신뢰를 받는 출발점으로 삼아야 합니다. 현금이란 것은 항상 조심해야 하는 요주의 대상입니다. 회계담당자가 본인의 뜻과 무관하게 다른 사람으로부터 불신을 받을 수 있는 원인 중 하나가 바로 현금입니다.

1분 칼럼

회계담당자는 종종 실제 현금시재가 모자르면 자기 돈으로 채워 넣는 일이 있습니다. 이때 채워 넣는 것보다 더 중요한 것은 왜 부족한지 반드시 그 원인을 규명하고, 차후에 이런 일이 생기지 않도록 대비하는 것입니다.

총계정원장과 보조원장의 차이는 뭔가요?

회계담당자의 업무가 과거 수작업에서는 입력에 치중한 반면, 현재 회계 소프트웨어를 사용하는 경우에는 출력물을 통한 검증작업이 중요해졌습니다.

회사에서 일어난 모든 거래는 증빙을 통해 수작업의 경우 입금전표, 출금전표, 대체전표를 작성한 후에 이를 '총계정원장'에 기록합니다. 수작업 총계정원장은 회사의 전체 거래가 모든 계정과목에 모여 있는 장부입니다. 일반적으로 현금계정에서부터 출발해 마지막 법인세 계정과목까지 색인을 붙여 구별할 수 있게 합니다.

예로 특정 계정과목에서 특정일자 거래내역을 알고 싶다면 총계정원장에서 그에 해당하는 색인을 찾아서 펼쳐보면 됩니다. 그러나 입·출금이 빈번한 현금의 경우 일일이 총계정원장 중 현금계정과목 색인을 펼쳐서 기록하고, 찾아봐야 하는 불편이 있으므로 별도의 현금출납장이란 보조장부를 만들어 관리합니다.

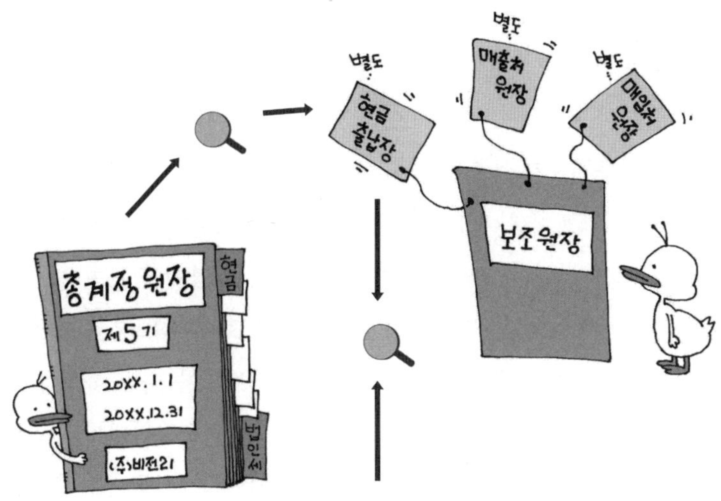

다른 예로 외상채권의 경우 특정 거래처의 현재 잔액을 알고 싶을 때 총계정원장으로는 특정업체 잔액을 파악하기 힘들기 때문에 별도로 매출처원장을 만들어 정리합니다.

이러한 현금출납장 및 매출처원장 등을 '보조원장'이라고 합니다. 이는 말 그대로 총계정원장을 보조하는 것입니다. 따라서 하루 동안의 거래기록을 별도로 보조원장에 건건이 기록하고, 총계정원장에는 하루의 합계만 기록합니다. 그 외 보조원장에는 당좌예금출납장, 받을어음기입장, 재고수불부, 매입처원장, 지급어음기입장 등이 있습니다.

전체 계정과목에 대해 보조부가 별도로 만들어진 것이 계정별원장입니다. 이런 경우 총계정원장에는 각 계정과목의 하루 합계만 기록됩니다.

총계정원장의 모든 과목에 대해 하루의 증가 및 감소, 잔액을 옮겨 적은 것이 '일계표'입니다. 이를 월단위로 모으면 '월합계잔액시산표'가 됩니다. 이것을 1년치 모으면 '연합계잔액시산표'가 됩니다. 이를 통해 재무제표가 산출됩니다.

과거에 일계표나 합계잔액시산표를 수작업으로 작성할 때는 숫자를 옮겨 적는 동안 발생하는 오류로 인해 대변 합계와 차변 합계가 틀리는 경우가 많았습니다. 하지만 회계 소프트웨어의 경우, 자동으로 생성되기 때문에 원초적으로 분개가 틀리지 않는다면 틀리는 일은 없습니다. 따라서 회계담당자의 업무가 과거 수작업에서는 입력에 치중한 반면, 현재 회계 소프트웨어를 사용하는 경우에는 출력물을 통한 검증작업이 중요해졌습니다.

1분 칼럼

소규모 회사의 경우에는 거래가 빈번치 않으므로 총계정원장 중 현금출납장, 매출처원장, 매입처원장만 별도로 보조부를 작성하고, 그 외에는 총계정원장에서 건건이 기록하면 됩니다.

부가가치세신고에 필요한 매출장 및 매입장 관리는 어떻게 하나요?

법인의 경우 3개월치 매출부가가치세 합계에서 3개월치 매입부가가치세 합계를 뺐을 때, '+'이면 납부해야 할 부가가치세이고, '−'이면 환급받을 부가가치세입니다.

'매출장'은 회사 매출내용을 정리한 장부입니다. 수작업의 경우 매출이 발생할 때마다 회계담당자는 건건이 그 내용을 기록하고 정리해야 합니다. 그 내용으로는 매출일자, 적요, 매출처, 공급가액, 부가가치세 등이 있습니다. 그리고 매출세금계산서 또는 월합계로 세금계산서를 발행할 때는 거래명세표를 발행합니다.

요즘 법인과 많은 개인사업자들이 부가가치세법상 의무대상자가 아니더라도 자발적으로 인터넷으로 전자세금계산서나 전자계산서를 발행하고 있습니다.

참고로 연 매출이 4,800만 원 미만인 부가가치세 간이과세사업자는 매출세금계산서 발생의무가 없으며, 대신 신용카드나 현금영수증을 발행합니다. 또한 부가가치세와 무관한 면세사업자는 매출세금계산서가 아닌 매출계산서를 발행합니다.

예를 들어 법인의 경우 매일 거래를 기록한 매출장의 공급가액과 부가가치세를 매달 집계한 뒤 발행한 세금계산서, 계산서, 신용카드, 현금영수증 합계와 비교해 일치 여부를 확인해야 합니다. 이후 3개월치 분기누계를 구해 부가가치세신고 및 납부를 준비해야 합니다.

반면에 '매입장'은 회사매입 내용을 정리한 장부입니다. 매출처럼 매입이 발생할 때마다 회계담당자는 건건이 내용을 기록하고 정리해야 합니다. 그 내용으로는 매입일자, 적요, 매입처, 공급가액, 부가가치세 등이 있습니다. 요즘은 수작업 대신 인터넷으로 전자세금계산서나 전자계산서를 많이 수취하고 있습니다.

매출장과 마찬가지로 법인의 경우 매입장의 공급가액과 부가가치세를 매달 집계한 뒤에 증빙인 매입세금계산서, 매입계산서, 매입신용카드, 매입현금영수증 합계와 비교해 일치 여부를 확인해야 합니다. 그런 다음 3개월치 분기누계도 구해 부가가치세신고 및 납부를 준비해야 합니다.

법인의 경우 3개월치 매출부가가치세합계에서 3개월 매입부가가치세합계를 빼서 그 결과가 '+'이면 납부해야 할 부가가치세이고, '-'이면 환급받을 부가가치세입니다.

흔히 발생하는 예로 영업부에서 거래처에 물건을 납품하고도 미처 세금계산서를 발행하지 못하는 경우가 있습니다. 회계담당자는 매일 매출장관리를 통해 이를 확인해야 합니다. 부가가치세신고 및 납부는 그 어떤 세금신고보다 중요합니다. 잘못 신고하면 누락된 내용에 대해 가산세 부담이 클 뿐더러, 회사 전체 자금계획에 혼란을 가져옵니다. 또한 금융기관이 대출심사를 할 때 여신한도 판단의 기초자료가 됩니다.

한편 법인은 부가가치세신고 및 납부를 3개월에 한 번씩 합니다. 반면에 개인사업자(일반과세자 또는 간이과세자)는 1년에 한 번씩 신고해야 하며, 중간 6개월은 직전 1년 동안 낸 세금의 절반을 내야 합니다.

참고로 부가가치세를 납부하지 않는 부가가치세 면세사업자도 있습니다. 이 경우 1년치 매출관련 계산서 및 신용카드영수증, 현금영수증, 현금과 매입관련 세금계산서 및 계산서 금액을 집계해 1년에 한 번 신고해야 합니다.

1분 칼럼

실무에서 매입의 경우 대금은 미리 지급했지만, 매입세금계산서를 나중에 받거나 받지 못하는 경우가 흔합니다. 이럴 때는 부가가치세를 신고할 때 누락되어 부가가치세 공제를 받지 못하는 경우가 생깁니다. 따라서 부가가치세를 신고할 때 내역이 빠지지 않도록 회계담당자는 각별히 주의해야 합니다.

외상매출처원장 및 외상매입처원장을 관리해야 하는 이유는 뭔가요?

경영자는 외상거래처별로 정확한 관련 정보를 알고 싶어합니다.
회계담당자는 이런 것들에 항상 대비하면서 업무를 해야 합니다.

회사에서는 항상 정확한 자금수지 예측이 중요합니다. 그렇게 하기 위해서는 받을 것과 줄 것에 대해 제대로 계획을 짜야 합니다.

물건을 팔고 즉시 대금을 회수하는 경우는 거의 없습니다. 신용거래가 대부분입니다. 결제는 보통 월말에 한 번 이뤄지는 경우가 많습니다. 또 모두 결제해주는 것이 아니라 잔액을 남겨서 결제해줍니다.

따라서 회계담당자는 재무상태표상에 한 줄로 표시되는 외상매출금 잔액을 거래처별로 관리해야 합니다. 즉 거래처별로 거래가 발생한 순서에 따라 발생금액과 회수금액 및 잔액을 제대로 기록하고 관리해야 합니다. 그래야만 대금 회수를 제대로 관리하고, 자금계획도 제대로 짤 수 있습니다. 만약 외상채권을 원활하게 회수하지 못하면 자금이 부족해 은행에서 빌려야 하는 상황이 발생합니다.

경영자는 외상거래처별로 채권 잔액이 정확한지, 적절한 규모인지, 회수되는 기간은 어느 정도인지 늘 알고 싶어 합니다. 회계담당자는 이런 것들에 항상 대비하면서 업무를 해야 합니다.

외상채권을 사전에 잘 관리한다면 특정 거래처의 외상채권이 비정상적으로 늘어나는 것을 방지할 수 있습니다. 특정 거래처에 비정상적으로 외상채권 잔액이 많을 때는 특별관리를 해야 합니다. 회수를 독촉하고, 추가적인 신용거래는 중단하는 조치를 취해야 합니다. 또 재판 등 법적 조치를 취하든지, 채권추심회사에 의뢰해 채권을 회수해야 합니다.

중소기업의 채권회수는 보통 영업부에서 주관합니다. 영업부의 경우 거래처와 평소 거래관계상 채권회수를 강하게 밀어붙이기가 어렵습니다. 따라서 회계담당자가 거래처 채권잔액 및 회수 현황을 즉시 파악해 경영자에게 보고해야 합니다. 그후 경영진이 영업부가 채권을 빨리 회수하게끔 독려해야 합니다.

서점 등 외상채권잔액을 현금이 아닌 어음으로 결제해주는 경우도 있습니다. 요즘은 실물어음이 아닌 인터넷상 전자어음으로 결제해주는 경우도 많습니다. 전자어음의 경우 인터넷으로 거래은행에 접속하면 수령한 어음이 확인가능합니다.

예정된 지출은 약속을 지켜 결제하는 것이 신용을 쌓는 첩경입니다. 지출에 대한 자금계획을 제대로 짜기 위해서는 회계담당자가 매입처별로 제대로 기록하고 확인해야 합니다.

물건을 사는 즉시 대금을 지급하는 경우 외상잔액은 0입니다. 현실에서는 신용거래가 대부분이므로 매입업체에 대한 채무가 항상 존재합니다.

실무에서는 종종 각 거래처별로 매입처원장을 제대로 관리하지 않아 외상대금을 2번 보내거나, 엉뚱한 업체에 송금하는 실수를 저지르기도 합니다. 심지어 구매거래처에 송금한 것처럼 가장해서 직원이 그 돈을 착복해 공금횡령을 하는 경우도 있습니다.

이를 방지하기 위해서는 매월 또는 부정기적으로 거래처에 직접 전화나 팩스, 또는 우편으로 잔액 확인을 해야 합니다. 왜냐하면 외상채무는 받을 권리가 있는 상대방이 더 정확하게 알고 있기 때문입니다.

이때 주의할 것은 채무 잔액을 확인할 때, 미리 거래처에 이쪽의 잔액이 얼마인지 가르쳐주지 말고 잔액을 확인받아야 한다는 점입니다. 왜냐하면 거래처에서는 우리가 알고 있는 채무 잔액이 많으면 가만히 있고, 적을 때는 아니라고 할 것이기 때문입니다.

재무상태표에서 한 줄로 나타나는 외상매출금 잔액을 거래처의 구분 없이 일자별로 기록한 장부는 총계정원장이나 계정별 원장입니다. 이는 거래처별로 기록한 매출처원장과는 구별됩니다.

이해하기도 어렵고 작성하기도 어려운 재고수불부는 왜 필요한가요?

재고수불부는 간단하면 엑셀로 작성할 수도 있고, 시중의 회계 소프트웨어를 이용해 작성할 수도 있으며, 회사 실정에 맞게 개발해서 사용할 수도 있습니다.

제조업은 직접 제조한 제품, 유통업은 구입한 상품 중 일정 시점에 팔리지 않고 남아있는 재고자산이 존재합니다. 반면에 컨설팅업 등 서비스업은 재고자산이 없습니다. 재고자산이 존재하는 회사는 재고 종류별로 기초재고와 당기에 생산 또는 구입한 재고 및 당기에 판매한 재고와 기말재고를 재고수불부에 기록합니다. 이를 산식으로 나타내면 '기초재고+당기생산' 또는 '매입재고-당기 출고재고=기말재고'입니다.

이러한 수치는 재무상태표와 손익계산서에 표시됩니다. 재고수불부는 세무·회계상 반드시 필요한 장부입니다. 주의할 점은 재고수불부상 부실한 기록이나 조작 또는 누락은 분식회계의 원인이 됩니다.

또한 재고수불부는 간단하면 엑셀로 작성할 수도 있고, 시중의 회계 소프트웨어를 이용해 작성할 수도 있고, 회사의 실정에 맞게 개발해서 사용할 수도 있습니다.

제조업의 경우 원재료의 입고수량과 입고금액은 매입세금계산서 등을 근거로 기록되며, 제품출고 수량은 매출세금계산서 등을 근거로 기록됩니다. 그리고 재고수량은 실지 재고조사를 통해 확정해야 됩니다.

유통업의 경우 구입한 상품과 금액은 매입세금계산서 등을 근거로 기록되며, 팔린 상품은 매출세금계산서 등을 근거로 기록되고, 남아 있는 재고는 실물 확인을 통해 확정해야 됩니다.

주의할 점은 재고수불부상 제품 출고금액은 매출세금계산서 금액과 일치하지 않습니다. 왜냐하면 제품수불부에는 원가로 기록되는 반면에 매출세금계산서에는 이윤이 포함된 매가로 표시되기 때문입니다.

재고자산은 입고될 때마다 매입단가나 생산단가가 변동되는 것이 일반적입니다. 이 경우 남은 재고를 평가하는 방법은 귀금속과 같은 고가상품이나 독특한 제품은 출고 때마다 입고단가를 일일이 확인해 그 단가를 적용하는 개별법을 사용합니다. 최선의 재고평가방법이지만 현실적으로 사용되는 곳이 제한되어 있습니다.

동일한 재고를 다량으로 취급할 때는 기초 및 당기입고금액의 평균으로 결정되는 평균법이나 먼저 입고된 것이 먼저 출고된다고 가정하는 선입선출법, 나중에 입고된 것이 먼저 출고된다고 가정하는 후입선출법으로 재고를 평가합니다. 이는 실제 물량의 흐름을 좇아가는 것이 아니라, 물량의 흐름을 미리 가정해 재고를 평가하는 것입니다.

참고로 평균법 중 총평균법은 매출원가 및 재고금액이 기초 및 입고금액의 평균으로 결정됩니다. 반면에 이동평균법은 출고 때마다 매출원가 및 재고금액이 그때까지 기초 및 입고된 금액의 평균으로 결정됩니다.

1분 칼럼

중소기업의 경우 재고수불부를 만드는 경우는 별로 없습니다. 이는 관리시스템이 부실하다는 증거이기도 합니다. 만약 국세청으로부터 세무조사를 받는다면 매출원가 및 재고금액을 제대로 인정받지 못하고 회사가 감당하기 어려운 세금을 부담할 우려가 있습니다. 따라서 회계담당자는 반드시 재고수불부를 작성해야 합니다.

연말결산시 무엇을 가장 먼저 챙겨야 하나요?

연말결산시 가장 먼저 챙겨야 할 사항이 연말결산 정리사항입니다. 예를 들어 선급비용 정리, 미지급비용 정리, 감가상각, 재고금액 확정, 세금추정 등입니다.

수작업의 경우 모든 계정과목을 마감하고, 마감한 수치를 합계잔액시산표에 옮긴 후 차변과 대변 합계가 일치하면 이를 통해 재무제표를 만들 수 있습니다. 회계 소프트웨어를 이용하는 경우 매일 거래 차변과 대변을 입력해 양쪽 금액이 맞으면 합계잔액시산표와 재무제표가 출력됩니다. 재무제표는 이사회 승인을 거친 후 주주총회 승인으로 최종 확정됩니다.

회계담당자는 재무제표를 확정하는 업무야말로 눈을 감고도 꿸 수 있게 숙달되어 있어야 합니다. 재무제표를 확정하는 것이 회계업무의 핵심업무이기 때문입니다.

경영자는 재무제표를 통해 주주로부터 평가를 받기 때문에 가장 신경이 쓰입니다. 즉 손익계산서의 실적을 통해 경영자가 유임되기도 하며 퇴진되기도 합니다. 주주는 배당 규모를 예측할 수 있으며, 국세청은 이를 통해 세금규모를 예측할 수 있습니다.

연말결산시 가장 먼저 챙겨야 할 사항이 연말결산 정리사항입니다. 예를 들어 선급비용 정리, 미지급비용 정리, 감가상각, 재고금액 확정, 세금추정 등입니다. 이런 정리를 통해 재무제표를 확정합니다.

연말결산 정리사항 중 '선급비용'이란 지불한 비용 중 기간이 경과되지 않아 일시적으로 자산으로 계산되는 것을 말합니다. 예를 들어 보험료의 경우 1년치 100만 원을 냈는데, 결산 때 미경과기간이 6개월치 남았다면 보험료비용이 50만 원, 선급비용(자산)이 50만 원입니다. 이 50만 원은 다음 해에 보험료비용으로 계상됩니다.

미지급비용은 지불해야 할 비용 중 기간이 경과되지 않아 일시적으로 부채로 계산하는 것을 말합니다. 예를 들어 대출금 이자의 경우 3개월치 100만 원인데, 결산 때 1.5개월 경과한 경우 이자비용이 50만 원, 미지급비용(부채)이 50만 원입니다. 이 50만 원은 다음 해에 이자비용으로 계상됩니다.

'감가상각'이란 여러 해 동안 사용할 수 있는 고정자산에 대해 매년 일정하게 비용으로 계상하는 것을 말합니다. 매년 감가상각비가 똑같은 정액법과 매년 감가상각비율이 똑같은 정률법이 있습니다. 참고로 정률법의 경우 첫해에 감가상각비가 많이 계상됩니다.

감가상각은 외부 회계감사를 받는 곳은 의무적으로 계상해야 하지만, 그 외 회사는 회사의 이익수준에 따라 감가상각을 선택할 수 있습니다. 회계담당자는 회사의 세금부담능력을 고려해 잘 활용할 수 있어야 합니다.

〈선급비용의 예〉

보험료 50만 원 지급시 보험료 기간이 2005년 7월 1일부터 2006년 6월 30일까지일 경우 당기 비용과 선급비용은 다음과 같습니다.

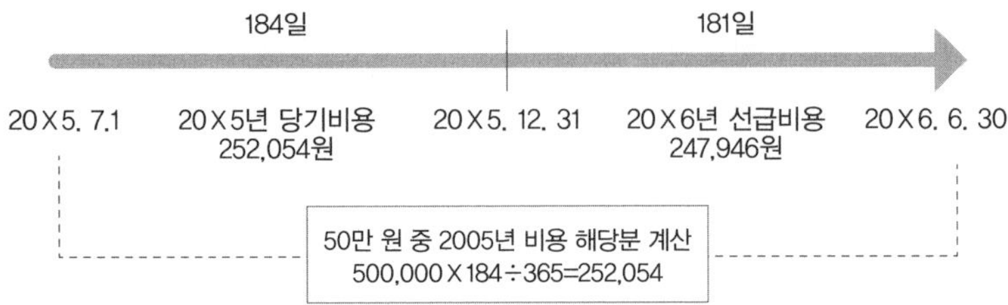

〈미지급비용의 예〉

이자지급일이 매달 15일 후급으로 이자기간이 2005년 12월 15일부터 2006년 1월 15일까지며, 30만 원을 지급할 경우 당기이자 및 미지급비용은 다음과 같습니다.

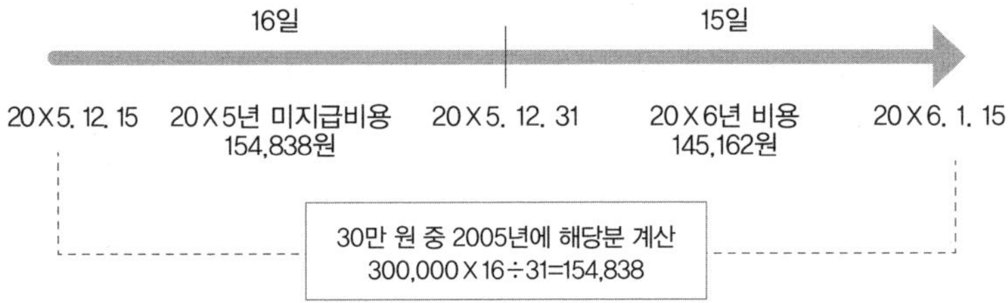

1분 칼럼

결산시 특히 주의할 점은 지극히 평범하고 당연한 사항, 예를 들면 예금 및 차입금 잔액누락, 감가상각비 오류, 채권잔액 오류가 잘 생긴다는 점입니다. 회계담당자에게 연말결산사항도 물론 중요하지만, 이러한 기본적인 사항을 잘 챙겨 정확한 재무제표가 작성되도록 해야 합니다.

4 DAYS

4일차에서는 재무재표 중 회사의 재산을 파악할 수 있는 재무상태표와 손익을 파악할 수 있는 손익계산서, 그리고 현금의 증감원인을 말해주는 현금흐름표를 이해하는 데 중점을 두었습니다. 그리고 처음에는 이해하기가 어려운 재무제표의 특정항목에 대한 설명을 각별히 주의해서 보시기 바랍니다. 회사가 작성한 재무제표는 외부이해관계자가 의사결정을 할 때 기초자료가 됩니다. 엉터리로 작성한 재무제표는 회사의 신뢰도를 떨어뜨립니다. 회계담당자는 정확한 재무제표를 작성하도록 경각심을 가져야 합니다.

4일차

회사의 재산과 손익관리, 어떻게 하나요?

재무상태표와 손익계산서란 뭔가요?

재무제표는 회사의 재산상태를 나타냅니다. 반면에 손익계산서는 회사의 매출액, 판매비와 관리비 등 손익내용을 나타내줍니다.

재무제표 중 재무상태표와 손익계산서는 초보자가 이해하기 어려운 부분이 많습니다. 쉽게 설명드리면 재무제표는 회사의 재산상태를 나타냅니다. 반면에 손익계산서는 회사의 매출액, 판매비와 관리비 등 손익내용을 나타냅니다. 이를 좀더 쉽게 자세히 알기 위해 갓 설립된 회사의 재무상태표와 손익계산서를 예로 들겠습니다.

회사설립시 주주들이 300만 원을 출자해 은행에 예치한 후 법인을 설립하고, 법인계좌를 개설해 이체할 경우 ① 재무상태표에 자본금 300만 원이 생기고, 동시에 예금 300만 원이 생깁니다. 예금 중 사무실 보증금 100만 원을 주고, 또 상품을 170만 원 어치를 사오면 ② 재무상태표에서 예금 270만 원이 줄어드는 동시에 보증금

100만 원과 상품 170만 원이 생깁니다.

이후 상품을 200만 원에 현금으로 팔면 ③ 손익계산서에 매출 200만 원이 생기면서, 재무상태표에서 예금 200만 원이 늘어납니다. 한편 이 상품의 원가는 170만 원이므로 ④ 재무상태표에서 상품이 170만 원 줄어드는 동시에, 손익계산서에서 상품매출원가가 170만 원이 생기게 됩니다.

또한 ⑤ 직원 인건비 10만 원과 임대료 10만 원, 공과금 10만 원을 주게 되면, 손익계산서에서 판매비 및 일반관리비 30만 원이 나타나면서, 재무상태표에서 예금이 30만 원 줄게 됩니다. 결과로 손익계산서상 이익은 0로, 이는 재무상태표의 ⑥ 잉여금 0원과 일치합니다.

한편 예금잔액은 재무상태표에 *1) 200만 원이 됩니다. 즉 '자본금 300만 원-보증금 100만 원-상품구입 170만 원+상품매출 200만 원-급여·임대료·공과금 30만 원'의 결과입니다. 그리고 상품재고는 '구입 170만 원-판매 70만 원' 하면 *2) 100만 원입니다.

그 후 회사가 영업을 확장하기 위해 명동에 있는 매장을 차입금 700만 원으로 임차하게 된다면 재무상태표에 ⑦ 차입금 700만 원, 임차보증금 700만 원이 나타나게 됩니다.

이제 어느 정도 이해가 되었습니까? 이해가 잘 안 된다면 천천히 써가면서 따라해보시기 바랍니다. 이 내용을 통해 복식부기는 한 거래에 항상 차변항목과 대변항목이 동시에 발생하고, 재무상태표 및 손익계산서의 차변항목합계가 대변항목합계와 항상 같은 '대차평균의 원리'도 이해할 수 있습니다.

재무상태표를 읽을 때의 요령은 각 계정과목의 잔액을 차변의 현금부터 대변의 잉여금까지 하나씩 의미를 새기면서 보고, 손익계산서는 맨 위 매출액부터 맨 아래 당기순이익까지 보면 됩니다. 회계담당자가 이것만 제대로 이해한다면 아무리 복잡한 재무제표라도 읽어나가는 데 전혀 무리가 없습니다.

〈이제 막 설립한 회사의 재무상태표와 손익계산서〉

재무상태표

(차변) 20XX. 12. 31 현재 (대변)

돈의 존재 형태		돈의 출처	
예금	200 *1)	차입금 ⑦	700
상품	100 *2)	자본금 ①	300
보증금 ②	100	잉여금 ⑥	100
매장 ⑦	700		
자본금총계	1,100		1,100

*1) ① 300 − ② 100 − 170 + ③ 200 − ⑤ 30

*2) 170 − ④ 70

손익계산서

(차변) 20XX. 1. 1 ~ 20XX. 12. 31 (대변)

지출		수입	
매출원가 ④	70	매출 ③	200
급여 ⑤	10		
임대료 ⑤	10		
광고금 ⑤	10		
당기순이익 ⑥	100		
총계	200	총계	200

※ 이 경우 이익 100원에 대해 주주들에게 50원의 현금배당을 결의한다면, 이 내용은 이익잉여금처분계산서(안)에 나타날 뿐 대차대조표에는 나타나지 않습니다. 실제 배당을 줄 때 대차대조표상 오른쪽의 잉여금이 50원 감소하면서 왼쪽 예금이 50원 감소합니다.

1분 칼럼

의무적으로 회계감사를 받거나 회사가 자발적으로 회계감사를 받는 경우에는 재무상태표, 손익계산서, 이익잉여금처분계산서, 현금흐름표가 기본 재무제표이지만, 그 외의 회사는 현금흐름표를 작성하지 않아도 됩니다.

법인과 개인사업자의 재무상태표 차이는 뭔가요?

법인기업의 재무상태표에는 예금잔액이 표시되지만,
개인사업자의 경우에는 사업용 계좌를 만들지 않으면 예금잔액의 표시가 없습니다.

법인기업의 재무상태표와 개인기업의 재무상태표는 거의 유사합니다. 다만 차이가 있다면 법인기업의 재무상태표에는 예금잔액이 표시되지만, 개인사업자의 경우에는 사업용 계좌를 만들지 않으면 예금잔액의 표시가 없습니다.

왜 그럴까요? 법인의 경우는 법인이 인격체이므로 회사를 설립한 후 법인명의로 통장을 발급받아야 합니다. 그래야만 법인거래가 법인구좌에서 입금, 출금으로 처리됩니다.

그러나 개인사업자의 경우에는 통장명의가 개인의 이름으로 되어 있습니다. 따라서 개인사업자의 통장에는 사업과 개인 생활의 내용이 구분되지 않고 혼합되어 있는 것이 현실입니다.

이런 이유로 개인사업자의 비사업용 계좌는 재무상태표에 예금잔액이 표시되지 않고, 손익계산서에는 예금이자수입이 표시되지 않습니다. 만일 손익계산서에 이자수입을 넣었다면, 소득세를 계산할 때에는 이자수입을 차감하고 세금을 계산해야 합니다.

반면에 개인사업자가 사업자금으로 빌린 차입금은 재무상태표에 차입금으로 표시되고, 따라서 지급이자도 손익계산서에 이자비용으로 표시됩니다. 이는 차입을 할 때부터 은행에서 사업용으로 빌려주고, 회사에서도 이 용도로만 사용하기 때문입니다. 만일 이 경우에도 사업용 차입금을 개인적으로 사용한다면 차입금과 이자비용으로 표시해서는 안 됩니다.

법인은 자본금에 대해 엄격하게 관리하므로 설립, 증자, 감자 등 외에는 늘거나 줄지 않습니다. 반면에 개인사업자의 경우는 이러한 성격의 자본금은 없고, 대신 출자금과 인출금에 의해 수시로 증가되고 감소됩니다.

또한 앞에서 살펴본 바와 같이 법인에서 발생하는 대표이사의 가지급금은 금융기관 및 세무상 불이익을 받을 수 있습니다. 반면에 개인사업자의 경우는 인출금에 해당하는 것으로 불이익이 없습니다. 법인에서 발생하는 대표이사의 가수금은 개인사업자의 경우 출자금에 해당되며, 둘 다 금융이나 세무상 불이익은 없습니다.

참고로 개인사업자가 법인으로 전환하는 경우가 많습니다. 전환할 때 고려할 사항은 법인세율과 소득세율 차이, 입찰 등 영업에서 법인을 요구하는 경우 등 여러 가지가 있습니다. 이러한 사항을 모두 고려한 후 법인으로 전환할지를 결정해야 합니다.

최근 들어 개인사업자가 순수개인통장과 사업통장을 명확하게 구

〈법인사업자의 재무상태표〉

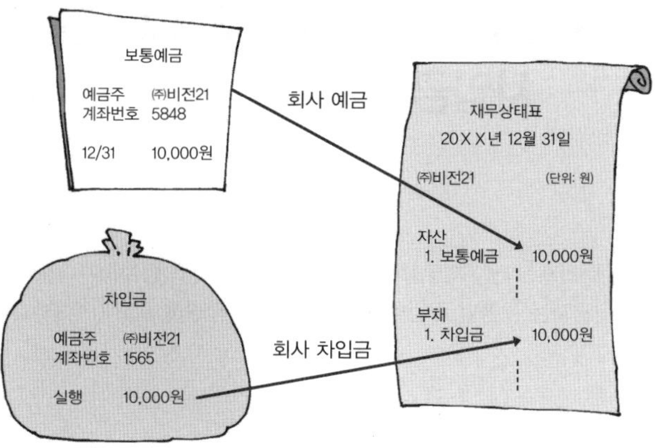

〈개인사업자의 재무상태표〉

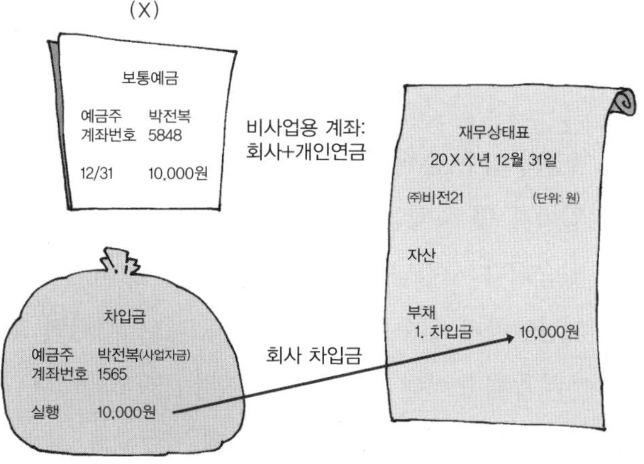

분해서 쓰는 것이 추세입니다. 만일 개인사업자가 사업통장을 사업 관련 거래에만 사용한다면, 이를 개인사업자의 재무상태표에 표시하지 못할 이유가 없습니다.

재무상태표에 누락된 예금과 차입금이 있다는데요?

은행거래잔액이 재무상태표에서 누락되는 것을 방지하기 위해
회계담당자는 은행별로 잔액증명확인서를 발급받을 필요가 있습니다.

법인 중소기업의 경우 은행예금과 차입금을 재무상태표에서 빠트리고, 예금수입이자 및 차입금 지급이자를 손익계산서에서 빠뜨리는 일이 더러 있습니다. 사장님이 통장을 가지고 있어 회계담당자가 몰랐거나, 회계담당자가 실수로 빠뜨린 경우입니다. 아니면 회계담당자의 경험이 부족해 누락된 자체를 모르는 경우도 있습니다.

이러한 상황이 발생하는 회사들은 평소에 자금일보, 자금월보, 자금계획을 제대로 실행하지 않았습니다. 회계담당자는 어떤 일이 있더라도 매일 자금현황 및 자금계획을 보고하고 결재받는 습관을 길러야 합니다.

은행에서 예금이나 차입금이 재무상태표에서 빠져 있다고 연락이

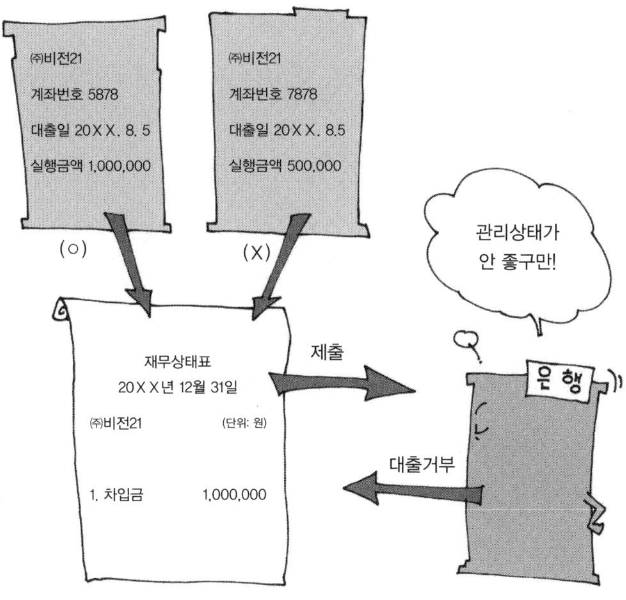

오면 회사는 이것을 다시 고쳐 제출할 수 없습니다. 왜냐하면 주주총회에서 확정되고, 세무서에 제출한 후 은행에 제출하는 것이기 때문입니다. 만일 주주총회 확정 전이거나, 세무서에 제출하기 전에 재무제표를 은행에 제출한 경우라면 다행히 이는 수정해서 제출할 수도 있습니다.

하지만 은행 입장에서는 당연히 회사의 신용을 떨어뜨릴 수밖에 없습니다. 이 때문에 신규차입이 거절될 수 있습니다. 또 기존 차입금의 연장도 거부될 수도 있습니다. 빠진 지급이자는 비용으로 인정받지도 못하므로 회계담당자는 조심해야 합니다.

은행거래잔액이 재무상태표에서 누락되는 것을 방지하기 위해 회계담당자는 은행별로 잔액증명확인서를 발급받을 필요가 있습니다. 그 다음 이 자료를 회계담당자가 작성한 재무상태표상의 예금, 차입금과 대조해 보아야 합니다. 사실 제대로 관리가 되고 있는 회사는 매월 은행잔액 증명을 확인받아 체크합니다.

만일 이것이 여의치 않으면 회계담당자는 은행거래통장을 정리하면서 매월 말일자의 통장 잔액에 은행의 확인도장을 받는 것이 좋습니다. 그리고 재무상태표상의 은행거래잔액과 대조하면 됩니다.

예금, 차입금 외에도 받을어음 잔액이 빠지는 경우가 더러 있습니다. 이때는 은행에서 받을어음의 할인 한도가 줄어들기 때문에 회계담당자는 이 점 또한 주의해야 합니다.

법인이 빌린 차입금이 가끔 개인명의로 되어 있는 경우가 있습니다. 이런 경우 예외적으로 사실관계가 입증되면 법인차입금으로 인정을 받고, 이자도 법인비용으로 처리할 수 있습니다. 그렇지만 즉시 법인명의로 차입금을 변경해야 합니다.

법인에서 증자는 뭐고 감자는 뭔가요?

법인이 증자와 감자를 할 때 모든 주주에게 동등하게 하지 않고, 특정주주에게만 실행할 때 증여세가 발생할 수 있으므로 주의해야 합니다.

법인 설립 이후 성장할 때는 매장, 공장, 사무실 등 신규투자로 인해 추가자금이 필요합니다. 금융기관에서 자금을 빌려올 수도 있지만, 기존주주나 신규주주로부터 자금을 조달하는 경우도 있습니다. 이때 주주로부터 자금을 조달하는 것을 '유상증자'라고 합니다.

유상증자는 금융기관의 차입금과 달리 만기에 원금을 갚을 필요가 없고, 이자를 낼 필요도 없어 회사 입장에서는 성장하는 사업이 100% 확실한 상태가 아니라면 가장 유리한 자금조달 방법입니다.

참고로 유상증자와 대비되는 것이 '무상증자'입니다. 무상증자는 주주들이 회사로부터 공짜로 주식을 받아 주식수가 늘어나는 것을 말합니다. 회사로 자금이 들어오는 것이 아니라 회사의 쌓여 있는 이

〈증자 & 감자〉

재무상태표상 자본금 100원, 증자 50원, 그래서 자본금은 150원
재무상태표상 자본금 100원, 감자 50원, 그래서 자본금은 50원

증자

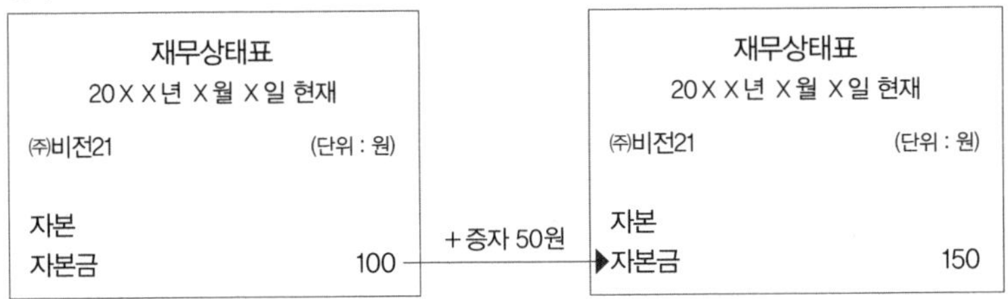

감자

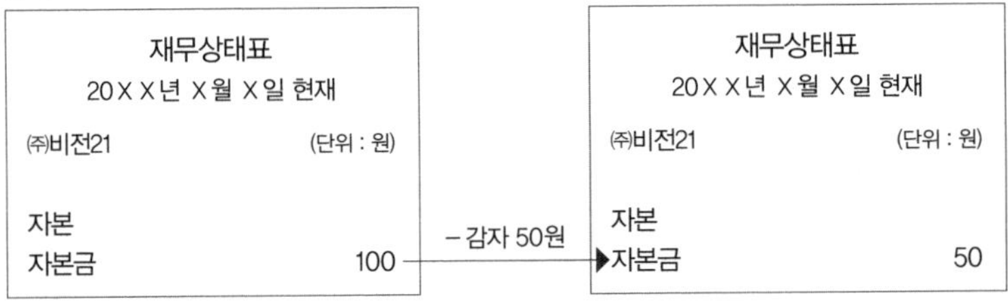

익인 잉여금이 자본금으로 전환되는 경우입니다.

한편 자본금이 줄어드는 것을 '감자'라고 합니다. 감자는 보통 기존주주에게 부정적인 영향을 끼치므로 상법에서는 감자에 대해 엄격한 절차를 두고 있습니다.

'유상감자'는 법인의 자본금을 줄이면서 동시에 그 금액을 주주에게 반환해주는 것을 말합니다. 예로 대주주인 대표이사가 가지급금을 금방 갚지 못하는 경우가 많습니다. 이때 대주주인 대표이사가 유상감자를 활용해 자금을 마련해, 가지급금을 정리하면 됩니다. 회계

담당자는 잘 기억했다가 꼭 활용하시기 바랍니다.

유상감자와 대비되는 무상감자는 법인의 자본금이 줄어들지만, 주주들에게는 아무것도 반환되지 않는 것을 말합니다. 예로 회사에 결손이 많이 발생한 상태에서 신규투자자의 요구에 따라 대주주가 아무런 대가를 받지 않고 자기의 지분을 줄이는 경우가 있습니다. 또한 벤처기업의 자금사정이 극도로 어렵고, 기존 자본금이 너무 커 자본조달에 애로가 있어 적정규모로 자본금을 줄일 때 사용합니다. 그 외에도 회사 간에 합병을 하거나, 회사를 분할할 때, 또는 기업 구조조정시에 많이 이용되고 있습니다.

무상감자의 방법으로는 주식의 액면가만 줄이고 주식수는 그대로 두는 방법과, 액면가는 그대로 두고 주식의 병합이나 소각을 통해 주식수를 줄이는 방법이 있습니다. 또한 주식소각에는 소각을 동의한 주주에 대해서만 주식을 소각하는 임의소각과, 주주동의와 무관하게 회사가 일방적으로 전체 주주에게 소각할 수 있는 강제소각이 있습니다.

법인이 증자와 감자를 할 때 모든 주주에게 동등하게 하지 않고, 특정주주에게만 실행할 때 증여세가 발생할 수 있으므로 주의해야 합니다. 이때는 반드시 전문가의 도움을 받아 처리하기 바랍니다.

1분 칼럼

사람들은 일반적으로 증자와 감자시에 주주가 세금을 부담해야 하는 것으로 알고 있습니다. 증자와 감자시에 주주가 부담하는 세금은 없습니다. 반면에 주주가 주식을 팔았을 때는 양도가액에 대해 증권거래세를, 양도차익에 대해 양도소득세를 내야 합니다.

증자를 했는데도 자금이 안 들어오면 어떻게 하죠?

가장납입의 결과 대표이사에게 가지급이 발생합니다.
이러한 가지급금은 민 · 형사상, 금융상, 세무상 불이익이 발생합니다.

앞에서 유상증자는 무상증자와 달리 자금이 법인에 들어온다고 설명했습니다. 그런데 현실에서는 유상증자를 했는데도 자금이 들어오지 않는 가장납입의 경우가 가끔 발생합니다.

예를 들어 벤처기업에 기관투자가가 투자를 하면서 전제조건으로 1주당 너무 높은 주식 프리미엄을 낮출 것을 요구합니다. 이 경우 회사는 증자를 통해 이를 해소할 수 있습니다. 문제는 대주주가 증자대금이 없어서 일시적으로 자금을 빌려 증자할 경우에는 가지급금이 발생합니다.

또 대표이사인 대주주의 지분이 낮아 투자유치에 장애가 될 때, 대주주는 회사자금을 빌려 증자를 하거나, 사채시장에서 급전을 빌려

증자를 하기도 합니다. 참고로 이러한 가장납입에 대해서 현재 대법원은 공정증서원본불실기재죄와 납입가장죄만 인정하며, 횡령·배임죄는 인정하지 않고 있습니다. 그러나 배임죄가 성립된다고 생각하는 법률전문가도 있습니다.

가장납입의 결과, 대표이사에게 가지급금이 발생합니다. 이러한 가지급금은 민·형사상, 금융상, 세무상 불이익이 발생하지만, 많은 경영자는 이러한 내용을 잘 모릅니다. 때문에 회계담당자는 이를 잘 알고 경영자에게 위험에 대해 제대로 설명해야 합니다.

다른 예로는 대표이사가 가수금이 많아서 가수금을 자본금으로 증자하는 경우입니다. 이때도 증자시에 자금이 들어오지 않습니다. 그 대신 증자 전에 대표이사가 회사에 자금을 불입해 이미 회사 운영에 사용된 경우입니다.

또 증자시에 현금 대신 현물이 들어오기도 합니다. 예로 개인기업의 법인전환시에 금전 이외의 개인기업 재산으로 현물출자가 가능합니다. 현물출자가 가능한 대상 재산으로는 동산, 부동산, 채권, 유가증권, 출자지분, 컴퓨터 소프트웨어, 특허권, 영업권, 채무, 차입금, 퇴직급여충당금 등 재무상태표에 계상할 수 있는 것들입니다.

증자를 할 때 주의할 점은 이익이 많은 회사의 경우, 주주간 불균등 증자가 발생하면 증여 세금문제가 생길 수 있다는 것입니다. 이는 감자도 동일합니다. 이러한 경우 회계담당자는 경영자에게 보고하고, 반드시 세무전문가와 상의해야 합니다.

현물출자를 할 때 주의할 점은 출자대상 자산의 평가액입니다. 예로 평가액을 과대평가하는 경우, 역시 증여세 문제가 생길 수 있습니다.

〈진짜 증자 – 예금이 생김〉

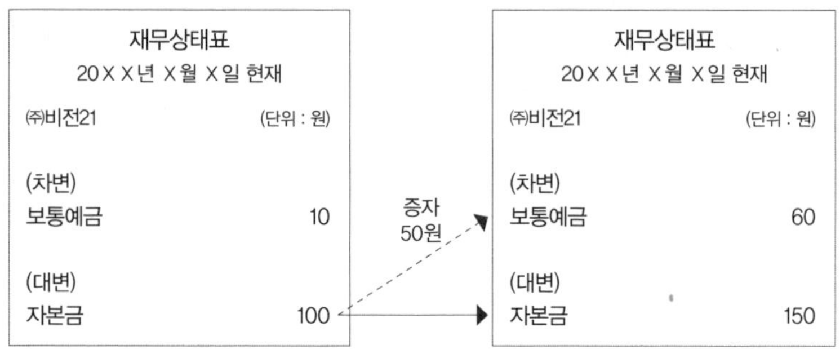

재무상태표
20XX년 X월 X일 현재
㈜비전21
(단위 : 원)
(차변)
보통예금 10
(대변)
자본금 100
증자
50원
재무상태표
20XX년 X월 X일 현재
㈜비전21
(단위 : 원)
(차변)
보통예금 60
(대변)
자본금 150

〈가짜 증자 – 가지급금이 생김〉

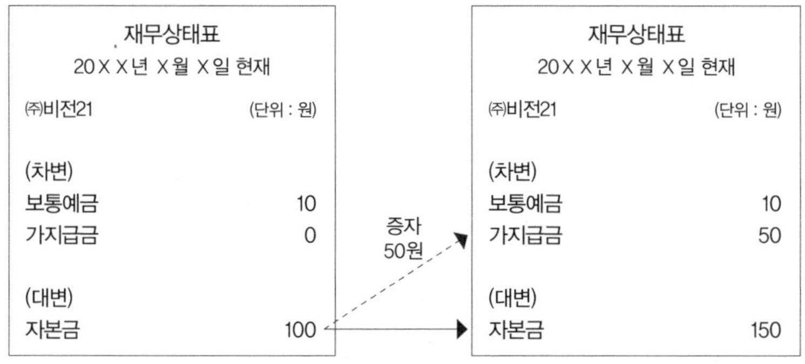

재무상태표
20XX년 X월 X일 현재
㈜비전21
(단위 : 원)
(차변)
보통예금 10
가지급금 0
(대변)
자본금 100
증자
50원
재무상태표
20XX년 X월 X일 현재
㈜비전21
(단위 : 원)
(차변)
보통예금 10
가지급금 50
(대변)
자본금 150

1분 칼럼

증자가 아닌 회사 설립 때에도 실제로 돈이 들어오지 않아 사채시장에서 빌려 회사를 설립하는 경우가 있습니다. 이를 가장납입이라고 하는데, 이 경우에도 대표이사 가지급금이 생깁니다. 그러나 이 경우에는 회사설립이 무효가 될 수 있습니다. 또한 형사처벌이 될 수 있으며, 민사상 손해배상청구소송 대상도 될 수 있으므로 주의해야 합니다

경영자도 흔히 혼동하는 대출과 투자는 어떻게 다른가요?

회계담당자가 차입과 관련해서 이해가 잘 되지 않으면, 이런 대출업무를 전문적으로 취급하는 거래은행에서 대출업무를 쉽게 배울 수 있습니다.

실무에서는 경영자들이 '투자를 유치했다'는 용어를 사용할 때 대출과 투자를 혼동해 사용합니다. 넓은 의미로 대출도 투자의 한 종류이기 때문입니다. 그러나 회계 및 세무, 금융 측면에서는 서로 다르므로 경영자들은 이러한 차이를 확실히 이해할 필요가 있습니다.

대출은 만기에 원금과 중간에 이자를 받을 목적으로 자금을 빌려주는 것을 말합니다. 이런 경우를 차입이라고 부릅니다. 반면에 투자는 특정 회사의 주주가 되어, 그 회사의 주식가치 상승에 따른 투자차익과 매년 배당을 받을 목적으로 투자하는 경우를 말합니다.

대출은 대출자 입장에선 원금을 확보하는 게 최우선이므로 담보를 받고 해줄 것인가, 신용으로 해줄 것인가, 아니면 대출을 해주지 않

〈재무제표상 대여금과 투자유가증권 표시〉

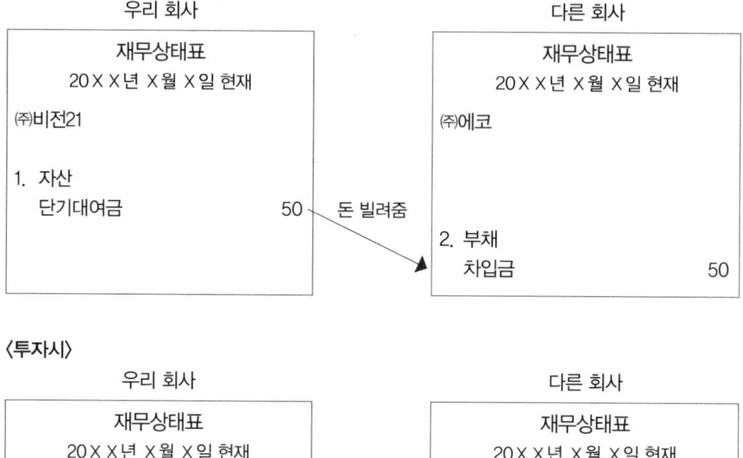

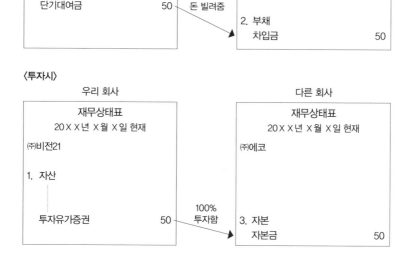

을 것인가를 결정합니다. 만일 담보가 없는 신용대출이면 원금을 회수하는 것이 어려울 수 있어, 위험에 대한 대가로 높은 이자를 받습니다.

대출자 입장에서는 담보보다는 신용으로 빌려주어야 하는 경우가 대부분이며, 이자율보다는 원금 회수가 최대의 관건입니다. 따라서 회계담당자는 금융기관의 사정과 회사 상황을 정확하게 파악해 최악의 상황을 가정한 자금계획을 짜서 경영자에게 보고해야 합니다.

회계담당자가 차입과 관련해서 이해가 잘 되지 않으면, 이런 대출업무를 전문적으로 취급하는 거래은행에서 대출업무를 쉽게 배울 수 있습니다.

참고로 투자와 대출이 혼동되는 또 한 가지 이유는 자금조달 방법으로 전환사채(CB), 신주인수권부사채(BW) 등 2가지 성격이 혼합된 자금조달방법이 있기 때문입니다.

전환사채는 처음에는 대출이지만, 일정조건이 충족되면 채권자가 투자로 전환하는 것입니다. BW는 처음에는 대출로 출발하다가 일정조건이 충족되면 채권자가 별도로 투자도 진행하는 것입니다.

1분 칼럼

요즘에는 국내투자뿐만 아니라 해외투자도 활발합니다. 특히 중국이 그렇습니다. 여기에서 투자란 대출을 포함한 개념입니다. 어느 경우든지 해외투자시에는 외국환을 취급하는 은행에서 해외투자계획서를 작성하고 투자해야 합니다.

벤처캐피털에서 자본금 규모가 작아 투자하기 어렵다는데 어떻게 하죠?

대주주가 자본금 규모를 키워야 벤처캐피털의 요청사항을 맞출 수 있는 경우가 있습니다. 현금증자 외 주식배당, 가수금출자전환 등으로 증자가 가능합니다.

유망 중소기업의 경우, 제품양산을 위해 공장증설자금 등을 금융기관 대출 등이 아닌 벤처캐피털 등에서 투자를 유치하는 경우가 많습니다. 그런데 자본금 규모가 작아 대주주보다 벤처캐피털의 지분이 높아질 우려가 있습니다. 이 경우 기존 창업자지분을 최대로 유지하기 위해서는 액면가 대비 할증배수가 너무 높아 투자결정이 어려운 경우가 있습니다.

이때 중소기업에서는 기존 대주주가 자본금 규모를 키워야 벤처캐피털과 요청사항을 맞출 수 있는데, 바로 대주주가 현금으로 증자를 실시하는 것입니다.

이때 주의할 점은 모든 주주에게 기존에 가지고 있던 주식비율대로 증자를 권유해야 하고, 실제 증자를 포기한 주주가 있는 경우에 기존 주주가 그 실권주를 취득하지 않아야 세법상 증여문제가 생기기 않는다는 점입니다.

필요한 현금이 부족할 때 기중에는 회사에서 중간배당을 통해 현금배당을 받고 이를 증자재원으로 활용하는 것입니다. 주의할 점은 배당금이 2천만 원 초과시 종합소득과세가 된다는 점입니다. 또한 필요한 현금이 부족할 때 결산기가 지난 후에는 회사에서 현금배당이나 주식배당을 통해 이를 증자재원으로 활용하는 것입니다. 주식배당은 현금배당과 다르게 회사에서 현금이 빠져 나가는 것이 아니라, 이익잉여금이 자본금으로 대체된다는 점입니다. 주식배당에서 주의할 점은 역시 배당금이 2천만 원 초과시 종합소득과세가 된다는 점입니다.

다른 방법으로는 주주가 1인이고, 회사에 주주의 가수금이 존재할 때 이를 자본금으로 전환하면 됩니다. 이 경우에는 세금문제가 없습니다.

또 다른 방법으로는 주주가 1인이고, 주주의 개인특허가 존재할 때 이를 2개 이상의 감정평가기관, 발명진흥원, 보증기금, 변리사 등 전문기관에게 평가받은 후, 법인에 매각해 이 대금으로 증자하는 것입니다.

이때 주의할 점은 특허대금은 주주에게는 기타소득이 되어 필요경비(2017년 경우 80%)를 제외한 금액이 소득이 되고, 이 금액이 300만 원 초과시 급여 등 타소득과 함께 종합소득과세 대상이 된다는 점입니다. 그리고 법인과 주주가 특허평가금액과 다르게 거래하거나, 증자할 때 법인세 및 소득세 추가부담이 생길 수 있습니다.

〈유상증자 전후 재무상태표〉

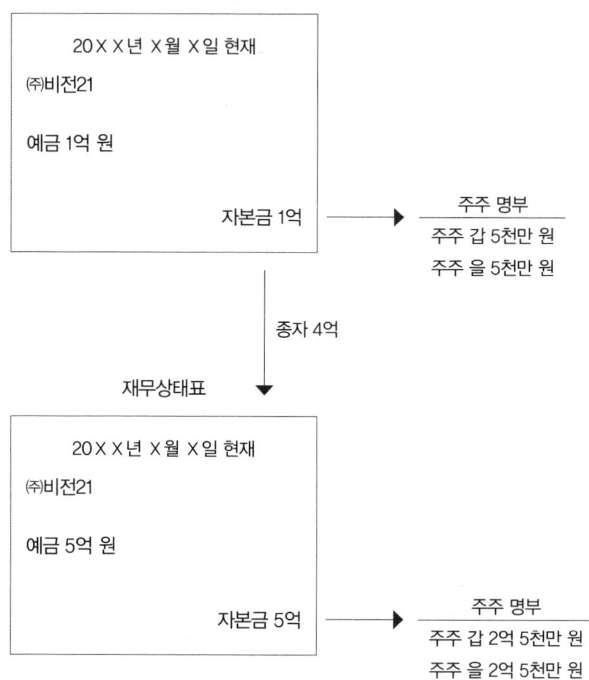
재무상태표
20X X년 X월 X일 현재
㈜비전21
예금 1억 원
자본금 1억
주주 명부
주주 갑 5천만 원
주주 을 5천만 원
종자 4억
재무상태표
20X X년 X월 X일 현재
㈜비전21
예금 5억 원
자본금 5억
주주 명부
주주 갑 2억 5천만 원
주주 을 2억 5천만 원

손익계산서에서 업종마다 매출 및 매출원가 과목을 다르게 표시하나요?

회계담당자는 먼저 회사의 업종이 어디에 해당되는지 정확하게 파악해 매출과 매출원가과목을 제대로 표시하는 것이 중요합니다.

회사 영업활동의 종류는 표준산업분류에서 보는 것처럼 다양하지만, 크게 5가지 정도로 분류할 수 있습니다. 바로 유통업, 제조업, 건설업, 소프트웨어 개발업, 서비스업입니다.

유통업은 타업체가 만들어놓은 물건을 구입해 파는 경우를 말합니다, 제조업은 자기가 직접 물건을 만들어 파는 경우를 말합니다. 건설업은 일반적으로 물건, 즉 재화를 공급하는 업종으로 이해합니다.

하지만 실제로 건설공사는 건설용역을 제공하는 업종입니다. 소프트웨어 개발업은 타업체에서 주문을 받아 소프트웨어를 개발해 주는 경우는 건설업과 유사하고, 범용 소프트웨어를 개발해 판매하는 경우는 제조업과 유사합니다. 서비스업은 컨설팅이나 음식점 등 말 그

〈업종별 매출 및 매출원가 과목의 분류〉

	유통업	제조업	건설업	소프트웨어 개발업
매출	상품매출	제품매출	공사수입	개발수입
매출원가	기초상품재고 + 당기상품매입 − 기말제품재고 ——————— 상품매출원가	기초제품재고 + 당기완성원가 − 기말제품재고 ——————— 제품매출원가	기초미완성공사 + 당기투입원가 − 기말미완성공사 ——————— 공사원가	개발원가

대로 서비스를 제공하는 업종입니다.

이러한 업종분류에 따라 손익계산서상의 매출 및 매출원가 과목도 다릅니다. 즉 유통업의 경우에는 상품매출 및 상품매출원가로 표시하고, 제조업은 제품매출 및 제품매출원가로 표시하며, 건설업은 공사수입 및 공사원가로 표시합니다. 소프트웨어 개발업은 주문을 받는 경우 소프트웨어 개발수입 및 개발원가로 표시하며, 범용 소프트웨어를 개발해 판매하는 경우에는 제조업과 같이 소프트웨어 제조수입 및 제조원가로 표시하면 됩니다. 서비스업은 관례상 서비스매출만 표시하고, 서비스매출원가는 따로 표시하지 않고, 판매비와 일반관리비 속에 포함시켜 함께 표시합니다. 그러나 서비스업도 입찰, 거래처의 요구 등 필요에 따라 서비스원가를 별로도 표시하기도 합니다.

실무에서는 실제로 제조업이 아닌데도 불구하고 제조업으로 분류해 세금, 금융 등에서 혜택을 보고 있는 회사도 있습니다. 반면에 실제 제조업에 해당되면서도 유통업 등으로 표시해 세금, 금융 등에서 상대적으로 손해를 보는 경우도 있습니다.

따라서 회계담당자는 먼저 회사의 업종이 어디에 해당되는지를 정확하게 파악해 매출과 매출원가과목을 제대로 표시하는 것이 중요합니다. 만약 판단이 어렵다면 반드시 전문가의 도움을 받아야 합니다.

한편 회사에서 실제 해당하는 업종으로 변경하기로 결정했으면 사업자등록증상 업태와 종목을 변경해야 합니다. 법인의 경우에는 먼저 법인등기부등본과 정관을 변경한 후, 사업자등록증을 변경해야 합니다.

1분 칼럼

소프트웨어 개발업은 국세청에서는 서비스로 업태가 분류되지만 은행 등 금융기관에서는 제조업으로 분류됩니다. 회계담당자는 이를 잘 알아두시기 바랍니다.

제조업에서 지출비용을 제조비용과 관리비용으로 구분하는 이유는?

지출비용은 공통으로 해당되는 경우가 많습니다. 제조업체는 제조원가와 관리비용의 구분이 손익에 차이를 가져오기 때문에 그 구별이 대단히 중요합니다.

회사에서 지출되는 비용이 소모성비용이나 관리비용만 있는 게 아닙니다. 제조업의 경우 지출된 비용이 제품 제조과정에 투입되어 제조원가가 되는 것이 있고, 관리에 투입되어 판매비 및 일반관리비로 처리되는 것이 있습니다.

예를 들어 제조업체에서 원재료비, 급여, 임차료, 전력비, 외주비 등이 제품을 만드는 데 사용되었다면 제조원가를 구성합니다. 즉 제품 속에 이러한 경비들이 포함되어 있다는 뜻입니다. 반면에 관리를 위해 사용되었다면 판매비와 일반관리비로 처리됩니다.

소프트웨어 개발업체의 경우 제조업과 유사하게 개발되는 소프트웨어마다 투입되는 원재료비, 급여, 임차료, 전력비, 외주비 등 개발원가를 계산합니다. 참고로 금융기관에서는 실제로 소프트웨어 개발업체를 제조업종으로 분류합니다.

건설업의 경우 소프트웨어 개발업체와 유사하게 각 현장마다 발생한 비용은 현장 건설원가로 분류하고, 관리에 투입된 비용은 판매 및 일반관리로 분류합니다.

이러한 구분이 잘못되면 회사의 손익은 크게 달라집니다. 예를 들어 임차료가 제품제조에 투입된 후 완성된 제품이 하나도 팔리지 않았다면 회사의 손익은 0이 됩니다. 반면에 임차료를 판매비와 일반관리비로 분류했다면 모두 비용으로 처리되어 회사에는 손실이 발생합니다.

현실적으로는 불가능하지만 제조할 때마다 물건이 모두 팔린다면, 이때는 임차료를 제조원가로 표시해도 바로 비용으로 처리됩니다. 때문에 판매비와 일반관리비로 처리하는 경우와 회사의 손익은 똑같습니다.

지출비용은 공통으로 해당되는 경우가 많습니다. 제조업체는 제조원가와 관리비용의 구분이 손익에 차이를 가져오기 때문에 그 구별이 대단히 중요합니다.

반면에 유통업의 경우 타업체에서 상품을 구입해서 판매하기 때문에 지출된 비용은 상품구입과정에서 발생되어 상품재고원가가 되는 것이 있고, 판매비 및 일반관리비로 처리되는 것이 있습니다.

〈임차료 50만 원이 판매비와 일반관리비 또는 제조원가로 구분될 때의 손익 차이〉

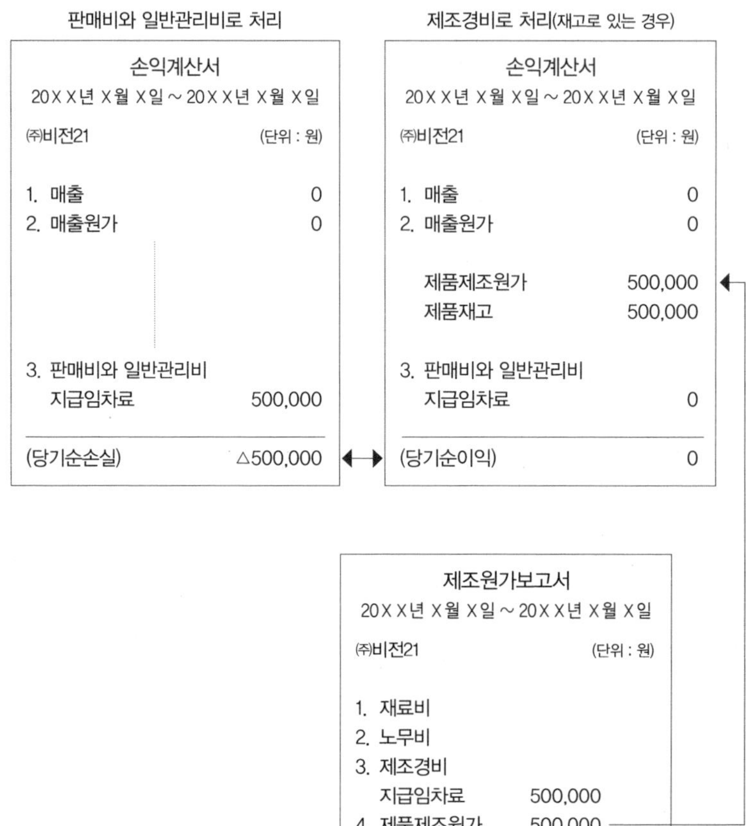

판매비와 일반관리비로 처리

손익계산서

20XX년 X월 X일 ~ 20XX년 X월 X일

㈜비전21 (단위 : 원)

1. 매출	0
2. 매출원가	0
3. 판매비와 일반관리비	
지급임차료	500,000
(당기순손실)	△500,000

제조경비로 처리(재고로 있는 경우)

손익계산서

20XX년 X월 X일 ~ 20XX년 X월 X일

㈜비전21 (단위 : 원)

1. 매출	0
2. 매출원가	0
제품제조원가	500,000
제품재고	500,000
3. 판매비와 일반관리비	
지급임차료	0
(당기순이익)	0

제조원가보고서

20XX년 X월 X일 ~ 20XX년 X월 X일

㈜비전21 (단위 : 원)

1. 재료비	
2. 노무비	
3. 제조경비	
지급임차료	500,000
4. 제품제조원가	500,000

1분 칼럼

공장 사무실과 관리 사무실을 공통으로 쓰고 있는 경우에 임대료와 전기요금 등은 제조원가와 판매비 및 일반관리비로 안분해야 합니다. 이때 면적 등과 같은 합리적인 기준을 선택하고 일관성 있게 적용해야 합니다.

무역업에서 운반비를 수입원가와 수출비용으로 구분하는 이유는?

운반비 회계처리의 경우 해외에서 주문한 물건이 회사에 도착할 때까지 물건의 수입과 관련해 발생한 운반비는 상품수입비용으로 상품원가에 포함되어야 합니다.

요즘은 중소기업도 수입·수출업무가 활성화되어 있습니다. 향후 중소기업도 국내시장에 머무르지 않고 세계시장을 목표로 삼아야 존속 및 성장이 가능합니다. 수입·수출업무를 취급하는 중소기업의 경우 예로 운반비가 수입할 때 발생했는지, 수출할 때 발생했는지 제대로 구분하지 못한 채 손익계산서 및 재무상태표가 작성되는 경우가 많습니다. 이렇게 되면 손익계산서상 손익이 왜곡되고, 재무상태표상 상품재고금액이 제대로 표시되지 못합니다.

운반비 회계처리의 경우 해외에서 주문한 물건이 회사에 도착할 때까지 물건의 수입과 관련해 발생한 운반비는 상품수입비용으로 상품원가에 포함되어야 합니다. 이 중에서 팔려나간 것만 매출원가란

비용으로 처리되고, 팔리지 않은 것은 재무상태표상 상품이란 재고자산으로 남게 됩니다.

반면에 수출하기 위해 발생한 운반비는 판매비와 일반관리비 항목으로 발생 즉시 비용으로 처리됩니다. 따라서 이 둘을 혼동하면 손익계산서상 이익규모와 재무상태표상 자산규모에 차이를 가져오게 됩니다.

만약 수입물품을 수입 즉시 모두 팔았다면 수입시 발생한 운반비는 재고자산원가에서 매출원가인 비용으로 처리됩니다. 이 경우에는 설령 판매비와 일반관리비로 잘못 분류해 처리해도 회사 이익과 자산규모에는 차이가 없습니다.

그러나 현실은 수입물품 중 일부는 팔리고 일부는 남아 있을 것이므로, 회계처리를 제대로 하느냐 못하느냐에 따라 회사 이익수준과 자산규모가 달라집니다. 따라서 회계담당자는 이를 제대로 구분해서 처리해야 합니다.

주의할 사항은 수입물품의 판매단가를 적정하게 결정하기 위해서는 수입품의 원가를 제대로 알아야 합니다. 수입품의 원가를 제대로 파악하기 위해서는 수입품목마다 물품대금과 운반비 등 부대비용을 정리하는 수입정산서를 작성해야 합니다. 이를 통해 재고자산 단가를 손쉽게 파악할 수 있습니다.

이에 대한 자세한 내용은 8일차 297페이지의 '원가계산을 위한 수입정산서는 어떤 항목이 포함되죠?'를 참조하기 바랍니다.

〈손익계산서상 비용인 운반비와 대차대조표상 상품 원가인 운반비〉

운반비 등 부대비용

영 수 증 (공급받는자용)

NO. 귀하

공급자	사업자 등록번호	117-04-85555		
	상 호	일선물류	성명	정병일 ㉑
	사업자 소재지	서울시 양천구 신월동		
	업 태	운수	종목	개별용달

작성년월일	공급대가총액	비교
20××. ×. ×.	₩ 47,500	

위 금액을 영수(청구)함.

품 명	수 량	단 가	공급대가(금액)
운송료			47,500
			47,500

수입

재무상태표

20XX년 X월 X일 현재

㈜비전21 (단위 : 원)

자산	
상품	47,500

수출

손익계산서

20XX년 X월 X일 ~ 20XX년 X월 X일

㈜비전21 (단위 : 원)

판매비와 관리비	
수출제비용	47,500

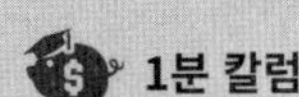

물건을 수입하는 동안 발생한 상품원가와 수출시 발생하는 판매비와 일반관리비는 회계담당자가 조금만 신경을 쓰면 제대로 처리할 수 있는 부분입니다. 따라서 회계담당자는 이 2가지를 잘 구분해 정확한 회사의 손익이 산출되도록 해야 합니다.

나도 모르게 하는 분식회계가 있나요?

분식회계는 의도적으로 회사의 재무제표 수치를 좋게 만드는 것 이외에도, 회계담당자가 별로 의식하지 않고 관례대로 회계 처리를 하는 경우에도 발생합니다.

앞에서 우리는 실제 현금잔고는 0인데, 현금출납장상 잔고가 남아 있을 수 있는 경우를 살펴보았습니다. 이러한 예는 회계담당자가 현금을 분실했거나, 지출한 금액에 대한 증빙을 받지 못했거나, 사장님이 영업상 가져갔을 때 발생합니다.

사장님이 영업상 가져간 경우에는 사후에 영수증을 채워 넣기가 거의 불가능합니다. 회사의 영업을 위해 도와준 사람에게 감사의 표시를 하면서 영수증을 달라는 것 자체가 무리이기 때문입니다.

따라서 이 경우에는 보통 사장님의 가지급금으로 처리합니다. 하지만 경우에 따라서는 회계담당자가 다른 증빙을 구해 영업상 기밀비를 정리하기도 합니다. 이렇게 하면 서류상 현금잔고가 줄어들어 실제 현금잔고와 일치하게 됩니다.

하지만 이는 사실과 다르게 처리한 경우입니다. 이런 경우도 '분식회계'에 속합니다. 원래 분식회계란 대차대조표에 자산이나 자본을 부풀리고, 부채를 줄여 회사의 재산상태를 좋게 보이도록 하는 것입니다. 또는 손익계산서의 매출을 부풀리거나 비용을 줄여 회사의 경영성과를 좋게 보이도록 하는 것입니다.

분식회계는 의도적으로 회사의 재무제표 수치를 좋게 만드는 것 이외에도, 위의 경우처럼 회계담당자가 별로 의식하지 않고 관례대로 회계 처리를 하는 경우에도 발생합니다. 이 경우에는 가지급금을 없애 재무상태표를 좋게 보이도록 했기 때문입니다.

회계담당자가 의식하지 못하고 흔히 하는 분식회계의 다른 유형으로는 회사차입금 통장을 빠뜨리고 결산하는 경우입니다. 이 경우 역시 회사 재무상태표의 실제 재무상태보다 서류상 재무상태가 더 좋게 나타납니다. 때문에 회계담당자는 분식회계의 유형과 내용을 잘 이해하고 있어야 합니다.

참고로 분식회계로 인해 과다 납부한 법인세를 환급받는 경우 국세청은 즉시 환급해주지 않고, 향후 10년간 발생할 법인세에서 차감한 후 그 잔액을 환급해줍니다.

분식회계 적발은 궁극적으로 내부자료를 활용해서는 한계가 있다고 합니다. 향후 인공지능 및 빅데이터 활성화로 외부자료로 분식회계를 적발할 수 있는 연구가 미국에서 진행중입니다.

〈분식과 재무제표의 관계〉

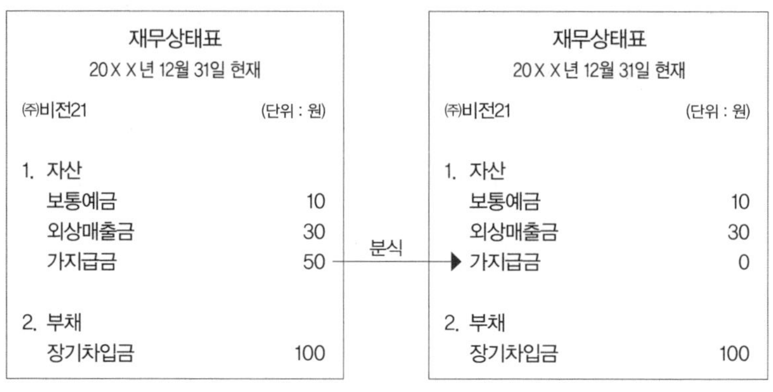

재무상태표	
20X X년 12월 31일 현재	
㈜비전21	(단위 : 원)
1. 자산	
보통예금	10
외상매출금	30
가지급금	50
2. 부채	
장기차입금	100

분식 →

재무상태표	
20X X년 12월 31일 현재	
㈜비전21	(단위 : 원)
1. 자산	
보통예금	10
외상매출금	30
가지급금	0
2. 부채	
장기차입금	100

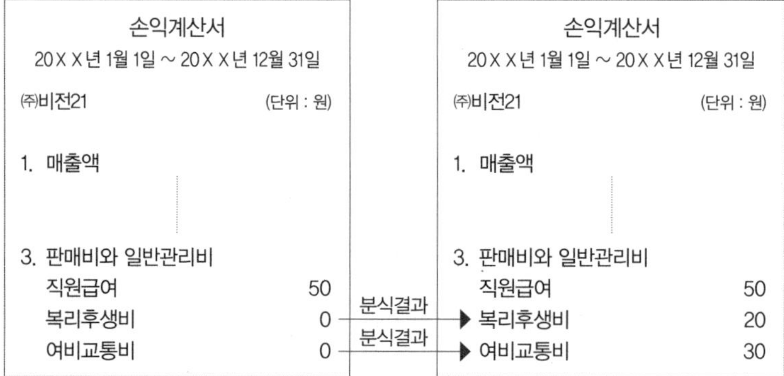

손익계산서	
20X X년 1월 1일 ~ 20X X년 12월 31일	
㈜비전21	(단위 : 원)
1. 매출액	
⋮	
3. 판매비와 일반관리비	
직원급여	50
복리후생비	0
여비교통비	0

분식결과 → (복리후생비, 여비교통비)

손익계산서	
20X X년 1월 1일 ~ 20X X년 12월 31일	
㈜비전21	(단위 : 원)
1. 매출액	
⋮	
3. 판매비와 일반관리비	
직원급여	50
복리후생비	20
여비교통비	30

※ 회계담당자가 증빙을 만들어 가지급금을 '0'으로 만들었음

1분 칼럼

분식회계의 다른 유형에는 재무상태표상에서 은행예금잔액 부풀리기, 매출채권 부풀리기, 재고자산 부풀리기, 유형자산금액 크게 계상하기, 경상개발비 대신 개발비로 계상하기, 부외부채 적게 계상하기 등이 있습니다. 손익계산서상으로는 매출 부풀리기, 감가상각비 적게 계상하기 등이 있습니다.

5 DAYS

5일차에는 복잡하게만 여겨왔던 지출증빙에 대해서 배우게 될 것입니다. 지출증빙은 잘 챙기면 돈을 벌게 해주지만, 소홀히 하면 돈을 잃게 만듭니다. 지출증빙 종류는 회계담당자가 잘 알아야 할 기본이지만, 현실에서 이를 제대로 적용하기는 쉽지 않습니다. 회계지식과 지출증빙을 챙기는 수준은 비례하니까요. 실무에서 자주 일어나고 혼동되는 경우를 예로 들었으니 자연스럽게 익혀 활용하시기 바랍니다. 또한 사업자와 비사업자, 내부직원과 외부사업자에 대한 지출구분이 왜 중요한지도 이해하시기 바랍니다.

5일차

증빙관리와 어음관리, 제대로 하면 돈 번다

지출증빙을 제대로 안 챙기면 국세청에 가산세를 내나요?

국세청에서는 법인과 복식부기의무 개인사업자가 재화나 용역 대가로 건당 3만 원을 초과해 지불할 때, 3가지 정규증빙 중 하나를 받도록 하고 있습니다.

국세청에서는 법인(국가, 지방자치단체, 순수 비영리법인은 제외)과 복식부기의무 개인사업자가 재화나 용역의 대가로 건당 3만 원을 초과해 지불할 때, 3가지 정규증빙 중 하나(세금계산서 또는 계산서, 현금영수증, 신용카드매출전표(직불카드, 기명식 선불카드 등 포함))를 받도록 하고 있습니다.

만일 이를 받지 못하면 비용으로는 인정받아도 지출금액의 2%를 국세청에 증빙불비가산세로 내야 합니다. 구체적으로 설명하면 다음과 같습니다.

첫째, 사업자등록을 한 사업자에게 대금을 지불하고 정규증빙(적격증빙 또는 적격영수증)을 수취해야 합니다. 만일 사업자에게 정규증빙을 받지 않으면 지출금의 2%를 증빙불비가산세로 내야 합니다. 그러나 예로 사무실임차시 사업자등록을 하지 않은 사업자에게 대금을 지불하면 애초부터 비용으로 인정받지 못합니다. 예외로 개인에게 중고차 등 물건을 구입하고 대금을 지불하는 경우에는 정규증빙이 있을 수 없습니다. 대신 계약서나 대금지급영수증으로 비용인정을 받을 수 있습니다.

둘째, 재화나 용역의 거래대가로 지불하고 정규증빙을 수취해야 합니다. 예로 기부금이나 위약금, 판매장려금은 거래대가로 지불한 경우가 아니므로 정규증빙을 받지 않아도 됩니다.

셋째, 거래 건별로 부가가치세를 포함해 3만 원을 초과하면 지불할 때 정규증빙을 수취해야 합니다. 건당 금액이 3만 원 이하인 거래는 간이영수증을 받아도 정당한 비용으로 인정을 받습니다. 주의할 점은 직원 식대가 건당 3만 원 이하지만, 월말 단위로 지불할 때 3만 원을 초과하면 반드시 정규증빙을 받아야 합니다. 다만 예로 증빙특례를 적용받는 읍·면 지역에 소재하는 신용카드 미가맹 간이과세자 등과의 거래는 건당 3만 원 초과거래로 정규증빙이 없더라도 예외적으로 비용인정을 받습니다. 또한 해외에서 지출한 경비는 현지 신용카드전표나 현지증빙으로 가산세 없이 비용으로 인정됩니다.

요즘은 모바일의 발달로 인해 카드사용에 대해 실물영수증 없이 경비지출관리가 가능한 서비스를 제공하는 업체도 있습니다. 즉 임직원이 법인신용카드, 개인신용카드, 해외신용카드를 사용하면 종이영수증 없이 바로 모바일 앱을 통해 관리부서에서 카드사용내역을 조회할 수 있는 서비스를 제공하는 업체가 있으니 회계담당자는 참고하기 바랍니다.

〈증빙의 구분〉

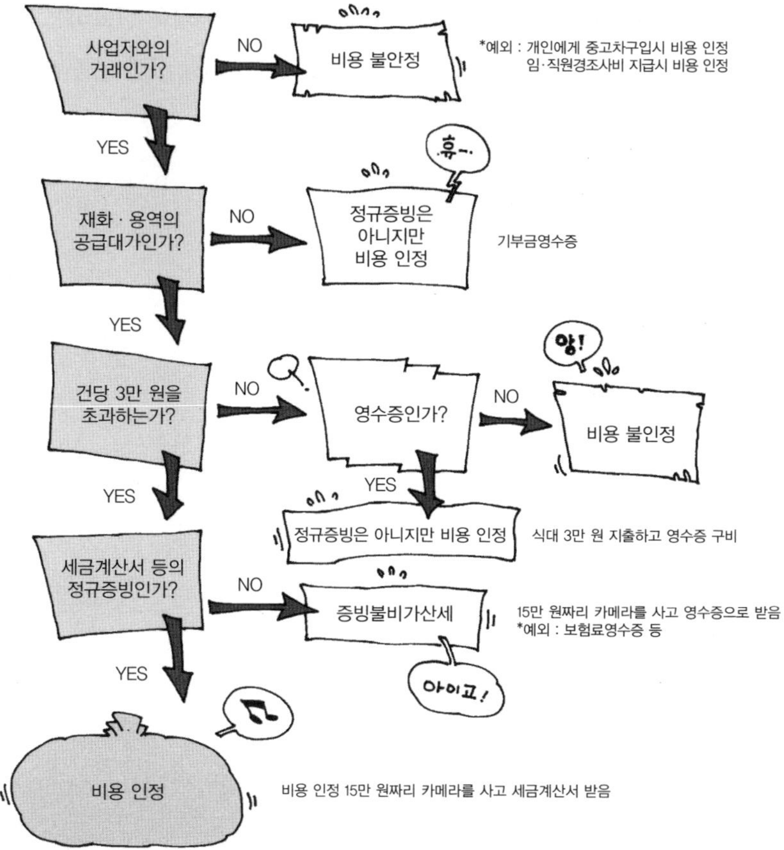

※ 정규증빙 중 신용카드의 경우 신용카드전표가 없으면, 월별 신용카드 사용내역서가 있어도 됩니다. 한편 신용카드 전표는 이미 발행된 세금계산서의 대금지급을 위해 결제되는 경우도 있습니다. 이 경우 부가가치세를 신고할 때 이중으로 신고하는 일이 없도록 주의해야 합니다.

참고로 법인사업자 외 개인사업자의 경우 소득세법에 따라 소득세를 신고할 때 복식장부로 세금신고를 해야 하는 복식부기의무자와, 복식장부가 아닌 단식장부와 유사한 간편장부로 세금을 신고하는 간편장부대상자 및 매우 영세해 장부 없이 국세청에서 정한 업종별 소득율로 세금신고하는 소규모사업자로 나뉩니다.

1분 칼럼

접대비의 경우 건당 1만 원(2009년 1월부터)을 초과해 지출할 때는 정규증빙을 받아야 합니다. 그렇지 않으면 비용으로 인정을 받지 못합니다. 건당 1만 원 이하의 접대비에 대해서는 영수증을 받아도 비용으로 인정받을 수 있으며, 접대비한도 계산 대상이 됩니다. 다만 접대비 중 20만 원 이하의 경조사비는 반드시 청첩장이나 부고장이 있어야 합니다. 또한 20만 원을 초과하면 증빙이 있어도 전액 비용으로 인정받지 못합니다.

지출증빙이 없어도 가산세가 없는 경우는 어떤 경우인가요?

회계담당자는 이를 숙지해야 하지만, 숙지하는 것이 만만치 않으므로 업무시 항상 이런 내용을 옆에 두고 체크하면 됩니다.

앞에서 건당 3만 원을 초과 지불하는 사업자와의 거래는 정규증빙인 세금계산서나 계산서, 현금영수증, 신용카드전표를 수취해야만 가산세 없이 비용으로 인정받는 것을 알았습니다. 하지만 현실에서는 건당 3만 원을 초과하는 사업자와 지출거래라고 하더라도 정규증빙을 수취할 수 없는 경우가 종종 있습니다. 이러한 증빙불비가산세가 없는 지출증빙 수취특례적용을 받는 거래는 20가지로, 일부 예를 들어 설명하면 다음과 같습니다.

- 금융기관에 이자를 지급할 때나 보험료를 지불할 때
- 농어민이나 국가, 지방자치단체, 비영리법인에게 지불할 때

• 원천징수 대상인 사업소득이나 기타소득을 지급할 때
• 사업자가 사업 전체를 양도할 때
• 전화료, 해외에서 지출하는 경비, 공매·경매·수용시
• 부가가치세 면세용역인 토지나 주택을 구입하거나 임차할 때
• 부가가치세 면세사업, 택시비, 비행기 운임 등

회계담당자는 이를 숙지해야 하지만, 숙지하는 것이 만만치 않으므로 업무시 항상 이런 내용을 옆에 두고 확인하면 됩니다. 만일 의문이 생기면 반드시 전문가나 국세청 등에 물어서 해결해야 합니다. 복식부기의무 개인사업자의 경우는 영수증수취명세서를 5월 31일까지 국세청에 전자신고 또는 관할 세무서에 직접 제출해야 합니다. 만일 그렇지 않으면 2%의 가산세를 내야 하므로 잘 기억하시기 바랍니다.

지금까지 설명한 내용을 토대로 국세청서식인 영수증수취명세서를 작성하면 다음과 같습니다.

〈㈜비전21의 20××년 7월 지출 내용〉

ⓐ 재단에 지불한 월 관리비 20만 원 영수증 (명세서 ○)
ⓒ 해외출장경비 20만 원 영수증(명세서 ○)
ⓔ 임대료(간이과세자)-하루은행 계좌로 70만 원 송금(명세서 ○)
ⓑ 전화요금 15만 원 납부영수증(명세서 ○)
ⓓ 해외출장 항공 탑승권 50만 원(명세서 ○)
ⓕ 문구용품 간이영수증 13만 원(명세서 ○)

〈세금계산서, 계산서, 신용카드 등 미사용 내역〉

구분	3만 원 초과 거래분		
	총계	(A) 명세서 제출 제외대상	(B) 명세서 제출대상
건수	6	5	1
금액	1,880,000	ⓐ ~ ⓔ 1,750,000	① 130,000

(A) 3만 원 초과 거래분 명세서 제출 제외대상 내역

구분	번호	금액	구분	번호	금액
읍 · 면 지역 소재			부동산 구입		
금융, 보험용역			주택임대용역		
비거주자의 거래			택시운송용역		
농어민과의 거래			전산발매통합관리시스템 가입자와의 거래		
국가 등과의 거래			항공기항행용역	ⓓ	500,000
비영리법인과의 거래	ⓐ	200,000	간주임대료		
원천징수대상사업소득			연체이자지급분		
사업의 양도			송금명세서제출분 (C)	ⓔ	700,000
전기통신, 방송용역	ⓑ	150,000	접대비필요경비부인분		
국외에서 공급	ⓒ	200,000			
공매, 경매, 수용			합계		1,750,000

(B) 3만 원 초과 거래분 명세서 지출대상 내역

일련번호	거래일자	공급자				거래금액	가산세
		상호	성명	사업장	사업자등록번호		
1	20XX. 7. 31	우리문구	문방구	서초동	111-22-33333	① 130,000	2,600

내야 할 세금

(C) 송금명세서 내역

일련번호	거래일자	법인명(상호) / 성명	사업자등록번호	거래내역	거래금액	송금일자	은행명 / 계좌번호
1	7.31	우리임대	123-45-56789	임대료	700,000	7. 31	하루은행 070

A : 정규증빙 미수취이지만 가산세 없음

B : 정규증빙 미수취로 가산세 대상(가산세 2%)

C : A의 한 유형으로 송금명세서 제출대상(간이과세자임대료, 홈쇼핑, 우편주문판매, 운송용역)

법인에게는 의무인 지출증명서류합계표란 뭔가요?

회계담당자가 이 표를 제대로 이해하지 못하고, 임의로 작성해 보관하는 경우 세금부담이 있을 수 있으므로 유의해야 합니다.

지출증명서류합계표는 작성대상이 2017년부터는 직전년 수입금액이 20억 원 이상인 법인이 의무적으로 작성해서 보관해야 하는 서류 중 하나입니다. 제출하지 않는다고 해서 가산세부과는 없습니다. 그러나 언제든지 국세청에서 요청할 수 있으므로 준비해 두어야 합니다.

지출증명서류합계표는 1년 동안 회사 전체 지출에 대해 표준재무상태표상 고정자산과목과 표준손익계산서 및 표준원가명세서(제조, 건설, 기타)상 계정과목별(급여과목 제외)로 세금계산서 또는 계산서, 신용카드, 현금영수증 지출증빙이 존재하는지, 아니면 지출증빙수취 제외로 이루어졌는지 해당란에 금액을 기재하는 것입니다. 여기서 표준재무제표란 법인이 3월 말 법인세를 납부할 때 제출하는 세무조정계산서 내 재무제표를 말합니다.

국세청은 이 표를 통해 업체가 지출에 대해 증빙을 제대로 갖췄는지 검토할 수 있습니다. 따라서 회계담당자가 이 표를 제대로 이해하지 못하고, 임의로 작성해 보관하는 경우 세금부담이 있을 수 있으므로 유의해야 합니다. 작성이 어려울 때 반드시 전문가나 국세청에 문의해 작성해야 나중에 불이익이 발생하지 않습니다.

회사 내부적으로는 지출증명서류합계표를 통해 세금계산서 또는 계산서, 신용카드, 현금영수증 등 지출증빙을 수령할 수 있는 경우 지출증빙을 수령했는지 검토할 수 있습니다. 이를 통해 증빙불비가산세 등의 불이익을 방지할 수 있습니다. 따라서 경영자를 비롯해 전 임직원이 신경을 기울여야 하는 부분입니다.

또한 지출증빙을 안 받았다고 무조건 수취제외대상항목으로 기재하면 안 됩니다. 수취제외대상에 대해 국세청에 제출하지는 않지만, 항목별로 세분화해 기록해두는 것이 관리상 반드시 필요합니다. 예로 비영리법인과의 거래, 국가 및 지방자치단체 외의 거래, 금융, 보험용역을 제공하는 법인과 거래, 국내사업장이 없는 외국법인과 거래, 읍면 소재 간이과세자로 신용카드 가맹점이나 현금영수증 가맹점이 아닌 사업자와 거래, 비거주자와 거래, 건당 거래금액(부가가치세 포함) 3만 원 이하 거래, 농어민과 직접거래, 원천징수대상 사업자로부터 용역제공을 받은 거래 등으로 구분해 기재하는 것이 관리요령입니다. 이를 통해 상기 분류에서 벗어나는 거래는 지출증빙을 제대로 받지 않았다고 파악될 수 있습니다. 이 역시 경영자를 비롯해 전 임직원이 신경을 기울여야 하는 부분입니다.

참고로 신용카드의 경우 실물신용카드 전표가 아니더라도 월별대금이용명세서 또는 신용카드사에서 인터넷으로 제공해주는 자료 등을 포함합니다.

작성할 때 주의할 점을 구체적으로 예를 들면 다음과 같습니다.

수입의 경우 수입세금계산서가 발생되지만, 물건대금은 해외거래처에 직접 지급하므로 수취제외대상으로 기재하면 됩니다. 접대비를 제외하고는 법인비용을 직원 개인신용카드를 사용하고, 매출전표를 수령한 경우 신용카드란에 기재하면 됩니다, 고정자산의 증가 중 일부금액에 대해 전년에 세금계산서를 수취했다면 수취제외대상으로 기재하면 됩니다. 자가용 등 비업무용차량의 유지비용으로 매입부가가치세가 불공제되는 금액은 세금계산서란에 전체금액을 기재하면 됩니다. 접대비는 1만 원 미만, 그 외 3만 원 미만 지출은 수취제외대상금액란에 기재합니다. 그러나 3만 원 미만의 금액이라도 세금계산서를 받았다면 세금계산서란에 기재하면 됩니다. 3만 원 초과거래 중 보험료 등 금융과 보험용역은 수취제외대상으로 기재하면 됩니다. 건강보험료, 국민연금, 재산세 등 각종공과금 등 국가, 지방자치단체와의 거래나 적십자회비 등 기부입금증, 영수증 등 비영리법인과의 거래는 수취제외대상으로 기재하면 됩니다.

한편 20만 원 이하의 경조사비는 주로 거래처 접대비로, 증빙은 부고장 또는 초청장을 수취제외대상으로 기재하면 됩니다. 항공료의 경우 티켓이나 입장권, 승차권, 승선권 등 국세청이 인정한 사업자에 대한 지출은 수취제외대상으로 기재하면 됩니다. 농어민과의 거래도 수취제외대상으로 기재하면 됩니다.

지출증명서류합계표의 실제 예는 다음의 그림과 같습니다.

■ 법인세법 시행규칙 (앞 쪽)

사업 연도	20XX.01.01 20XX.12.31	지출증명서류합계표 [✓] 일반법인, [] 금융.보험.증권업 법인	법 인 명	주식회사00상사
			사업자등록번호	999-81-99999

Ⅰ.표준대차대조표 계정과목별 지출증명서류 수취금액

계정과목			지출증명서류 수취금액					9.수취제외 대상금액	10.차이 (3-4-9)
1.코드	2.과목명	3.금액	4.계(5,6,7,8)	5.신용카드	6.현금영수증	7.세금계산서	8.계산서		
	비 품	36,600,000	36,600,000			36,600,000			0
			0		0				0
11.소계		36,600,000	36,600,000		0	36,600,000	0	0	0

Ⅱ.표준손익계산서 계정과목별 지출증명서류 수취금액

계정과목			지출증명서류 수취금액					20.수취제외 대상금액	21.차이 (14-15-20)
12.코드	13.과목명	14.금액	15.계(16,17,18,19)	16.신용카드	17.현금영수증	18.세금계산서	19.계산서		
	상 품	6,978,000,000	6,978,000,000	3,300,000		6,974,700,000		-	0
	복리후생비	7,000,000	6,500,000	5,000,000		1,500,000		500,000	0
	여비교통비	24,000	24,000	24,000					0
	접 대 비	5,182,090	5,182,090	5,182,090					0
	통 신 비	1,091,000	1,091,000			1,091,000			0
	전 력 비	300,000	300,000			300,000			0
	세금과공과	3,400,000	300,000			300,000		3,100,000	0
	감가상각비	6,000,000	0					6,000,000	0
	지급임차료	30,100,000	30,100,000			30,100,000			0
	보 험 료	2,450,000	1,240,000	1,240,000				1,210,000	0
	차량유지비	8,700,000	8,700,000	5,090,000		3,610,000			0
	운 반 비	31,140,000	31,140,000			31,140,000			0
	사무용품비	393,400	393,400	393,400					0
	소 모 품 비	1,230,000	1,230,000	1,180,000		50,000			0
	지급수수료	25,800,000	18,180,600	835,000		17,345,600		7,619,400	0
	광고선전비	16,600,000	16,600,000			16,600,000			0
	잡 비	2,000,000	1,600,000	1,600,000				400,000	0
			0						0
			0						0
			0						0
			0						0
22.소계		7,119,410,490	7,100,581,090	23,844,490	0	7,076,736,600	0	18,829,400	0

Ⅲ.표준손익계산서부속명세서 계정과목별 지출증명서류 수취금액

계정과목				지출증명서류 수취금액					32.수취제외 대상금액	33.차이 (26-27-32)
23.구분	24.코드	25.과목명	26.금액	27.계(28,29,30,31)	28.신용카드	29.현금영수증	30.세금계산서	31.계산서		
제조				0						0
제조				0						0
제조				0						0
제조				0						0
제조				0						0
제조				0						0
제조				0						0
제조				0						0
제조				0						0
제조				0						0
제조				0						0
제조				0						0
공사				0						0
공사				0						0
공사				0						0
공사				0						0
공사				0						0
공사				0						0
공사				0						0
34.소계			0	0	0	0	0	0	0	0
35.합계(11+22+34)			7,156,010,490	7,137,181,090	23,844,490	0	7,113,336,600	0	18,829,400	0

1분 칼럼

법인이 작성해서 보관하는 지출증명서류합계표는 회계담당자가 잘 활용하면 회사 경비지출에 따른 증빙구비를 체계적으로 구축할 수 있습니다.

임대인이 매입세금계산서증빙을 안 주면 어떻게 하죠?

일반사업자인 임대인에게서 세금계산서를 받지 못하거나, 임대인이 간이과세자인 경우 일반영수증을 받는다면 증빙불비가산세를 내야 합니다.

사무실임대인은 일반적으로 부동산임대사업자로 사업자등록증이 존재합니다. 사무실 임대시 전세로만 계약한다면 임대료 지불과 관련한 세금문제는 발생하지 않습니다. 그러나 현실은 대부분이 월세를 내고 있습니다. 따라서 임차인이 사업자등록증이 없는 임대사업자에게 임대료를 준다면, 이는 앞에서 언급한 것처럼 증빙불비가산세의 문제가 아니라 애초부터 비용으로 인정받을 수 없습니다.

또한 임대인이 일반사업자로 사업자등록증은 있지만 세금계산서를 받지 못하거나, 간이과세자인 경우 임차인이 은행계좌로 송금하지 않고 대신 일반영수증을 받는다면 증빙불비가산세를 내야 합니다.

회사가 임대차거래를 할 때 이러한 내용을 파악하지 못하고, 간과

〈회사가 임차를 하고 임대료를 지불할 때, 사업자 종류에 따라 받아야 할 증빙〉

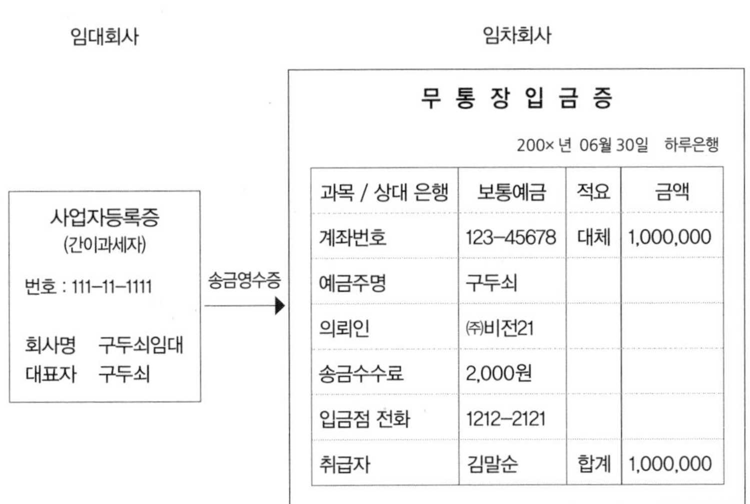

임대회사

사업자등록증
(간이과세자)

번호 : 111-11-1111

회사명 구두쇠임대
대표자 구두쇠

송금영수증 →

임차회사

무 통 장 입 금 증

200× 년 06월 30일 하루은행

과목 / 상대 은행	보통예금	적요	금액
계좌번호	123-45678	대체	1,000,000
예금주명	구두쇠		
의뢰인	㈜비전21		
송금수수료	2,000원		
입금점 전화	1212-2121		
취급자	김말순	합계	1,000,000

사업자등록증
(일반과세자)

번호 : 111-11-1111

회사명 노랭이임대
대표자 노랭이

송금영수증 →

세 금 계 산 서 (공급받는자보관용)

책 번 호 권 호
일 련 번 호

공급자		공급받는자	
등록번호	111-11-11111	등록번호	211-81-21212
상호(법인명)	노랭이임대	상호(법인명)	㈜비전21
성명(대표자)	노랭이 ㊞	성명(대표자)	나벌기 ㊞
사업장 주소	서울시 강남구 강남 1	사업장 주소	서울시 서초구 서초 1 비전센터
업태	부동산	업태	제조, 서비스
종목	임대	종목	통신기기, 광고인쇄

작성 년	월	일	공란	공급가액	세액	비고
0×	06	30	4	1000000	10 000	

월	일	품목	규격	수량	단가	공급가액	세액	비고
6	30	6월분 임대료				1,000,000	100,000	

합계금액	현금	수표	어음	외상미수금	
1,100,000					이 금액을 영수/청구 함

※ 사업자등록증이 없는 비사업자에게 임차했을 경우에는 어떤 영수증을 받아도 회사에서 비용처리 안 됨

한 결과 이러한 현상은 실무에서 자주 발생합니다. 따라서 회계담당자는 사무실을 얻을 때나 새로운 사업장을 낼 때, 미리 임대주의 사업자등록증 사본을 통해 법인사업자인지, 개인사업자 중 일반과세사업자인지, 간이과세사업자인지 사업자 종류를 꼭 확인해야 합니다. 그후 임대료에 대한 적합한 증빙을 받아야 합니다.

또한 임대와 관련된 부동산중개업자의 중개수수료에 대해서도 중개업자의 사업자등록증으로 사업자 종류를 반드시 확인하고, 그에 따른 적합한 증빙을 받아야 비용으로 인정받을 수 있습니다.

참고로 위에서 언급한 법인사업자 외 개인사업자에 대해 알아보면 다음과 같습니다. 개인사업자는 부가가치세법에 따라 세금계산서 발행의무와 부가가치세 의무가 있는 일반과세사업자와, 세금계산서 발행의무가 없고 부가가치세 부담이 일반사업자보다 적은 소규모사업자인 간이과세사업자로 나뉩니다.

또한 소득세법에 따라 계산서 발행의무만 있고 부가가치세 의무가 없는 일반면세사업자와, 계산서 발행의무가 없고 부가가치세 의무가 없는 소규모사업자인 간이면세사업자로 나뉩니다.

1분 칼럼

사무실을 임차할 때는 세금계산서나 송금영수증을 받아야 합니다. 하지만 건물이 아닌 토지만 임차하거나 주택을 임차할 때는 세금계산서 대신 계산서나 송금영수증을 받으면 비용으로 인정받을 수 있습니다.

직원 출장시 여비증빙정리는 어떻게 하나요?

일당 성격인 일비는 영수증 없이도 비용처리가 가능합니다.
어렵다면 전문가의 도움을 받아 결정하는 것도 현명한 방법입니다.

앞에서 계속 설명한 바와 같이 회사지출을 비용으로 인정받으려면 상대방이 우선 사업자라는 전제가 있어야 한다고 했습니다. 그러나 거래상대방이 사업자가 아닌데도 비용으로 인정받을 수 있는 경우는 대부분 회사 내부직원에게 지불하는 경우입니다.

예로 직원에게 급여를 주면서 정규증빙을 받을 수는 없습니다. 대신 근로계약서, 급여대장, 급여계좌이체영수증을 통해 회사 비용으로 인정받을 수 있습니다. 일용직의 경우 주민등록등본(또는 주민등록증이나 운전면허증), 아르바이트대장, 이체영수증(또는 현금수령확인)이 있으면 됩니다. 또한 직원 본인이나 가족의 결혼, 사망에 대해 지불하는 경조사비는 회사규정 및 청첩장이나 부고, 지출사실이 있으면 회사 비용으로 인정됩니다.

직원 출장의 경우에는 교통비, 숙박비, 식대 등을 지출하게 되므로 상황에 적합한 증빙을 챙겨야 합니다. 그러나 대다수 중소기업의 경우 회계담당자가 미숙하거나, 여러 가지 업무 부담으로 인해 직원에게 설명이 제대로 전달되지 못합니다. 또한 회계담당자가 제대로 설명했다 하더라도 직원들이 이에 대한 중요성을 모르고 무관심하거나, 잘 이해하지 못해 잘 챙기지 못합니다. 이런 경우 회사가 미리 여비교통비 규정을 만든 후 챙기지 못한 증빙에 대해서는 규정에 따라 처리하는 것이 요령입니다.

참고로 일당 성격인 일비는 영수증 없이도 비용처리가 가능합니다. 단 이 경우 회계담당자는 사회통념을 고려하고, 다른 회사를 참조해 적정한 수준에서 일당을 결정해야 세무상 불이익이 없습니다. 가이드라인을 결정하는 것이 어렵다면 전문가의 도움을 받아 결정하는 것도 현명한 방법입니다.

또 해외출장의 경우 현지 지출영수증으로 경비처리가 가능합니다. 왜냐하면 외국은 우리와 세법체계가 달라 정규증빙이란 것이 없기 때문입니다. 만일 지출증빙이 잘 챙겨지지 않는다면, 위에서 설명한 국내 여비출장비처럼 해외 여비출장비규정을 신설하고 챙기지 못한 지출은 규정에 맞게 비용처리하면 됩니다.

거래처 직원의 경조사를 챙길 때는 접대비에 해당합니다. 접대비에 해당할 경우 1만 원 초과인 것에 대해서는 세금계산서나 신용카드전표를 챙겨야 합니다. 하지만 이는 여간 어려운 일이 아닙니다.

거래처 임직원의 결혼 축의금이나 조의금 증빙정리는 어떻게 하나요?

기부금이란 사업과 직접 관련 없이 지출하는 것으로 사업과 직접 관련해 지출하는 접대비와는 차이가 있습니다.

세법은 접대비의 경우 건당 1만 원(2009년 1월부터 적용)을 초과 지출할 때는 정규증빙을 요구하고 있습니다. 만일 1만 원을 초과한 접대비에 대해 정규증빙을 챙기지 못하면, 세무상 손금으로 인정되지 않으므로 주의해야 합니다. 따라서 회사내규로 정규증빙을 챙기지 못하는 접대비는 건당 1만 원 이하로 제한하는 것도 방법입니다.

세법상 접대비라고 하면 교제비, 사례비 등 사업자가 업무와 관련해 특정인에게 지출한 것을 말합니다. 이는 업무와 직접 관계없이 지출하는 기부금이나, 불특정 다수인에게 지출하는 광고선전비와도 구별됩니다.

도서나 문화상품권을 발행하는 법인(가맹점 또는 위탁판매처 포함)

에게 1만 원(2009년 1월부터)을 초과구입하면서 정규증빙을 받는 경우에는 기부해도 기부금이 아닌 접대비로 보기 때문에 주의해야 합니다.

접대비를 신용카드로 사용하는 경우에는 법인명의 신용카드만 인정되니 주의해야 합니다. 따라서 법인직원이 거래처에 접대하고 본인 개인신용카드를 썼다면, 이는 법인 접대비로 인정되지 않습니다. 법인명의 신용카드로는 흔히 아는 신용카드 외에 직불카드와 기명식 선불카드도 포함됩니다. 또한 신용카드 외에 법인개별카드, 신종 법인카드도 인정됩니다. 이러한 접대비는 세법상 인정되는 한도가 정해져 있습니다.

참고로 일명 김영란법은 거래처 등이 아닌 공직에 종사하는 사람에게 접대를 하는 경우에 적용되며, 접대 종류에 따라 처벌되지 않는 금액한도가 정해져 있으므로 회계담당자는 차이를 잘 알고 있어야 합니다.

한편 기부금이란 사업과 직접 관련 없이 지출하는 것으로, 사업과 직접 관련해 지출하는 접대비와는 차이가 있습니다. 예로 종교·교육·정치단체에 지출하는 것이 기부금입니다. 기부금도 접대비처럼 종류와 금액에 따라 세법상 인정되는 종류 및 한도가 정해져 있어 지출시 전문가와의 상의가 반드시 필요합니다.

또한 광고선전비란 불특정 다수에게 견본품, 달력, 수첩, 부채, 컵 등을 기증하는데 지출한 비용을 말합니다. 참고로 세법상 특정인에게 1년간 3만 원 내로 지출 또는 건당 5천 원 이하 물품제공시 한도 없이 광고선전비로 인정받습니다.

· **청첩장이 없으면 전표에 사실내용을 기록하면 된다.**

출 금 전 표

20XX년 6월 7일

과목	접대비	항목	거래처 경조사비	사장
적요			금액	전무
B회사 장사식 과장 결혼 축의금			100000	
				상무
				부장
				과장
				계
합계			100000	

※ 회사의 내부 직원일 경우에는 복리후생비로, 외부거래처 직원일 경우에는 접대비로 처리한다. 한편 접대비는 1만 원 초과시 정규증빙이 요구된다.

※ 20만 원 이하의 경조사비는 반드시 청첩장이나 부고장이 있어야 한다. 또한 20만 원 초과시에는 증빙이 있어도 전액 비용으로 인정받지 못한다.

1분 칼럼

국세청의 법인세 세무조사 결과 세금추징 유형은 매출 부분이 제일 많고, 그 다음이 비용항목 중 접대비 부분입니다. 그 내용은 접대비를 판매장려금이나 신계약비, 또는 다른 일반관리비 항목으로 처리하거나 해외 접대비를 접대비 한도계산에서 누락시키는 경우입니다

운행기록부를 꼭 작성해야 하나요?

운행기록부를 작성해야 하는 대상으로는 전체 법인 및 복식부기의무 개인사업자입니다. 대상차량은 승용차 등 개별소비세 부과대상 승용차입니다.

최근 자가용 차량의 경우 고가차량의 판매가 증가되고, 이에 대한 감가상각비(상당액)나 유지비를 100% 회사경비로 처리하면서 사회적으로 논란이 되었습니다. 이에 따라 국세청에서는 업무용 승용차의 취득 및 유지비용 중 업무적으로 사용하는 것에 대해서는 손금으로 인정해주고, 개인적으로 사용하는 것에 대해서는 세금을 납부하도록 했습니다. 이런 연유로 자가용에 대해 운행기록부를 작성하고 비치해야만 합니다.

운행기록부를 작성해야 하는 대상으로는 전체 법인 및 복식부기의무 개인사업자입니다. 대상차량은 승용차 등 개별소비세 부과대상 승용차로, 차 구입시 딜러에게 물어보거나 또는 개별소비세법 1조 2항

3호를 찾아보면 됩니다.

또한 법인의 경우 반드시 업무용 승용차보험에 가입해야 감가상각비와 유지비가 손금대상이 되고, 미가입시 모두 세금대상이 됩니다. 반면 개인사업자에게는 업무전용 자동차보험에 가입해야 하는 의무가 없습니다.

그 다음 운행기록부를 작성해 전체 운행거리 중 업무사용비율만큼 감가상각비(상당액)와 유지비를 인정받아야 합니다. 만일 운행기록부를 작성하지 않으면 관련 지출비용이 1천만 원을 초과하더라도 1천만 원을 한도로 인정받습니다. 그리고 업무사용 감가상각비(상당액)과 유지비는 각각(1천만 원/실제지출) 비율로 계산됩니다. 다음 페이지의 그림은 실제 업무용 승용차 운행기록부입니다.

이를 토대로 업무용 승용차 관련비용명세서를 작성, 세무조정계산서에 첨부해 국세청에 제출해야 합니다.

관련비용명세서의 경우 먼저 운행기록부의 업무사용비율을 인용하고, 그 다음 차량 취득의 경우 감가상각비나 리스나 렌트인 경우 감가상각비상당액인 리스료의 93%, 렌트료의 70%와 유류비 등 관련비용을 기록합니다.

그 다음 감가상각비(상당액)와 관련비용에 대해 업무사용비율에 따라 업무사용금액과 업무외사용금액을 구분합니다. 업무외사용금액은 법인손금으로 인정이 안 되고, 귀속자에 따라 상여 등으로 처분됩니다.

이때 주의할 점은 업무사용금액 중 감가상각비(상당액)의 경우 연간 한도가 800만 원으로, 800만 원 초과되는 것은 손금부인되어 추가 세금이 발생됩니다. 그러나 다음 해부터 감가상각비(상당액)가 800만

〈업무용승용차 운행기록부에 관한 별지 서식〉

2016.4.1. 제정

과 세 기 간	20XX . 1 . 1 . ~ 20XX . 12 . 31 .	업무용승용차 운행기록부	상 호 명	㈜ oo상사
			사 업 자 등 록 번 호	999-81-99999

1. 기본정보

①차 종	②자동차등록번호
아O디 A6	66노 6666

2. 업무용 사용비율 계산

③사용 일자 (요일)	④사용자		운 행 내 역					
	부서	성명	⑤주행 전 계기판의 거리(㎞)	⑥주행 후 계기판의 거리(㎞)	⑦주행거리(㎞)	업무용 사용거리(㎞)		⑩비 고
						⑧출·퇴근용(㎞)	⑨일반 업무용(㎞)	
20XX.1.2	영업	나운전	1,500	1,525	25	25		출근
20XX.1.2	영업	나운전	1,525	1,535	10		10	OO업체 방문·수금
20XX.1.2	영업	나운전	1,535	1,550	15		15	OO업체 판촉
20XX.1.2	영업	나운전	1,550	1,575	25	25		퇴근
			⑪과세기간 총주행 거리(㎞)			⑫과세기간 업무용 사용거리(㎞)		⑬업무사용비율(⑫/⑪)
			75			75		100%

원에 미달하는 경우 미달액은 손금추인되어 세금이 줄어듭니다. 처분하거나, 임차기간이 종료된 경우 그 다음 해부터 매년 800만 원씩 손금추인하다가, 10년째 되는 해는 남은 금액 전체를 손금추인해 세금을 줄여줍니다.

또한 차량처분시 처분손실이 800만 원을 초과한 경우 기타사외유출로 손금부인되어 세금부담이 늘어나고, 다음 해부터 800만 원씩 손금추인되다가, 역시 10년째 되는 해는 남은 금액 전체를 손금추인해 세금을 줄여줍니다.

주의할 점은 법인 및 2015년 성실신고확인대상자는 2016년 이후, 복식부기 대상자는 2017년 이후 취득하는 업무용 승용차의 감가상각은 정액법, 내용연수 5년으로 의무화되었다는 점입니다. 그리고

2017년부터 복식부기의무 개인사업자의 경우 업무용승용차 매각차익이 과세소득으로 되었습니다.

또한 회사 임직원이 업무용승용차에 대해 운행기록부를 작성하는 게 성가신 일로 여겨집니다. 그러나 운행기록부를 작성하지 않으면 세금부담이 크므로 작성하는 것을 일상화해야 합니다.

증빙 없는 사채이자와 영업비, 어떻게 대처해야 하나요?

운영자금을 담보나 신용이 부족해 금융권에서 차입을 하지 못한 경우, 가까운 친지나 사채업자로부터 급전을 빌리게 됩니다. 이를 보통 사채라고 부릅니다.

회사의 자금이 부족할 때는 주주로부터 추가로 출자를 받아 자본금을 늘리거나, 아니면 은행 등 금융기관으로부터 차입을 합니다. 자본금은 원금과 이자를 갚을 의무가 없지만, 차입금은 만기에 원금과 이자를 갚아야 합니다. 회사가 금융기관에 대출금이자를 지급할 때는 이자지불영수증이나 자동이체내역이 증빙이 됩니다.

만일 운영자금을 담보나 신용이 부족해 금융권에서 차입을 하지 못한 경우, 가까운 친지나 사채업자로부터 급전을 빌리게 됩니다. 이를 보통 '사채'라고 부릅니다.

사채업자에게 사채이자를 지급할 때는 소득세와 주민세로 27.5%를 원천징수해야 이자비용으로 인정받습니다. 그러나 이렇게 처리할 수 있는 회사는 아마 거의 없을 겁니다. 왜냐하면 이자를 줄 때 원천징수를 하면 사채업자는 소득신고를 해야 하는데, 누가 급전을 빌려주겠습니까?

따라서 사채이자를 손익계산서상 이자비용으로 처리한다 해도 증빙불비가산세만 물고 세무상 손금으로 인정받는 게 아닙니다. 세무상 법인손금으로 인정받지 못하고, 원천징수불이행 관련세금을 차감한 나머지를 대표이사 상여로 처분하게 됩니다.

만일 사채이자를 손익계산서상 이자비용으로 처리하지 못하면 재무상태표상 현금잔고가 실제보다 많게 됩니다. 이는 현금잔고가 아니라 법인의 경우 대표이사 가지급금으로 처리하는 것이 보통입니다.

참고로 사채 자체의 흔적을 없애기 위해 회사에 들어온 자금을 법인 대표이사 가수금으로 처리하기도 합니다. 사채원금를 갚을 때는 가수금 반제로 처리합니다. 사채이자는 보통 가지급금으로 처리합니다.

요즘 활성화되고 있는 핀테크 중 하나인 p2p금융에서 p2p금융업자는 대출자에게 이자를 지급할 때 사채이자처럼 27.5% 원천징수를 하고 나머지를 지급합니다. 그러나 은행 등 금융기관에서 예금주에게 이자를 지급할 때는 15.4%를 원천징수하고 나머지를 지급합니다.

한편 영업비 중 개인에게 지불한 경우, 회사가 지불받은 사람에게 원천징수를 해야 세무상 손금으로 인정됩니다. 그러나 대다수의 영업비는 사채이자처럼 표면적으로 드러내놓지 못하는 경우가 많아 원천징수를 할 수 없습니다.

따라서 비용증빙이 없기 때문에 역시 재무상태표상 현금잔고가 부풀려져 남아있게 됩니다. 이 또한 법인의 경우 대표이사 가지급금으

〈내부관리용〉

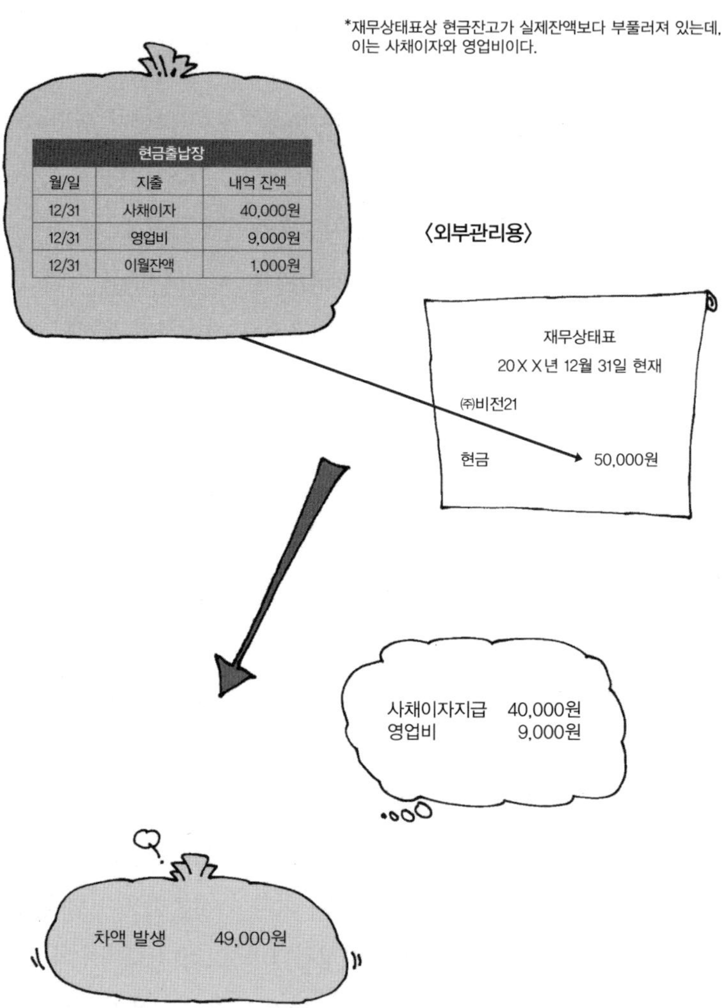

현금출납장		
월/일	지출	내역 잔액
12/31	사채이자	40,000원
12/31	영업비	9,000원
12/31	이월잔액	1,000원

※ 실무에서 대표이사 가지급금으로 처리된다.

로 처리하는 게 일반적입니다.

물론 이런 상황이 없어야 하지만, 현실에서는 100% 그렇게 하기가 어렵습니다. 따라서 회계담당자는 이러한 상황이 생길 것 같으면, 이에 대한 위험 및 대처방안을 경영자에게 정확하게 보고해야 합니다. 그래야만 경영자가 장단점을 비교한 후 정확한 의사결정을 내릴 수 있기 때문입니다.

1분 칼럼

실무에서 이런 점이 억울해 다른 사람의 이름으로 원천징수를 하는 등 다른 비용 증빙으로 대체해 처리하는 경우가 종종 있습니다. 하지만 이는 매우 조심해야 할 일입니다.

대표이사가 증빙 없이 가져간 가지급금은 어떻게 처리하나요?

가지급금 상태가 장기간 지속될 경우 회계담당자는 회사와 대표이사 사이에 대여금액, 대여이자율, 상환기간이 포함된 금전소비대차약정서를 작성해 놓아야 합니다.

대표이사가 회사 자금을 가지고 간 뒤에 영수증을 가지고 오지 않으면 대표이사 가지급금으로 처리합니다. 이러한 가지급금은 대표이사가 언젠가는 채워 놓아야 합니다. 그렇지 않을 경우에는 세무상 불이익을 받게 됩니다. 더 나아가서는 형법상 횡령으로 처벌받을 수도 있습니다. 회계담당자의 리스크 관리 중 가장 중요한 것 중 하나임을 명심하고 항상 주의해야 합니다.

또한 경영자에게는 가지급금규모를 항상 보고하는 습관을 길러야 합니다. 왜냐하면 중소기업 경영자의 경우, 가지급금에 대한 위험성을 모르는 경우가 너무 많기 때문입니다.

실무에서는 재무상태표상 현금잔액을 수천만 원에서 수억 원까지 표시되는 경우가 있습니다. 이것은 잘못된 것으로 절대 이렇게 처리해서는 안 되며, 반드시 그 원인을 찾아 정리해야 합니다.

이러한 현금잔액이 발생하는 것은 대표이사가 증빙 없이 가져간 자금 중 정리를 못한 것도 있지만, 직원들이 정리하지 못한 가불금과 회계처리오류가 뒤섞여 있는 경우가 대부분입니다. 그렇지만 사후에 국세청 등 관계기관에서 문제가 될 때는 모두 대표이사 가지급으로 결론짓고 세금을 부과하거나 처벌하기 때문에, 대표이사 입장에서는 억울할 따름입니다.

가지급금 상태가 장기간 지속될 경우 회계담당자는 회사와 대표이사 사이에 대여금액, 대여이자율, 상환기간이 포함된 금전소비대차 약정서를 작성해 놓아야 합니다.

회계담당자가 가지급금을 정리하기 위해서 챙겨야 할 증빙은 앞에서 설명했지만 반복해서 예를 들면 다음과 같습니다. 판매와 일반관리비의 경우 접대비는 건당 1만 원을 초과하면 정규증빙을, 여비교통비의 경우 역시 정규증빙이나 여비교통비규정에 따라 항공편은 탑승권 및 결재증빙, 해외 현지호텔 숙박비 및 음식비는 현지 영수증이나 여비교통비규정에 따라 처리하면 됩니다.

또 국가에 내는 세금은 세금영수증, 전기요금은 전기요금청구서, 수도요금은 지방자치단체가 발행한 영수증, 도시가스와 LPG가스는 세금계산서가 필요합니다. 광고비는 정규증빙, 동창회보는 영수증, 차량유지비는 정규증빙, 운반비는 정규증빙이나 송금명세서(간이과세자), 소모품비와 도서인쇄비, 수선비는 정규증빙, 보험료는 보험료 납입영수증, 외주가공비는 정규증빙 또는 신용카드매출전표(간이과세자인 경우)가 필요합니다.

영업외비용으로 은행 등 금융기관 이자는 영수증이나 대출통장사본, 사채이자의 경우 원천징수영수증(또는 지급조서), 기부금은 기부금영수증, 위약금·해약금·손해배상금(잡손실)을 회사에 지급하는 경우 영수증이나 입금표, 개인에게 지급하는 경우 기타소득 원천징수영수증을 구비해야 합니다.

증빙으로 가지급금 잔액이 정리가 안 되면 대표이사가 보유한 특허권을 회사에 매각하고, 가지급금을 정리할 수 있습니다. 즉 특허권양수를 통해 대표이사 가지급금을 정리하는 것입니다.

다른 방법으로는 대표이사가 보유한 회사주식을 회사에 매각하는 것을 고려해볼 수 있습니다. 이 경우 회사가 취득한 주식을 자기주식이라 합니다. 검토할 점은 상법상 주주들이 자기가 가진 주식에 비례해 매각하는 것이 아닌, 특별한 경우에 특정주주 주식만 회사가 취득하는 것이 가능한지 검토가 선행되어야 합니다. 이러한 상법검토는 법률전문가의 도움을 받아야 합니다. 또 검토할 점은 주주와 회사는 세법상 특수관계인으로, 사전에 세법에 따른 주식평가가격을 중심으로 매매가격을 정해야 세금문제가 발생하지 않는다는 점입니다. 주식평가는 세무전문가에게 의뢰해 평가를 받아야 합니다.

추가로 자기주식을 당장 소각할 목적이라면 주식을 양도한 주주는 배당소득으로 신고해야 합니다. 만일 조속한 시일 내에 제3자에게 되팔 목적이라면 주식을 양도한 주주는 양도소득으로 신고해야 합니다. 이 또한 세무전문가의 도움을 받아야 합니다.

가지급금이 있는 대표이사가 퇴사할 경우에는 반드시 퇴사 전에 가지급금을 갚아야 하지만, 원금 및 해당 이자에 대한 법인세와 소득세를 이중으로 무는 불이익을 당하지 않습니다.

가지급금과 가수금, 인출금과 출자금이란 뭔가요?

가지급금은 법인이 자금을 빌려준 대여금 성격으로
대표이사는 회사에 국세청에서 정한 이자를 내야 합니다.

'가지급금'은 앞에서 설명했듯이 법인에서 대표이사가 필요해 일시적으로 법인에서 자금을 가져가거나, 영업비 등 회사 영업상 필요해서 자금을 썼지만, 나중에 증빙처리를 하지 못하는 경우에 발생합니다. 이 경우 재무상태표에는 가지급금으로 표시하는 게 원칙입니다.

앞에서 설명했듯이 어떤 회사는 잘못 회계처리하는 줄도 모르고 현금으로 표시하기도 합니다. 가지급금은 법인이 자금을 빌려준 대여금 성격으로 대표이사는 회사에 국세청에서 정한 이자를 내야 합니다.

법인에서 수령한 이자는 손익계산서상 이자수익으로 표시됩니다. 가지급금의 존재는 규모에 따라 앞서 설명한 국세청 등 관계기관에 불이익을 받는 것 외에 금융기관이나 신용평가기관으로부터 신용평점이 감점되는 요인이며, 회사가 상장할 때는 장애요인이 됩니다.

가지급금과는 반대로 가수금은 법인의 대표이사가 회사 운영자금이 일시적으로 부족할 때 회사에 본인 자금을 넣는 경우에 발생합니다. 그 외에 법인이 매출신고를 누락하는 경우에도 발생합니다. 이때는 재무상태표에 가수금으로 표시됩니다.

법인에서는 대표이사에게 국세청에서 정한 이자율에 따라 이자를 지급하는 게 원칙입니다. 이자를 지급하는 경우 법인이 원천징수를 해야 하며, 손익계산서상에는 이자비용으로 표시됩니다. 참고로 법인이 이자를 주지 않더라도 법인재정 건전화 측면에서 세무상 아무런 불이익이 없습니다. 실무에서 법인이 이자를 지급하는 경우는 거의 없습니다.

원래 가지급금이나 가수금 계정과목은 법인 회계기간 중에만 사용되는 가계정으로, 연말 결산시에는 0으로 정리되거나, 잔액이 남으면 대표이사단기대여금이나 대표이사단기차입금 등 적절한 본계정과목으로 대체해야 합니다.

인출금은 가지급금과 성격은 같지만, 법인이 아닌 개인회사에서 대표가 개인적으로 또는 영업상 필요해서 자금을 지출했으나 증빙처리를 하지 못할 때 생깁니다. 이는 개인 재무상태표에서 자본부분에 표시됩니다. 인출금은 법인과 달리 대표가 회사에 이자를 내지 않아도 됩니다. 자본을 초과해 발생한 인출금은 개인 재무상태표에서 자본이 (-)로 표시되거나 인출금으로 표시되어 은행에서 신용등급이 하락하고, 그 결과 대출연장불가 내지 대출한도 축소 또는 금리인상 등 불이익이 생기기 때문에 회계담당자는 주의를 기울여야 합니다.

〈기증법인의 가지급금이 개인회사의 인출금이 되고, 법인의 가수금이 개인회사의 출자금이 된다.〉

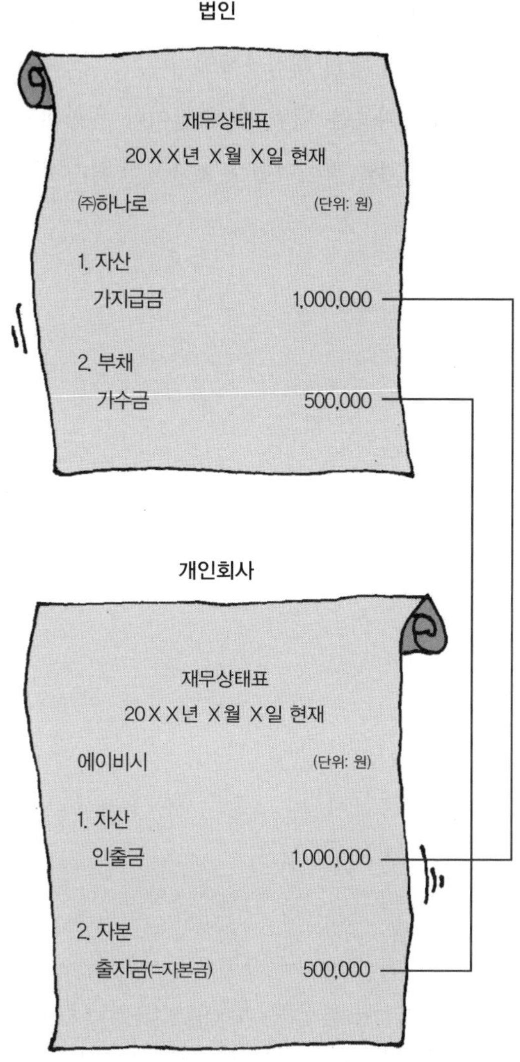

법인
재무상태표
20XX년 X월 X일 현재
㈜하나로
(단위: 원)
1. 자산
가지급금
1,000,000
2. 부채
가수금
500,000
개인회사
재무상태표
20XX년 X월 X일 현재
에이비시
(단위: 원)
1. 자산
인출금
1,000,000
2. 자본
출자금(=자본금)
500,000

'출자금(자본금이라고도 함)'은 개인회사 대표자가 회사에 자금을 집어넣거나, 매출누락 때 발생하는 것으로 법인에서 가수금과목과 똑같습니다. 이러한 인출금과 출자금 계정과목은 개인회사의 임시 계정과목이 아니라 정식 계정과목입니다.

참고로 출자금과목은 법인 중 조합이나 유한회사 등에서 출자와 관련해서도 사용되는 과목이니 혼동하시지 않기 바랍니다.

1분 칼럼

장기출장 등으로 발생하는 업무상 가지급금은 발생할 때 업무가지급금이란 임시 계정과목을 사용합니다. 사후에 여비증빙에 의해 정산되면서 업무가지급금이란 임시 과목은 없어집니다.

거래처 대금지급수단인 이체입금증은 증빙으로 인정되나요?

회계담당자는 거래처에 대금을 지불할 때 은행이체를 활용하는 것이 최선입니다. 이체입금증을 매일 챙기기 어렵다면 은행통장에서 그 부분만 복사해도 됩니다.

과거 은행거래가 활성화되기 전에는 거래처 외상대금을 영업사원이 직접 찾아와서 회수하고, 그 근거로 입금표를 써주었습니다. 요즘은 영업사원이 직접 거래처에 와서 수금하지 않고 대신 은행을 통해 외상대금을 송금해주는 경우, 지급업체에서는 반드시 사후에 입금표를 받아야 하는 것으로 알고 있는데 은행이체입금증으로 충분합니다. 오히려 이것이 가장 확실한 증빙입니다.

따라서 회계담당자가 외상대금을 은행이체를 통해 지급하는 경우, 회사관리지침이 은행이체 후 반드시 거래회사통장에 입금되었는지 확인해야 한다면, 수령업체로부터 지급확인증빙으로 입금표 등을 팩스 등으로 받으면 됩니다. 이는 건전한 관리시스템이라고 생각됩니다. 은행을 통해 대금을 지급하므로 과거처럼 영업사원이 외상대금을 받아서 줄행랑치는 수금사고위험도 줄었습니다. 또한 매입처에서도 대금을 이중으로 지급하는 불상사도 사전에 예방할 수 있게 되었습니다.

회계담당자는 거래처에 대금을 지불할 때 은행이체를 활용하는 것이 최선의 방법이라는 사실을 꼭 기억해 활용하기 바랍니다. 만일 이체입금증을 매일 챙기기 어렵다면 은행통장에서 그 부분만 복사해도 됩니다. 이는 지출할 때마다 신용카드 사용영수증을 챙겨야 하지만, 못 챙겼을 경우 월간 또는 사용내역서로 대체하는 것과 같습니다.

참고로 신용카드 사용의 경우 개별 영수증은 공급가액과 부가가치세가 구분되어 있어서 부가가치세신고의 정확성을 위해서는 꼭 필요하지만, 경비처리를 위해서는 월간 또는 사용내역서로 가능합니다. 반면에 이체입금증은 비용처리 증빙이 아닌 채무지불확인 증빙이기 때문에 이체입금증 대신 은행통장상 기록내역으로 가능합니다.

1분 칼럼

보통 거래처에 대금을 보낼 때 특별한 경우가 아니면 이체 수수료가 발생합니다. 이체 수수료는 지급하는 회사에서 추가로 발생되는 경비로서 지급 수수료로 처리해야 합니다. 경우에 따라서는 이체 수수료를 매출 거래업체가 부담하는 경우도 있습니다.

어음과 수표는 같은 것인가요?

어음의 경우 인터넷상 전자어음의 사용이 늘고 있습니다. 이는 대기업 등에 납품하는 중소기업을 지원하기 위해 현행 실물어음제도를 개선한 것입니다.

회사에서는 실물 받을어음의 경우 만기 전에 할인하지 않는 경우라면 직접 보관하든, 은행에 맡기든 만기 때 현금화할 수 있으므로 만기까지는 불안한 상태입니다. 예로 만기일 전에 거래처가 부도를 내면 대금을 회수하지 못합니다. 반면에 당좌수표는 받는 즉시 현금화할 수 있습니다. 이런 측면에서 당좌수표는 어음보다 덜 위험합니다.

요즘은 인터넷상 전자어음의 사용이 늘고 있습니다. 이는 대기업 등에 납품하는 중소기업을 지원하기 위해 현행 실물어음제도를 개선한 것입니다. 이 제도들은 현금결제에 가까운 것으로서 인터넷상 외상매출채권담보대출제도 및 기업구매자금대출제도, 기업구매전용카드제도가 활용되고 있습니다.

일반적으로 어음이라고 하면 어음을 발행한 사람과 만기에 어음대금을 지급하는 사람이 같은 '약속어음'을 말합니다. 반면에 어음을 발행한 사람과 만기일에 어음대금을 지급하는 사람이 다른 경우를 '환어음'이라 합니다. 약속어음의 경우 어음을 발행하는 회사는 사전에 은행과 예금잔액이 없어도 일정한 (-)한도 내에서 결재가 가능한 당좌약정을 맺습니다.

발행자가 발행 즉시 지급을 약속한 수표를 '당좌수표'라고 합니다. 당좌수표도 약속어음처럼 은행과 사전 한도약정에 따라 수표를 발행해야 합니다.

은행이 지급보증한 수표를 '자기앞수표'라고 합니다. 자기앞수표는 현금과 똑같아 부도가 날 염려가 거의 없습니다. 회계담당자는 수표를 받았을 때 현금과목으로 분류하면 됩니다. 안전한 순서로는 자기앞수표, 당좌수표, 어음 순입니다.

특이한 경우로 가끔 당좌수표를 발행하면서 수취인과 협의 아래 한 달 정도 만기를 정해두고 발행하는 경우가 있습니다. 이 경우 당좌수표를 받은 회사는 약속어음과 똑같이 받을어음으로 분류하면 됩니다.

또한 출판사 등 주로 중소기업에서 활용하는 만기가 있는 가계수표도 있습니다. 이는 받을어음과 성격이 똑같은 것으로 건당 결제금액 한도가 보통 소액(예로 500만 원 이하)으로 정해져 있습니다. 회계담당자는 가계수표를 받으면 현금과목이 아닌 받을어음과목으로 분류하면 됩니다.

〈약속어음〉

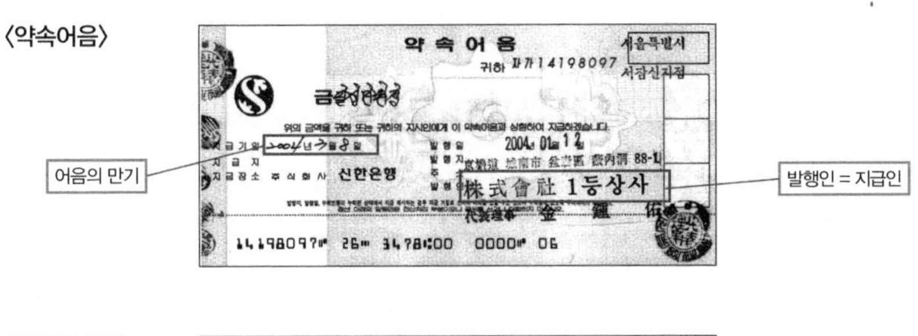

〈자기앞수표〉

〈당좌수표〉

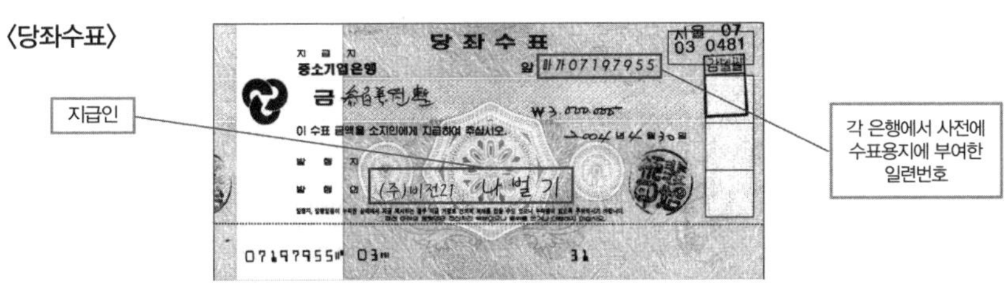

 **1분 칼럼**

특이한 경우로 제약회사나 출판사는 거래처에서 외상대금을 회수할 때 은행도어음 대신 문방구어음을 회수하기도 합니다. 이때 회계담당자는 이를 회수할 때도 받을 어음으로 분류하면 됩니다. 문방구어음은 만기 때 은행에서 결제를 받는 것이 아니라 거래처로부터 직접 결제를 받는 것입니다

실물 받을어음을 받았을 때 어떻게 관리하면 되나요?

받을어음기입장은 받은어음에 대해 일자별로 적요, 금액, 어음번호, 발행인 또는 배서인, 발행일, 만기일 등을 일목요연하게 정리하도록 도와줍니다.

실물 받을어음을 받으면 받을어음기입장에 잘 정리해두고, 실물은 금고에 잘 보관해야 합니다. 실물보관은 신경이 쓰이는 일이기 때문에 은행에 맡기는 것이 안전합니다. 실물 받을어음을 은행에 맡기면 은행에서는 수탁통장을 발급해줍니다. 수탁통장에는 맡긴 어음에 대한 어음번호, 만기, 금액 등이 자세히 나와 있어 관리가 훨씬 수월합니다.

또한 수탁한 어음은 만기에 어음추심수수료를 은행에 지급하면 어음대금이 자동으로 회사계좌로 입금되므로 잘 활용하시기 바랍니다.

참고로 정부에서는 향후 대기업이 협력업체에 납품대금을 어음으로 지급할 때 부담금을 징수하는 방식을 도입할 예정입니다. 어음제도를 당장 폐지하기는 어려운 만큼 부담금 신설을 통해 단계적으로 어음을 사용하지 않도록 유도한다는 방침입니다.

받을어음 기록은 총계정원장의 경우 하루의 전체 거래 합계만 나타날 뿐 상세한 거래내역은 나타나지 않습니다. 따라서 별도로 받을어음기입장을 사용해 받은 순서대로 건건이 정리하면 됩니다. 이 장부는 시중에서 팔기도 하지만 자체적으로 만들어 사용해도 됩니다.

받을어음기입장은 다음 페이지의 그림에서 보듯이 받은어음에 대해 일자별로 적요, 금액, 어음번호, 발행인 또는 배서인, 발행일, 만기일, 지급장소, 처리내역을 일목요연하게 정리하도록 도와줍니다.

받을어음은 받은 일자별로도 관리해야 하지만, 거래처별로도 관리해야 하며, 또 만기일별로도 관리해야 합니다. 그래야만 자금을 제대로 관리할 수 있습니다. 이를 통해 회계담당자는 매일 받은어음의 금액과 내역을 자금일보에 기록하고, 또 익일에 결제될 받을어음 금액을 익일자금계획에 기록하면 합니다. 그리고 받을어음기입장상 총액과 보관어음 및 수탁어음 합계가 일치하는지도 확인해야 합니다. 이 과정을 거친 후에 경영자에게 보고해야 합니다.

만기 전에 자금이 필요할 때는 보관 또는 수탁한 받을어음을 금융기관이나 사채시장에서 할인하기도 하고, 외상매입대금을 결제하는 데 사용하기도 합니다.

외상매출금과 받을어음은 재무상태표에서는 매출채권과목으로 동일한 범주로 표시되지만, 자금 측면에서는 받을어음이 현금에 더 가깝습니다. 따라서 회계담당자는 이러한 것들을 잘 감안해서 자금계획을 짜야 합니다.

받을어음기입장

㈜비전21

월일	적요	금액	어음번호	지급일	발행인(배서인)	발행일	만기일	지급장소	처리	
									월일	적요
1/6	외상대 입금	2,816,000	자가 16780405	3/27	㈜비전21	1/6	3/27	하루은행	2/3	외상대 지급
2/6	외상대 입금	5,000,000	자가 30010406	5/2	에코	2/5	5/27	하루은행	5/27	부도
3/10	외상대 입금	7,616,000	자가 18888805	6/6	글로벌	3/6	6/6	한달은행	6/6	만기 입금
3/10	외상대 입금	7,616,000	자가 18888805	6/6	월드	3/6	6/6	한달은행	6/8	만기후 입금

〈받을어음, 어떻게 회계처리 하나요?〉

- 어음 1억 원을 ㈜비전21로부터 받았습니다.
- 받을어음을 받았을 경우

(차변) 받을어음 100,000,000 – ㈜비전21
(대변) 외상매출금 100,000,000 – ㈜비전21

- 어음을 은행에 수탁한 후 만기일에 자동으로 결제되었을 경우

(차변) 보통예금 100,000,000 – **은행
(대변) 받을어음 100,000,000 – ㈜비전21

- 만기일 이전에 이 어음을 외상매입대금으로 지급했을 경우

(차변) 외상매입금 100,000,000 – ㈜글로벌
(대변) 받을어음 100,000,000 – ㈜비전21

- 이 어음을 외상대금결제 대신 은행에서 할인했을 경우

(차변) 보통예금 99,000,000 – **은행
이자비용 1,000,000 – **은행
(대변) 받을어음 100,000,000 – ㈜비전21

- 사채시장에서 할인했을 경우

(차변) 보통예금 90,000,000 – **은행
가지급금 10,000,000 – 대표이사
(대변) 받을어음 100,000,000 – ㈜비전21

인터넷을 통해 전자어음을 결제 받았을 때 어떻게 하나요?

이 제도의 특징은 거래과정에 실물어음 없이 인터넷을 통해 은행과 기업간 대금결제 및 대출이 이루어지므로 자금이 신속하게 회수됩니다.

받을어음은 실물어음제도 외에 인터넷상 외상매출채권담보대출제도 및 기업구매자금대출제도, 기업구매전용카드제도로도 대금을 결제받는 제도들이 활용되고 있습니다. 이 제도들은 현금결제에 가까운 것으로서 대기업 등에 납품하는 중소기업을 지원하기 위해 현행 실물어음제도를 개선한 것입니다.

'전자방식 외상매출채권담보대출(외담대)'은 사전에 구매자와 구매자거래은행이 전자결제약정을 맺습니다. 또 은행과 납품업체도 외상매출채권 전자대출약정을 맺습니다. 그후 납품업체가 구매자에게 물품을 납품하면, 구매자는 관련 내역을 인터넷으로 은행에 전송합니다. 내역을 전송받은 납품업체는 만기를 기다릴 필요없이 은행에 외상채권을 담보로 대출을 받습니다. 마지막으로 구매자는 대출금을 만기에 은행에 갚습니다.

이 제도의 특징은 거래과정에 실물어음 없이 인터넷을 통해 은행과 기업간 대금결제 및 대출이 이루어지므로 자금이 신속하게 회수됩니다. 이때 적용되는 대출금리는 구매자의 신용에 따라 결정됩니다. 구매자 입장에서는 타제도와 달리 기업여신한도를 사용하지 않는다는 장점이 있습니다.

그러나 구매기업이 현행 만기가 6개월인 외담대에 대해 결제를 미룰 경우 납품 중소기업이 은행에서 대출금 상환독촉 또는 연체이자를 무는 단점이 있습니다. 다행히 금융감독원은 외담대 만기를 2018년 5월부터 3개월로 단축해서 시행한다고 합니다. 이는 전자어음 만기를 2021년부터 3개월로 줄이는 것에 따라, 구매기업이 대금결제를 늦추는 수단으로 악용하는 것을 방지하기 위한 것입니다.

다음 '기업구매자금대출'에 대해 알아봅시다. 납품업체는 물품을 납품한 후, 판매대금을 회수하기 위해 인터넷상으로 환어음을 받아 거래은행에 추심을 의뢰합니다. 그러면 이 은행은 지급자인 구매업체 거래은행에 추심을 의뢰합니다. 의뢰를 받은 구매업체 거래은행은 구매자에게 자금을 대출해주는 동시에 납품업체대금을 결제해줍니다.

이 제도는 외상매출채권담보대출과 거의 유사합니다. 특징으로는 납품업체가 판매한 날로부터 40일 이내 자금을 회수할 수 있고, 납품업체에게 이자비용이 발생하지 않아 납품업체에게 제일 유리한 제도입니다.

마지막으로 '기업구매전용카드'는 거래방식이 외상매출채권담보대출과 동일하지만, 결제를 은행 대신 카드사가 하는 점이 다릅니다. 즉 구매업체가 신용카드사 회원으로서 구매할 때 신용카드로 결제하는 것입니다. 납품업체 입장에서는 카드 수수료를 부담하는 것 외에는 현금결제와 다를 바 없습니다. 심지어 구매업체가 사후에 부도가 나도 납품업체는 전혀 영향을 받지 않습니다.

전자방식 외상매출채권담보대출제도, 기업구매자금대출제도, 기업구매전용카드제도는 납품업자를 보호하기 위한 것입니다. 따라서 이 제도를 도입해 운용하는 구매자에게 정부에서는 일정률의 세액공제와 정부물품을 입찰할 때 우대해주고 있습니다.

〈전자방식 외상매출채권담보대출〉

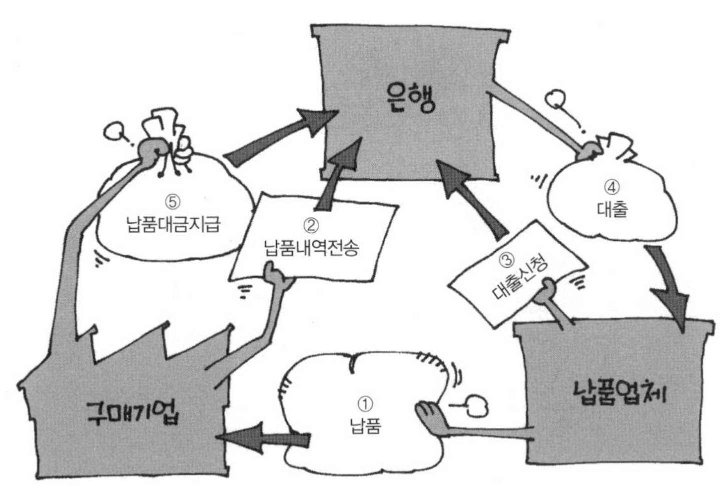

〈기업구매자금대출〉

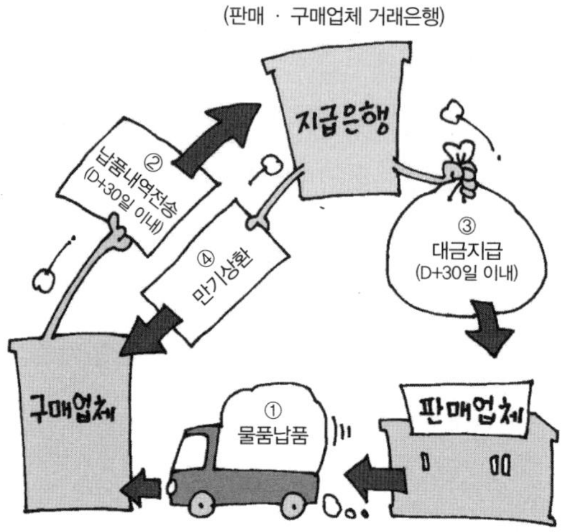

〈기업구매전용카드〉

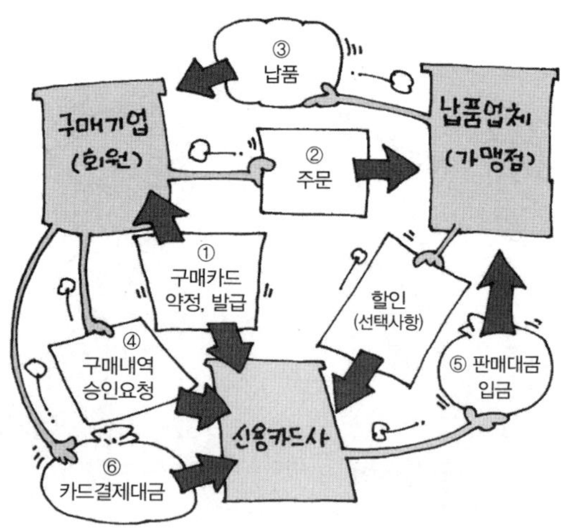

받을어음을 할인했을 때 어떻게 회계처리하나요?

보통 거래은행에서 할인하며, 할인에 따른 대가인 어음할인료를 지급합니다. 거래은행에서 할인해줄 수 있는 신용상태가 아니라면 사채시장을 찾게 됩니다.

거래처에서 외상매출대금 회수시 실물어음을 받으면 보통 회사는 만기일까지 금고에 보관하거나 은행에 수탁합니다. 아니면 어음만기일 전에 거래처 외상매입대금으로 결제하기도 하고, 회사 자금이 필요해 금융기관이나 사채시장 등에서 할인하기도 합니다.

보통 거래은행에서 할인하며, 할인에 따른 대가인 어음할인료를 지급합니다. 이러한 어음할인에 대해 회계처리를 예로 들면 다음과 같습니다.

(차변) 보통예금 ***원 및 채권매각손실(어음할인료) ***원

(대변) 받을어음 ***원

만일 할인하려는 어음이 거래은행에서 할인해줄 수 있는 신용상태가 아니라면 회사는 사채시장을 찾게 됩니다. 사채시장에서 할인할 경우 할인료는 금융기관 할인료보다 몇 배 더 높습니다. 더욱이 이에 따른 할인료는 이미 설명한 바와 같이 이자비용으로 처리하기가 어렵습니다.

그 이유는 사채업자는 어음할인료를 이자수입으로 신고하지 않을 것이기 때문입니다. 회계담당자가 받을어음 할인료를 이자비용으로 처리하기 위해 할인료를 주면서 원천징수를 하려면, 대부분의 사채업자는 할인해주지 않을 것입니다. 이 때문에 회계담당자는 하는 수 없이 할인료를 이자 비용으로 처리하지 못하고, 대신 법인 대표이사명의 가지급금으로 처리해야 합니다.

할인한 받을어음이 만기 전 부도가 났을 경우에 받을어음할인이 드문 경우이긴 하지만, 어음매각거래라면 부도난 어음금액에 대해 회사는 책임을 지지 않습니다. 반면에 현실에서 대부분의 경우 차입에 대한 담보제공 성격으로 부도난 어음금액에 대해서 회사는 책임을 집니다. 따라서 담보제공 성격의 어음을 할인한 후 연말에 만기미도래 할인어음에 대해서는 다음과 같이 할인된 어음금액을 되살리는 회계처리를 합니다.

(차변) 받을어음 ****원	(대변) 단기차입금 ****원

실무에서는 중소기업 회계담당자들이 이러한 내용은 모르고, 회사 재무등급에 부정적인 영향을 끼치는 사실만 알아 이러한 회계처리를 꺼리는 경향이 있습니다. 회계담당자는 원칙을 잘 알고 대처

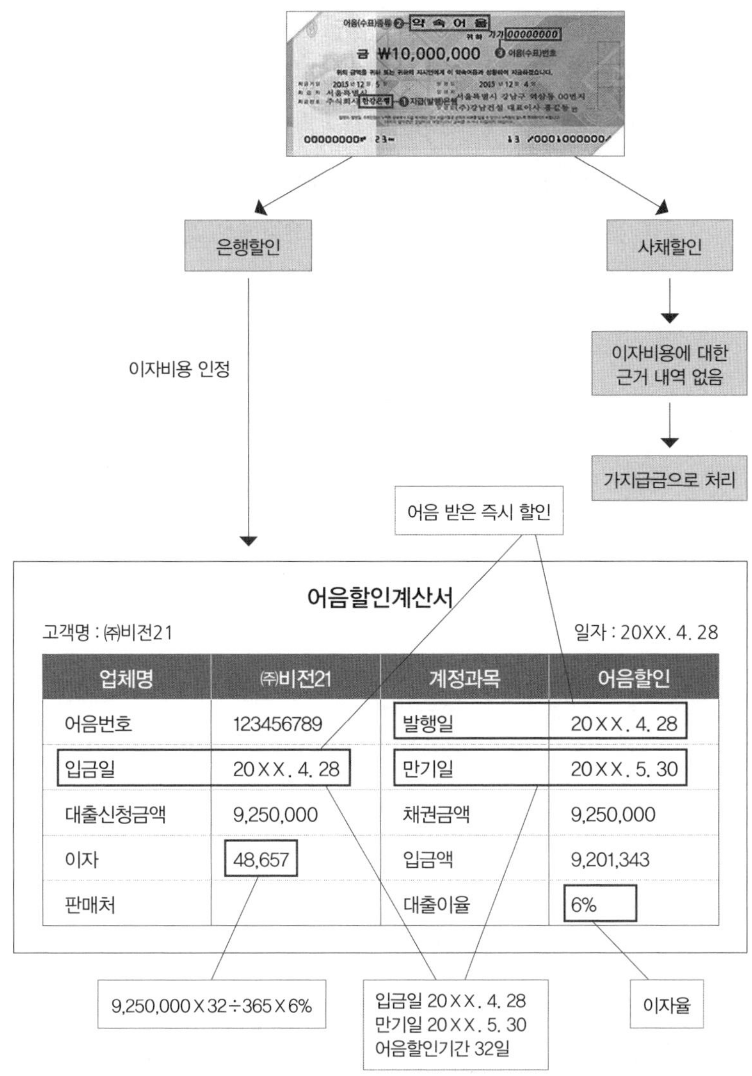

어음할인계산서

고객명 : ㈜비전21　　　　일자 : 20XX. 4. 28

업체명	㈜비전21	계정과목	어음할인
어음번호	123456789	발행일	20XX. 4. 28
입금일	20XX. 4. 28	만기일	20XX. 5. 30
대출신청금액	9,250,000	채권금액	9,250,000
이자	48,657	입금액	9,201,343
판매처		대출이율	6%

하시기 바랍니다.

앞에서 언급한 것처럼 정부에서는 실물어음뿐만 아니라 전자어음에 대해서도 향후 대기업이 협력업체에 어음을 지급할 때 부담금을 징수할 예정입니다. 어음제도를 당장 폐지하기는 어려운 만큼 부담금 신설을 통해 단계적으로 어음을 사용하지 않도록 유도할 예정입니다.

1분 칼럼

사채업자도 대부업법이 생기면서 일부 양성화되었습니다. 따라서 대부업법에 의한 대부업자를 통해 할인할 때에는 할인료를 정상적으로 비용처리 할 수 있게 되었습니다.

받을어음의 부도를 방지하기 위해서 어떻게 해야 하나요?

납품대금의 부도에 대비해 신용보증기금의 매출채권보험을 가입하는 방법이 있습니다. 실제 부도가 발생했을 때 최대 80%까지 보험금을 지급하니 잘 활용하기 바랍니다.

외상채권대금결제로 받은 실물받을어음이 만기 전에 부도가 났을 경우 회사 입장에서는 자금경색 등 손실이 이만저만이 아닙니다. 심한 경우에는 회사의 존립이 어려울 수 있습니다. 회계담당자는 그 동안 자금 걱정 없이 근무하다가 갑자기 차입을 위해 은행을 돌아다녀야 합니다.

이를 피하기 위해 현실적으로 나중에 부도날 회사만을 가려서 거래할 수도 없습니다. 앞에서 살펴본 것처럼 전자어음으로 결제가능한 업체만 거래할 수 있다면 얼마나 좋겠습니까?

회사에서 미리 부도를 방지하기 위해서는 신용정보회사를 활용하거나, 자체조사를 통해 미리 신규거래처에 대한 신용조사를 해서 거래여부 및 거래를 할 경우 업체당 신용한도 및 담보한도를 정해야 합니다. 중소기업의 경우 자체 인력한계를 감안해 신용정보기관을 적극적으로 활용하는 것도 좋습니다. 또한 거래 후에도 계속 거래처에 대한 신용을 확인하는 작업이 꼭 필요합니다.

이러한 노력을 통해 받을어음의 부도를 최소화해야 합니다. 그럼에도 불구하고 받을어음이 만기때 부도가 났을 경우, 회계담당자는 먼저 부도난 어음을 결제은행에 제시해 부도확인을 받아야 합니다.

그렇다면 이제 부도어음에 대한 회계처리를 알아볼까요? 부도확인을 한 어음에 대해서는 다음과 같이 회계처리를 합니다.

(차변) 부도어음 1억-(주)글로벌닷컴
(대변) 받을어음 1억-(주)글로벌닷컴

부도어음이 운좋게 전액 회수되었을 때는 다음과 같이 회계처리 합니다.

(차변) 보통예금 1억 -하루은행
(대변) 부도어음 1억-(주)글로벌닷컴

만일 부도어음이 운좋게 전액 회수되었을 때는 돌려받은 부가가치세는 납부하고, 줄여서 납부했던 법인세는 원상태로 더 내게 됩니다.

참고로 중소기업의 경우 납품대금의 부도에 대비해 신용보증기금에 매출채권보험을 가입하는 방법이 있습니다. 일정 보험료를 지급해 가입한 후 실제 부도가 발생했을 때 최대 80%까지 보험금을 지급

〈약속어음이란?〉

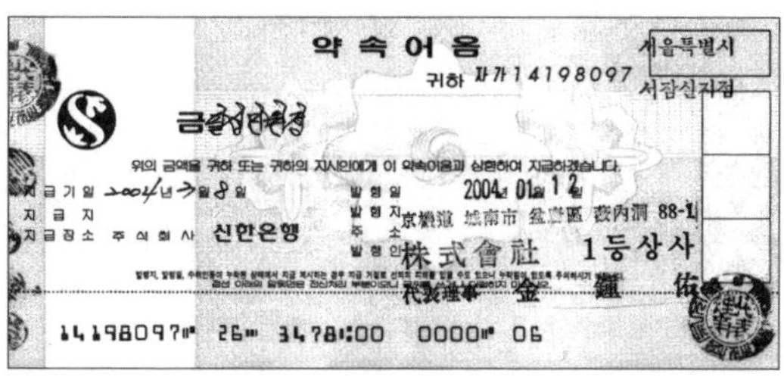
약 속 어 음

귀하 파가14198097

위의 금액을 귀하 또는 귀하의 지시인에게 이 약속어음과 상환하여 지급하겠습니다.

지급기일 2004년 7월 8일

지급지

지급장소 주식회사 신한은행

발행일 2004년 01월 12일

발행지 주소 京畿道 城南市 盆唐區 88-1

발행인 株式會社 1등상사

代表理事 金

14198097 26 3478 00 0000 06

· 부도난 약속어음의 경우 예로 다음과 같은 문구가 사용된다.

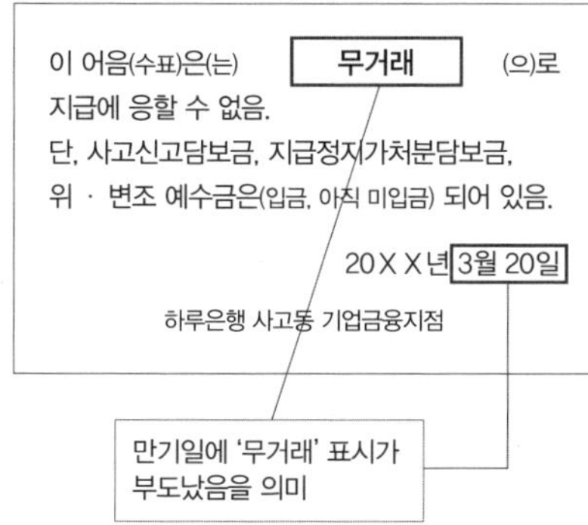

이 어음(수표)은(는) 무거래 (으)로
지급에 응할 수 없음.
단, 사고신고담보금, 지급정지가처분담보금,
위 · 변조 예수금은(입금, 아직 미입금) 되어 있음.
20XX년 3월 20일
하루은행 사고동 기업금융지점
만기일에 '무거래' 표시가
부도났음을 의미

〈약속어음의 뒷면〉

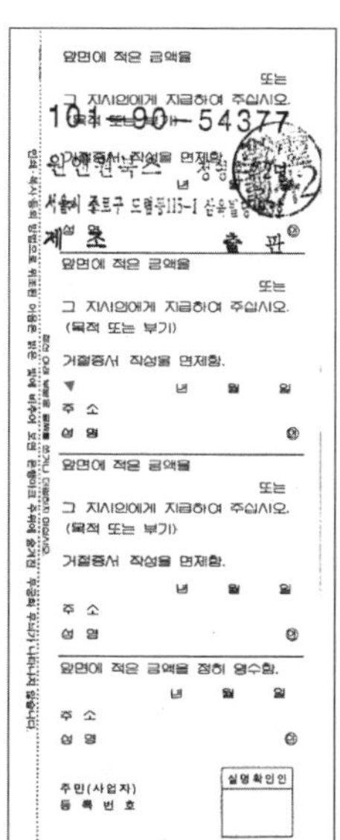
앞면에 적은 금액을 또는 그 지시인에게 지급하여 주십시오.

거절증서 작성을 면제함.

101-90-54377

서울시 종로구

앞면에 적은 금액을 또는 그 지시인에게 지급하여 주십시오. (목적 또는 부기)

거절증서 작성을 면제함.

년 월 일

주 소

성 명 ㊞

앞면에 적은 금액을 또는 그 지시인에게 지급하여 주십시오. (목적 또는 부기)

거절증서 작성을 면제함.

년 월 일

주 소

성 명 ㊞

앞면에 적은 금액을 정히 영수함.

년 월 일

주 소

성 명 ㊞

주민(사업자) 등록번호

실명확인인

하니 잘 활용하기 바랍니다.

정부에서도 부도어음의 막대한 자금 피해에 대해 업체의 부담을 덜어주기 위해 세금지원을 하고 있습니다. 즉 부가가치세법에서는 중소기업의 부도어음에 포함된 부가가치세에 대해 공제해줍니다. 또한 법인세법에서는 중소기업의 부도난 어음이나 외상채권에 대해 손비로 인정받을 수 있도록 하고 있습니다.

1분 칼럼

부도어음에 대해서는 과거 납부한 부가가치세를 돌려받을 수 있고, 나머지 금액은 법인세를 줄이는 대손금으로 처리할 수 있습니다. 회계담당자는 어려운 상황 속에서도 이 점을 꼭 기억하시기 바랍니다.

외상대금을 지급어음으로 결제했을 때 어떻게 관리하나요?

회사가 발행한 지급어음이 만기 때 당좌예금잔고가 부족하거나, 당좌차월한도를 초과해 결제하지 못하면 부도가 발생합니다.

회사가 외상매입대금결재용도로 발행한 지급어음이 만기가 되면 거래은행을 통해 회사 당좌잔고에서 자동으로 빠져나갑니다. 만일 당좌예금 잔고가 없으면 거래은행에서 사전에 약정한 한도 내에서 빌려 결제하게 합니다. 이를 '당좌차월'이라고 합니다. 회사가 발행한 지급어음이 만기 때 당좌예금잔고가 부족하거나, 당좌차월한도를 초과해 결제하지 못하면 부도가 발생합니다.

참고로 지급어음과 유사한 것으로 가계수표가 있습니다. 이것 역시 사전에 거래은행과 약정을 통해 발행할 수 있습니다. 보통 만기가 있고 소액을 결제할 때 사용합니다. 그 외에 서점, 약국 등이 문방구어음을 발행해 외상대금을 결제하기도 합니다. 이런 경우에는 서점 및 약국이 만기에 직접 출판사와 제약회사에 지급합니다.

지급어음 장부기록 역시 받을어음처럼 총계정원장에서는 하루 전체 거래의 합계만이 나타날 뿐 상세한 거래내역은 나타나지 않습니다. 따라서 별도로 지급어음기입장을 사용해 지급어음을 발행순서대로 건건이 정리하면 됩니다. 이 장부는 시중에서 팔기도 하지만 자체적으로 만들어 사용해도 됩니다.

지급어음기입장은 오른쪽 페이지의 그림에서 보듯이 발행한 어음에 대해 일자별로 적요, 금액, 어음번호, 지급처, 발행일, 만기일, 지급장소, 처리내역을 일목요연하게 정리해주는 장부입니다.

지급어음도 받을어음처럼 일자별로 관리해야 하지만, 거래처별로도 관리해야 하고 만기일별로도 관리해야 합니다. 그래야만 제대로 자금관리를 할 수 있습니다. 이를 통해 회계담당자는 매일 발행한 지급어음의 금액이나 내역은 자금일보에 기록하고, 또 익일에 결제할 지급어음 금액을 익일자금계획에 기록해 경영자에게 보고해야 합니다. 또한 매주, 매월 결제될 어음금액도 얼마인지 정확하게 파악해 자금계획을 수립할 수 있습니다.

외상매입금과 지급어음은 재무상태표에서는 매입채무과목으로 동일한 범주로 표시되지만, 자금측면에서는 지급어음이 현금에 더 가깝습니다. 따라서 회계담당자는 이러한 것들을 잘 감안해서 자금계획을 짜야 합니다.

요즘은 실물 대신 인터넷상으로 전자어음을 발행해주는 제도가 활성화되어 있습니다. 이 제도는 납품 중소기업을 지원하기 위해 현행 실물어음제도를 개선한 것입니다.

지급어음기입장

㈜비전21

월일	적요	금액	어음 번호	지급처	발행일	만기일	지급 장소	처리	
								월일	적요
2/7	외상대 지급	4,000,000	자가 16004050	㈜우리	2/7	4/7	하루 은행	4/7	만기지급
3/8	외상대 입금	6,800,000	자가 16780405	5/2	3/8	5/27	하루 은행	5/27	만기지급
4/1	외상대 입금	3,016,000	자가 16780405	6/6	4/1	8/27	하루 은행	8/27	만기지급

〈지급어음에 대한 회계처리〉

· ㈜글로벌에 외상대금 1억 원을 어음을 발행해 지급한다고 합시다.

(차변) 외상매입금 100,000,000 – ㈜글로벌

(대변) 지급어음 100,000,000 – ㈜글로벌

· 지급어음이 만기일에 결제되었을 경우에는 다음과 같이 처리합니다.

(차변) 지급어음 100,000,000 – ㈜글로벌

(대변) 당좌예금 100,000,000 – 하루은행

(차변) 보통예금 90,000,000 – **은행

가지급금 10,000,000 – 대표이사

(대변) 받을어음 100,000,000 – ㈜비전21

1분 칼럼

외상매입금과 지급어음은 재무상태표에서와 똑같이 매입채무로 분류되지만, 자금 측면에서 볼 때 외상매입금과 달리 지급어음은 지급해야 할 만기가 확정되어 있습니다. 따라서 자금계획을 짤 때는 이러한 차이를 감안한 후 자금계획을 세워야 합니다.

지급어음으로 자금을 조달할 수 있나요?

회사가 자금조달을 위해 지급어음을 활용하는 방식은 금융기관이나 사채시장, 매출세금계산서와 함께 은행에서 할인하는 방법이 있습니다.

회사가 정상적인 자금조달이 막혔을 때 지급어음을 활용해 금융권에서 자금을 조달하는 경우에는 (차변)예금 *** (대변)어음차입금 ***으로 회계처리하면 됩니다. 사채시장에서 자금을 조달하는 경우에는 (차변)예금 *** 가지급금 *** (대변)가수금 ***으로 회계처리하면 됩니다.

비정상적인 자금조달방안으로 평소에 잘 아는 업체에 돈 대신 어음을 빌려주는 경우에 (차변)대여금 *** (대변)지급어음 ***으로 회계처리하면 됩니다. 한편 어음을 빌린 측은 (차변)받을어음 *** (대변)차입금 ***으로 회계처리하면 됩니다.

어음을 빌린 회사가 사채시장에서 어음할인을 통해 이자를 주고

〈어음을 빌린 후 가짜 세금계산서와 함께 은행에서 할인을 받고, 가짜 세금계산서를 폐기하는 경우〉

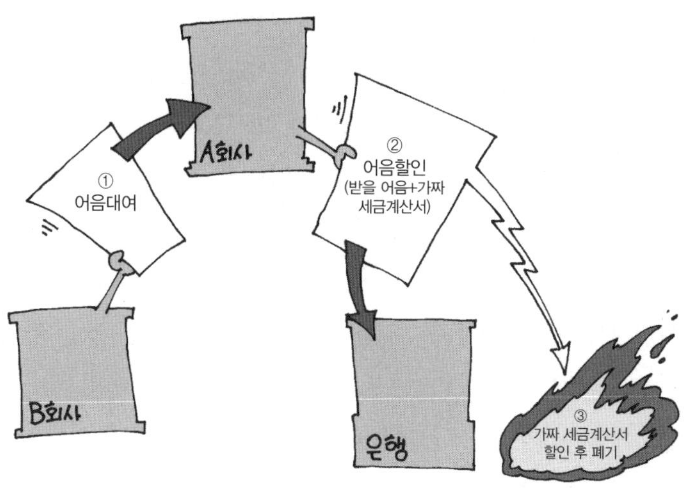

자금을 조달할 경우에는 (차변)보통예금 *** 및 가지급금(이자비용) ***, (대변)받을어음 ***으로 회계처리합니다.

만일 사채시장을 활용하는 대신, 어음을 빌려준 업체에 대해 허위로 매출세금계산서를 발행하고 거래은행에서 어음과 함께 제출해 할인하는 경우 (차변)보통예금 *** 및 이자 비용 ***으로, (대변)은 받을어음 ***으로 회계처리합니다.

정상적인 경우가 아닌 또 다른 예로는 회사 및 평소 잘 아는 업체가 서로 자금이 필요해 지급어음을 발행해 맞바꾸는 경우입니다. 이런 경우 각 업체는 (차변)은 받을어음 ***으로, (대변)은 지급어음 ***으로 회계처리하면 됩니다.

요약하면 회사가 자금조달을 위해 지급어음을 활용하는 방식은 금융기관에서 할인하는 방법, 사채시장에서 할인하는 방법, 허위매출 세금계산서와 함께 은행에서 할인하는 방법이 있습니다.

참고로 회사가 사채시장에서 지급어음을 할인한 후 거래금융기관의 눈에 띄지 않게 하기 위해 (대변)에 지급어음 대신 가수금-대표이사로 회계처리하는 경우도 있습니다. 이 경우 거래금융기관이나 회계감사인이 어음용지 실사를 하면 밝혀지므로 회계담당자는 주의해야 합니다.

또한 어음을 빌린 회사가 어음을 빌려준 회사를 상대로 허위매출 세금계산서를 발행한 후, 은행에서 어음할인을 하는 것은 국세청의 전자세금계산서제도 도입으로 확인될 수 있고, 발각되면 허위세금계산서에 대한 가산세, 규모에 따라 세무조사, 형사책임 등 처벌이 무거우니 특히 주의해야 합니다. 은행할인 후에 회사는 허위매출세금계산서에 대해 취소세금계산서를 발행하는데, 동일업체에 대해 실물거래없이 동일금액으로 세금계산서 발행 및 취소가 나타나기 때문입니다.

1분 칼럼

가짜로 매출세금계산서를 만들어서 빌린 어음과 함께 은행에 제출해 할인하는 경우 은행에 이 사실이 노출되면 거래중지는 물론 큰 벌을 받게 됩니다. 따라서 회계담당자는 이런 내용을 잘 알아두시기 바랍니다.

6 DAYS

6일차에서는 매일 발생하는 세무업무 중 주의할 필요가 있는 부분에 대해 설명하면서 실제 서식을 통해 자연스럽게 익숙해지도록 했습니다. 예로 세금계산서발행 및 관리, 비용처리방법, 국세청이 요청하는 사항, 회사가 기장의뢰 요청시 역할 분담에 대해 설명하고 있습니다. 해외판매의 예로 아마존에서 판매할 때 발생하는 회계처리 절차와, 국내판매에서 발생하는 세금계산서와 다른 증빙들에 대해서 언급했습니다. 또 크라우딩 펀딩에 따른 회계처리절차와 증빙들에 대해서도 설명했으니 잘 참고하시기 바랍니다.

6일차

골치 아픈 세무업무, 어떻게 처리하나요?

물건을 팔거나 용역을 제공할 때 반드시 부가가치세를 받아야 하나요?

회사는 한 가지 품목이 아닌 여러 품목을 함께 취급하는 것이 일반적입니다. 아이템마다 부가가치세 과세사업과 면세사업의 구분이 쉽지 않아 주의해야 합니다.

컴퓨터 도매상은 개인사업자이거나 법인사업자이거나 컴퓨터가 부가가치세 과세대상이므로, 컴퓨터를 팔 때 부가가치세 10%를 별도로 받습니다. 마찬가지로 음식점도 조리한 음식이 부가가치세 과세대상이므로 식대를 받을 때 음식값 외 부가가치세 10%를 별도로 받습니다. 이러한 사업자 중에서 세금계산서를 발행해야 하는 사업자는 개인사업자 중에서 일반과세사업자와 법인 중에서 과세사업자입니다.

참고로 받은 부가가치세는 회사 소유가 아니라 보관하고 있다가 사업자가 부가가치세신고 때마다 국세청에 납부해야 합니다.

참고로 물건 구매 후 마일리지를 적립해주고 다음번에 물건 구입시에는 마일리지만큼 물건값을 깎아줍니다. 이때 마일리지는 매출에누리에 해당되어, 부가가치세는 원래 물건값이 아닌 깎아준 물건값에 대해 발생합니다.

그러나 출판사, 미용 목적이 아닌 병원진료비 등과 같이 공급하는 물품이나 용역에 따라 10% 부가가치세가 붙지 않는 면세품을 공급하는 '면세사업자'도 있습니다. 이러한 사업자 중에서 계산서를 발행해야 하는 사업자가 개인사업자 중 일반면세사업자와 법인 중 면세사업자입니다. 이러한 부가가치세 면세사업자는 정부가 국민복리증진에 기여하는 업종에 대해 예외적으로 인정해 놓은 것입니다. 이 경우 이론적으로는 서민들 부담이 부가가치세만큼 줄어듭니다.

회사는 한 가지 품목이 아닌 여러 품목들을 함께 취급하는 것이 일반적입니다. 아이템마다 부가가치세 과세사업과 면세사업의 구분이 쉽지 않아 주의해야 합니다. 특히 같은 품목이라 하더라도 과세도 되고, 면세도 되는 것이 있으므로 더욱 주의해야 합니다.

예로 국민주택규모 주택공급이나 건설은 면세지만, 국민주택규모 초과 주택공급이나 건설은 과세입니다. 드문 예로 출판업은 분명히 면세이지만, 심심풀이나 아는 사람들에게 몇 권 돌릴 요량으로 책을 만들어 파는 경우는 과세입니다. 또한 책의 기획 아이디어나 디자인만을 하는 경우도 과세입니다. 다른 예로 병원이나 의원의 경우 치료목적으로 하는 의료행위는 면세지만, 미용이나 성형 목적으로 하는 의료행위는 과세입니다.

실무에서는 부가가치세 과세품목을 면세로 잘못 분류해 가끔 세금추징이 발생합니다. 회계담당자는 우리 회사 취급품목이 부가가치세 과세인지, 면세인지 정확하게 파악해 부가가치세신고와 납부에 오류가 없도록 해야 합니다. 자신이 없으면 국세청이나 전문가의 도움을 받아 제대로 파악하는 것이 필요합니다.

〈물건을 팔면서 부가가치세를 받는 경우와 받지 않는 경우〉

부가가치세 과세사업자(법인)

사 업 자 등 록 증
(법인사업자:본점)
등록번호 : 211-81-21212

법인명(단체명) : ㈜비전21
대 표 자 : 나벌기
개 업 연 월 일 : 20××년×월×일
사업장 소재지 : 서울서초구서초1 비전센터
본 점 소 재 지 : 서울서초구서초1 비전센터
사 업 의 종 류 : 업태 제조, 서비스 종목 통신기기, 광고인쇄

교 부 사 유 :

사업자단위과세 적용사업자 여부: 여( ) 부(∨)
20××년 ×월 ×일
영등포 세무서장
국세청

세 금 계 산 서 (공급받는자보관용)		책 번 호	권	호
		일 련 번 호		

공급자				공급받는자			
등록번호	211-81-21212			등록번호			
상 호 (법인명)	㈜비전21	성 명 (대표자)	나벌기	상 호 (법인명)		성 명 (대표자)	
사업장 주 소	서울 서초구 서초1 비전센터			사업장 주 소			
업 태	제조, 서비스	종목	통신기기 외	업 태		종목	

작성 년	월	일	공란	백	십	억	천	백	십	만	천	백	십	일	십	억	천	백	십	만	천	백	십	일	비 고
XX	12	19							5	0	0	0	0	0						5	0	0	0	0	

(공급가액: 공란 ~ 일 / 세액: 십 ~ 일)

월	일	품 목	규 격	수 량	단 가	공급가액	세 액	비 고
12	19	팩시밀리			500,000	500,000	50,000	

합계금액	현 금	수 표	어 음	외상미수금	이 금액을 (영수) 청구 함
550,000	550,000				

부가가치세 면세사업자(법인)

세 금 계 산 서 (공급자 보관용)		책 번 호	권	호
		일 련 번 호		

공급자				공급받는자			
등록번호	101-90-12345			등록번호			
상 호 (법인명)	돈돈	성 명 (대표자)	홍길동 ㊞	상 호 (법인명)		성 명 (대표자)	
사업장 주 소	서울 종로구 종로1 출판단지			사업장 주 소			
업 태	제조	종목	출판	업 태		종목	

작성			공급가액												비 고
년	월	일	공란	백	십	억	천	백	십	만	천	백	십	일	
XX	5	31	6						4	0	0	0	0	0	

월	일	품 목	규 격	수 량	단 가	공급가액	비 고
5	31	도서대금		10	40,000	400,000	

합계금액	현 금	수 표	어 음	외상미수금	이 금액을 영수 / (청구) 함
400,000				400,000	

1분 칼럼

부가가치세 과세사업자의 경우 일상적으로 파는 물건에 대해서만 부가가치세를 받아야 합니다. 그러나 자동차 등 고정자산을 매각할 때는 세금계산서를 발행하지 않아 가산세를 무는 일이 허다합니다. 따라서 고정자산을 매각할 때도 세금계산서를 발행하고, 부가가치세를 받아야 한다는 것을 잘 기억해 두시기 바랍니다.

아마존에서 물건을 팔고 매출신고는 어떻게 하나요?

개인사업자의 경우 아마존에서의 판매방식이 셀러(seller)인 경우에는 수출면장상 금액이 모두 매출이 아니고, 아마존에서 팔린 만큼만 매출입니다.

과거에는 수출이 종합상사의 고유영역으로 인식되었으나, 이후 중소기업도 수출에 많이 참여하게 되었습니다. 현재는 개인들도 수출에 참여하고 있습니다. 특히 인터넷으로 인해 전자상거래 수출비중이 급속도로 늘고 있습니다.

세계적인 전자상거래 사이트인 아마존을 통해 국내 사업자가 물품을 전 세계 소비자에게 판매하게 되면, 아마존이 대금회수대행도 해주면서 수수료를 받습니다. 대금은 사업자가 신고한 계좌로 송금해 줍니다.

그런데 아마존의 경우 국내사업자는 개인사업자만 등록이 가능하고, 법인은 등록이 불가능합니다. 따라서 법인은 미국에 현지법인이나 현지사무소를 두고 이를 통해 대금을 회수하는 방식을 취해야 합니다.

개인사업자의 경우 아마존에서 판매방식이 셀러(seller)인 경우에는 위탁판매형식으로 수출면장상 금액이 모두 매출이 아니고, 아마존에서 팔린 만큼만 매출입니다. 참고로 수출면장상 거래구분은 위탁판매를 위한 물품의 수출이 될 것입니다.

아마존에서 보유하고 있는 재고는 회사재고로 인식해야 합니다. 즉 개인사업자가 아마존에 물품을 선적한 후 아마존사 셀러 센트랄(seller central, https://sellercentral.amazon.com/) 사이트에서 정산내역인 셀러센트랄에 2주마다 들어가보면 매출금액과 수수료금액, 그리고 아마존의 송금금액을 달러로 확인할 수 있습니다.

따라서 판매된 부분은 차변) 외화외상매출금 ***, 지급수수료 *** 대변) 수출매출 *** 로 처리하면 됩니다. 그리고 송금받은 부분은 차변) 외화보통예금 *** 대변) 외화외상매출금 *** 으로 처리하면 되고, 매출시점과 회수시점의 달러와 원화의 환율차이는 환차손익으로 계상하면 됩니다.

반면에 벤더(vendor) 판매방식인 경우는 아마존이 자체적으로 판매업체의 상품성을 인식해 자체구입하는 것입니다. 따라서 이 경우는 수출면장상 금액이 모두 매출금액이 됩니다. 따라서 아마존 사이트에서 벤더 센트랄(vendor central, https://vendorcentral.amazon.com/)을 확인해보면 일별 판매내역을 확인할 수 있습니다.

참고로 세계적인 전자상거래업체로는 미국 아마존 외에 중국 알리바바, 캐나다 샤피파이 등이 있습니다.

또한 국내업체가 아마존에 입점하기 위해 영어로 홈페이지 번역,

홍보, 입점연결 등을 도와주는 국내 플랫폼 비즈니스 업체도 있습니다.

국내 판매업체가 아마존사이트에 입점해서 판매할 때는 위탁판매형식과 일반판매형식, 이렇게 2가지가 있으니 참고하시기 바랍니다.

크라우딩 펀딩으로 사전주문을 하면 매출신고는 어떻게 하나요?

국내에서 생산, 판매에 대한 각종 지원이 다양하게 열려 있으므로 회사에서는 해외 크라우딩 펀딩을 성공하면 이러한 지원제도들을 숙지해 잘 활용할 필요가 있습니다.

스타트업의 경우 제품이나 용역을 구상해 놓고 출시할 제품이나 용역을 완성할 초기 자금을 전 세계 기부자에게 미리 마련하고, 또 전 세계에 알리는 마케팅도 할 목적으로 해외 쿽스타트, 인디고고 등 기부형 크라우딩펀딩을 활용해 사전주문을 진행합니다. 이 자금을 통해 제품이나 용역을 완성하면 기부자에게 자사 제품이나 용역을 보상합니다.

이 경우 미리 수령한 자금은 선수금으로 처리하면 됩니다. 그리고 완성된 제품이나 용역을 기부자에게 제공할 경우, 선수금을 매출과목으로 대체하면 됩니다. 이때 제품이나 용역완성에 투입된 원가는 매출원가과목으로 표시됩니다. 일반적으로 초기 개발제품비용이 예상

〈킥스타트 크라우딩 펀딩 사례〉

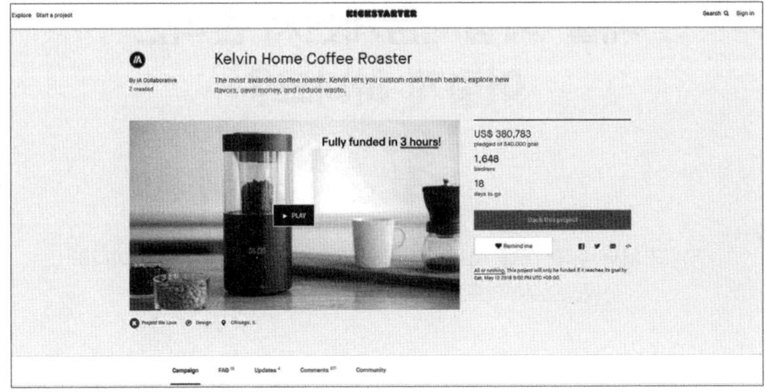

보다 많이 들어 매출액보다 매출원가가 커서 매출손실이 나타납니다.

만일 제품이나 용역이 완성되지 못하고 실패할 경우, 기부받은 자금은 이미 제품개발에 사용됐으므로 기부자에게 돌려주지 않고 선수금을 잡이익으로 대체하면 됩니다. 그러나 이런 상황은 스타트업 존립 자체에 의문이 가는 심각한 상황을 유발합니다. 따라서 회사는 어떤 상황에서도 제품이나 용역을 완성해 기부자들에게 공급해야 합니다.

이 단계를 성공적으로 통과하면 국내에서 생산, 판매에 대한 각종 지원이 다양하게 준비되어 있으므로 회사에서는 크라우딩펀딩 전에 이러한 지원제도들도 미리 숙지해 잘 활용할 필요가 있습니다.

참고로 크라우딩펀딩을 살펴보면, 위에서 언급한 것처럼 금전적 보상을 기대하지 않는 기부형 외에 제품을 미리 판매하는 보상형(리워드), 투자금의 상환을 약속하는 대출형, 투자 프로젝트 성공에 따라 이자나 배당금을 지급하는 증권형으로 분류됩니다. 우리가 흔히 아는 p2p 대출은 대출형에 속합니다.

매출·매입세금계산서 관리는 어떻게 하나요?

부가가치세 수정신고를 자주하면 불필요한 자금을 낭비할 뿐만 아니라 국세청으로부터도 관심대상이 되니 주의해야 합니다.

부가가치세신고 때 실물자료가 신고에서 빠지지 않게 하기 위해서는 매출세금계산서와 매입세금계산서를 각각 일자순으로 정리하고, 매수, 공급가액 및 부가가치세 합계 금액을 집계해 기록합니다.

한편 세금계산서가 기록된 매출장과 매입장이 집계금액과 일치하는지도 확인합니다. 이후 부가가치세신고서에 집계금액을 옮기고 신고하면 됩니다.

요즘은 전자세금계산서가 대부분이고, 수기세금계산서가 일부분입니다. 따라서 회계담당자는 수기세금계산서에 대해 위와 같은 절차를 거치면 됩니다,

세금계산서 관리에서 제일 큰 문제는 물품 및 용역공급자가 당사

가 됐건, 상대방이 됐건 세금계산서를 제때 잘 발행해주지 않는다는 점입니다. 영업부에서 월말까지 거래내역에 대해 그 달이 아닌 그 다음 달에 발행해주기도 합니다. 심지어는 발행해 달라고 요구하지 않으면 그냥 넘어가기도 합니다.

매출세금계산서가 누락되는 예를 보면 미리 선수금을 받고 나중에 물건을 납품했지만 세금계산서는 발행하지 않은 경우, 영업사원이 발행된 실물세금계산서를 자기 책상에 넣어두고 거래처에 가져다주지 않은 경우, 거래처에서 반품을 했지만 회계담당자가 알지 못하고 수정세금계산서를 발행하지 못한 경우 등이 있습니다.

매입세금계산서가 누락되는 예로는 물건은 납품 받았지만 세금계산서는 못 받은 경우, 반품이 있었으나 거래처로부터 반품세금계산서를 받지 못한 경우 등이 있습니다.

이를 해결하려면 회계담당자가 매출거래와 매입거래에 대해 비고란을 두고 매출이 발생할 경우 건건이 세금계산서를 당사가 발행하고, 상대방이 이를 받았는지 확인해야 합니다. 마찬가지로 매입세금계산서도 당사가 받았는지 표시해야 합니다. 이렇게 하면 세금계산서가 누락된 채 신고되는 일은 없습니다.

한편 요즘은 전자세금계산서가 일반화되어 인터넷상으로 매출·매입세금계산서를 확인할 수 있어 회계담당자가 확인하는 시간이 많이 줄어들었습니다. 그러나 회계담당자는 실물 매출·매입세금계산서 및 계산서에 대해서는 과거처럼 확인하는 시간이 동일합니다.

부가가치세 수정신고를 자주하면 회사는 불필요한 자금을 낭비할 뿐만 아니라 국세청으로부터도 관심대상이 되니 주의해야 합니다.

출판사와 같은 부가가치세 면세사업자는 세금계산서를 발행할 의무가 없습니다. 대신 계산서를 발행해야 합니다. 따라서 이 경우에도 역시 매출장을 통해 계산서 관리를 제대로 하고 매입장을 통해 세금계산서 및 계산서 관리를 제대로 한 후, 신고도 제대로 해야 합니다.

어떤 사업장이 사업자등록증을 내야 하나요?

사업자등록증을 내지 않은 사업장에서 영업을 하고 매출세금계산서는 본점에서 발행하면, 이러한 매출액에 대해 사업자등록증 미등록가산세를 물어야 합니다.

법인은 먼저 1개 사업장에서 본점을 열고 사업을 합니다. 그러다 회사가 성장하면 별도의 영업장을 갖게 되거나, 별도의 공장을 갖게 되는 경우 별도의 사업장인 지점을 등록하게 됩니다. 이 경우 본점, 지점 사업장별로 사업자등록증을 내야 합니다.

사업자등록증을 내는 절차는 보통 법인등기부에 지점을 신규등록한 후, 국세청에서 지점 사업자등록증을 발급받습니다. 경우에 따라 법인등기부에 지점 신규등록 대신 이사회결의를 통해 국세청에서 지점 사업자등록증을 발급받기도 합니다.

만일 사업자등록증을 내지 않은 사업장에서 영업을 하고 매출세금계산서는 본점에서 발행하면, 이러한 매출액에 대해 사업자등록증

미등록가산세를 물어야 합니다. 이것은 결코 적은 금액이 아니므로 회계담당자는 주의해야 합니다.

참고로 개인사업자의 경우 지점이란 것이 없습니다. 개인이 여러 사업장을 갖고 있으면 각 사업장마다 사업자등록을 따로 해야 합니다. 따라서 법인과 같은 사업자등록증 미등록가산세 문제는 없습니다.

사업자등록증을 따로 내야 하는 법인사업장의 의미를 구체적으로 살펴보면 다음과 같습니다. 그 사업장에서 사업자 또는 사용인이 상시근무하면서 물품이나 용역을 전부 또는 일부 제공하고, 또 대금을 그 사업장이 직접 회수하는 경우를 말합니다. 회계담당자는 이러한 내용을 잘 알고 신설사업장에 활용하기 바랍니다.

한편 지점사업자등록증을 내면 부가가치세신고 및 납부를 따로 해야 합니다. 그러나 부가가치세신고는 따로 하고 납부는 본점에서 한꺼번에 하는 총괄납부제도가 있습니다. 또한 일괄적으로 본점에서 부가가치세신고 및 납부를 하는 사업자단위과세도 있습니다.

본점과 지점간 거래가 있을 경우에 사업장마다 부가가치세신고 및 납부를 하는 경우는, 본점과 지점거래에 대해 각각 세금계산서를 발급해야 하고, 총괄납부제하에서도 각각 세금계산서를 발급해야 합니다. 반면에 사업자단위과세에선 세금계산서 발급은 필요 없고, 대신 거래명세서만 있으면 됩니다.

본점 외에 별도의 신설 사업장인 지점이 사업자등록증을 신청할 때 경비도 줄이고 소요시간도 줄이려면, 지점개설등기 대신 이사회 결의서를 제출하면 됩니다.

〈본점사업자등록증으로 본점세금계산서 발행 & 지점사업자등록증으로 지점세금계산서 발행〉

본점사업자등록증

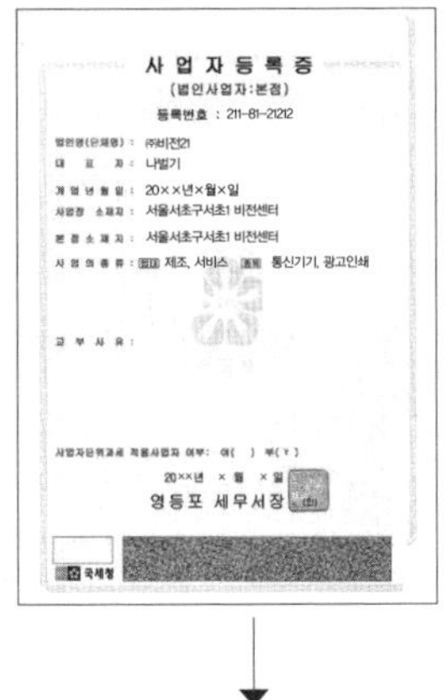

사업자등록증
(법인사업자:본점)
등록번호 : 211-81-21212

법인명(단체명) : ㈜비전21
대표자 : 나벌기
개업연월일 : 20××년×월×일
사업장 소재지 : 서울서초구서초1 비전센터
본점소재지 : 서울서초구서초1 비전센터
사업의 종류 : 업태 제조, 서비스 종목 통신기기, 광고인쇄

교부사유 :

사업자단위과세 적용사업자 여부: 여( ) 부(∨)
20××년 ×월 ×일
영등포 세무서장

국세청

세 금 계 산 서 (공급받는자보관용)

책번호	권	호
일련번호		

구분	항목	내용	항목	내용
공급자	등록번호	211-81-21212		
공급자	상호(법인명)	㈜비전21	성명(대표자)	나벌기 ㊞
공급자	사업장 주소	서울 서초구 서초1 비전센터		
공급자	업태	제조 외	종목	통신기기 외
공급받는자	등록번호			
공급받는자	상호(법인명)		성명(대표자)	
공급받는자	사업장 주소			
공급받는자	업태		종목	

작성 년	월	일	공란	공급가액	세액	비교
0×	07	31		55000	5500	

월	일	품목	규격	수량	단가	공급가액	세액	비고
7	31	B 481외				55,000	5,500	

합계금액	현금	수표	어음	외상미수금	이 금액을 영수 / (청구) 함
60,500				60,500	

〈지점사업자등록증으로 지점세금계산서 발행〉

세 금 계 산 서 (공급받는자보관용)		책 번 호	권	호
		일 련 번 호		

공급자				공급받는자			
등록번호	609-81-34567			등록번호			
상 호 (법인명)	㈜비전21창원지사	성 명 (대표자)	나벌기 ㊞	상 호 (법인명)		성 명 (대표자)	
사업장 주 소	경남 창원시 창원1 뉴비전센터			사업장 주 소			
업 태	제조 외	종목	통신기기 외	업 태		종목	

작성 년	월	일	공란	공급가액 백	십	억	천	백	십	만	천	백	십	일	세액 십	억	천	백	십	만	천	백	십	일	비 교
0X	01	31	6					3	5	0	0	0	0	0					3	5	0	0	0	0	

월	일	품 목	규 격	수 량	단 가	공급가액	세 액	비 고
1	31	B481외				3,500,000	350,000	

합계금액	현 금	수 표	어 음	외상미수금	이 금액을 영수 / (청구) 함
3,850,000				3,850,000	

사업장을 옮기면 이전신고를 어디에 하나요?

회계담당자는 사업장 이전시 관공서 이전신고뿐만 아니라 거래처 등에도 이전사실을 알리는 것을 잊지 않도록 각별히 신경을 써야 합니다.

법인사업자건 개인사업자건 회사가 사업장을 이전했을 경우 구청이나 국세청 등 관공서에 이전신고를 해야 합니다. 이전신고를 하지 않으면 각종 안내문이나 납부서가 예전 주소로 가게 됩니다. 그 결과로 회사가 모르는 체납세금이 생길 수 있습니다. 본 세금 외 가산세도 물어야 하고, 신용에도 이상이 생기는 이중부담이 생길 수 있으니 조심해야 합니다.

법인의 경우 사업장 이전시 먼저 법인등기부등본상 본점 주소지를 변경합니다. 그후 변경된 법인등기부등본을 기초로 사업장 관할세무서에서 사업자등록증도 변경합니다. 개인사업자는 법인과는 달리 법인등기부등본이 없어, 사업장 관할세무서에서 사업자등록증만 변경하면 됩니다.

한편 출판업, 의료업, 직업소개업 등은 사업장 이전시 새로운 관할 구청에 예전 허가증을 반납하고 신규 허가증을 받습니다. 그리고 이 허가증을 사업장 관할세무서에 가지고 가서 사업자등록증을 변경하면 됩니다.

4대보험 중 건강보험의 경우에도 역시 새로운 사업장 관할 건강보험관리공단에 신고해야 합니다. 국민연금관리공단, 근로복지공단에도 이전신고해야 합니다. 또한 거래처에도 일괄적으로 안내문을 발송해 이를 알려야 합니다. 거래처와의 연락두절은 회사에 막대한 손해를 가져올 수 있습니다.

금융기관에 알리는 것도 물론입니다. 통신회사와 지로납부하는 통신기기회사, 자동차판매회사와 신문구독처 등 사무실 운영에 필요한 모든 업체들에게도 알려 업무에 차질이 생기지 않도록 해야 합니다.

회계담당자는 사업장이전시 관공서 이전신고뿐만 아니라 거래처 등에도 이전사실을 알리는 것을 잊지 않도록 각별히 신경을 써야 합니다.

참고로 오랜 기간 사업을 하는 동안 세무조사를 한 번도 받지 않은 사업자는 가끔 사업장이전을 하면 세무조사를 계속 받지 않는다는 이야기를 듣곤 합니다. 과거 사업장관리가 수작업으로 이뤄지던 시기에는 일부 사실이나, 지금은 사실이 아닙니다. 사업장이전신고를 하면 전산상 과거 이력부터 일괄적으로 관리가 되기 때문입니다.

· **회사가 이전을 했으나 주소지변경신고를 하지 않아 옛날 주소지로 고지서가 나오자, 이를 접수하지 못해 가산세 납부라는 낭패를 보고 있다.**

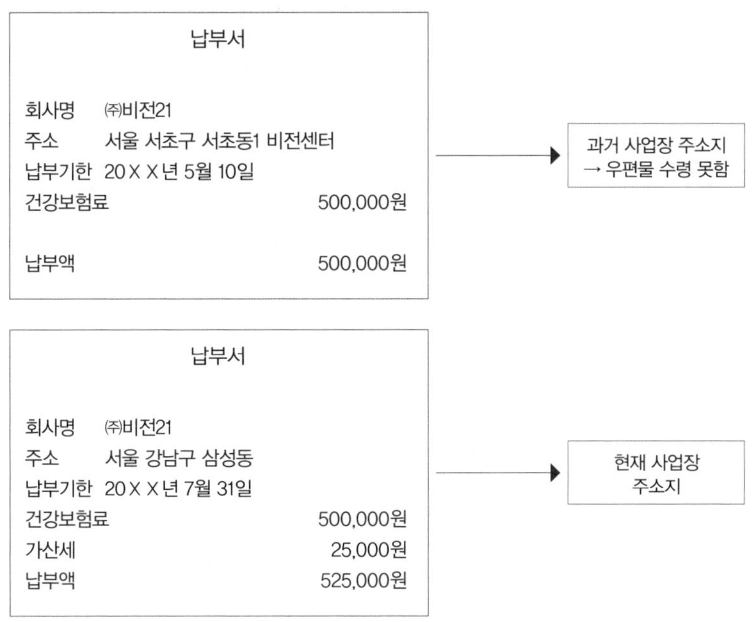

납부서

회사명 ㈜비전21
주소 서울 서초구 서초동1 비전센터
납부기한 20XX년 5월 10일
건강보험료 500,000원

납부액 500,000원

→ 과거 사업장 주소지 → 우편물 수령 못함

납부서

회사명 ㈜비전21
주소 서울 강남구 삼성동
납부기한 20XX년 7월 31일
건강보험료 500,000원
가산세 25,000원
납부액 525,000원

→ 현재 사업장 주소지

1분 칼럼

요즘은 인터넷의 발달로 해당 관청을 직접 방문하지 않고서도 책상에 앉아 신청할 수 있습니다. 따라서 회계담당자가 조금만 주의를 기울이면 사업장 이전은 얼마든지 해결할 수 있습니다.

접대비가 세무상 한도를 넘으면 어떤 문제가 생기나요?

접대비의 경우 건당 1만 원을 초과하는 경우 적격증빙을 받았다 하더라도 전부 손비로 인정받지 못합니다. 왜냐하면 세법상 한도가 정해져 있기 때문입니다.

대부분 일반비용은 지출시 건당 3만 원을 초과하는 경우 세법에 따른 적격증빙을 받으면 전액을 손비로 인정받습니다. 그러나 접대비는 일반비용과 달리 건당 1만 원을 초과하는 경우에는 적격증빙을 받아야 손비 인정요건을 충족합니다.

적격증빙이란 건당 1만 원을 초과해 지출하는 경우 매입세금계산서, 매입계산서, 신용카드의 정규증빙을 말합니다.

접대비의 경우 건당 1만 원을 초과하는 경우 적격증빙을 받았다 하더라도 전부 손비로 인정받지 못합니다. 왜냐하면 세법상 손비로 인정받는 한도가 정해져 있기 때문입니다. 즉 세법상 중소기업이냐 일반기업이냐에 따라 달라지는 기본금액에다 매출액에 따른 일정률

· **손익계산서상 접대비가 5천만 원인데 접대비 한도는 2천만 원으로 회계담당자는 세금부담 때문에 차이 3천만 원을 어떻게 처리할까 고민이다.**

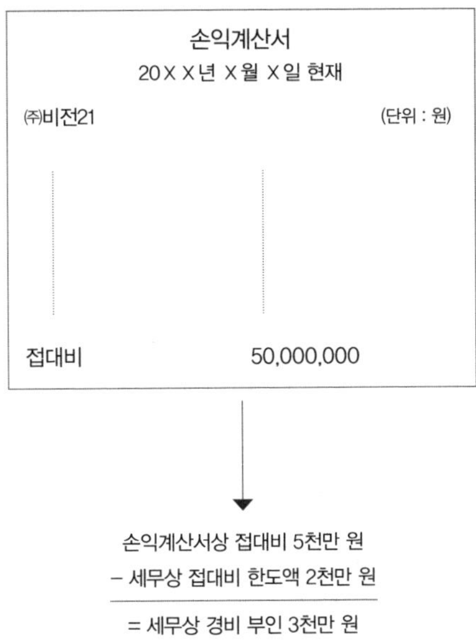

을 곱한 금액을 합한 것이 세무상 손금인정 한도입니다. 따라서 한도를 초과하는 부분에 대해서는 손비로 인정 받지 못하고 소득에 추가되어 세금부담이 생깁니다.

또한 공연 등 문화접대비의 경우 접대비 지출의 일정비율을 넘으면 접대비한도의 일정비율까지 추가로 손비로 인정받습니다.

접대비 중 경조사비의 경우 20만 원 이하는 청첩장·부의문이 있어야 하지만 사실관계로도 접대비로 인정받을 수 있습니다. 따라서 회계담당자는 기록을 잘 해둘 필요가 있습니다. 만일 건당 20만 원을 초과하는 경조사비는 증빙이 있어도 전액 비용으로 인정받지 못합니다.

일반비용 중 복리후생비의 경우, 예로 회사에서 직원들이 회식을 하고 직원이 개인신용카드로 지불하면 회사 비용으로 인정을 받습니다. 그러나 접대비는 직원이 거래처에 접대하고 개인신용카드로 지불하면 회사 비용으로 인정되지 않습니다. 따라서 법인의 경우 접대비는 반드시 회사명의로 된 신용카드를 발급 받아 사용하는 것이 절세의 지름길입니다. 회계담당자는 이를 주의해야 합니다.

참고로 접대비란 영업목적으로 거래처에 식사나 술 등을 제공하는 것을 말합니다. 접대비와 혼동되는 것으로 복리후생비가 있는데, 복리후생비는 직원의 사기진작을 위해 회사 직원에게 회식비, 식사대 등을 제공하는 것을 말합니다.

국세청에서는 접대비 지출규제를 강화하고 있는 추세입니다. 접대비 지출이 많은 회사의 경우 접대비 한도가 턱없이 부족합니다. 이럴 경우 어떤 회사들은 편법으로 접대비를 복리후생비 등으로 회계처리하기도 합니다. 국세청에서 사후분석이나 세무조사를 통해 세금추징의 가능성이 있으므로 회계담당자는 항상 이를 주의하기 바랍니다.

한편 특정인에게 광고·선전용으로 기증하는 물품은 건당 5천 원 이하인 경우에는 연간 3만 원을 초과해도 접대비가 아닌 광고비로 인정받습니다.

1분 칼럼

접대비는 산출공식에 의해 회사의 한도액을 계산할 수 있습니다. 따라서 연초에 접대비 한도를 예상하고, 매월 접대비를 관리해 나가는 것이 필요합니다.

소모품비와 수선비를 아시나요?

제대로 회계처리를 하면서 세무상 불이익을 받지 않기 위해서 회계담당자는 거래가 발생할 때마다 전문가 또는 국세청에 문의해 처리해야 하는 것이 원칙입니다.

소모품이란 회사에 필요한 소모도구로 사용기간이 짧은 것이 특징입니다. 보통 구입할 때 비용으로 처리합니다. 소모품의 경우 한두 개씩 사는 경우도 있지만, 다량으로 구입하기도 합니다. 다량으로 구입한 소모품에 대해서는 재고자산인 원재료나 제품처럼 수불관리를 합니다. 수불부상 남은 소모품은 재고자산의 하나인 저장품으로 처리합니다.

한편 에어컨 등과 같이 사용기간이 몇 년씩 되는 것은 금액의 많고 적음에 관계없이 고정자산으로 처리합니다. 그러나 고정자산으로 처리하면 관리할 물품이 너무 많아 제대로 관리하기가 힘듭니다.

이러한 경우 건당 100만 원 미만 고정자산과, 금액과 무관하게 휴대폰, 전화기, 가구, 컴퓨터 등은 비품으로 처리하지 않고 소모품비로 처리하는 것도 현명한 방법입니다. 왜냐하면 세무상으로 인정되기 때문입니다. 중소기업의 회계담당자는 이를 잘 기억했다가 적극적으로 활용할 필요가 있습니다. 물론 자산으로 처리하느냐 비용으로 처리하느냐에 따라 회사의 손익은 달라집니다.

참고로 소모품비와 사무용품비는 현실적으로 구별하기가 쉽지 않습니다. 사무용품비는 사무실에 필요한 볼펜 등 문구용품을 말합니다. 이러한 사무용품비도 소모품비와 똑같이 처리하면 됩니다.

수선비는 수선에 드는 비용입니다. 건물에 칠한 페인트가 벗겨지면 페인트칠을 합니다. 기계에 기름이 말랐을 때는 기름칠을 합니다. 이처럼 수선비 중 수익적 지출이란 지출한 비용이 물건의 기능을 그대로 유지시키는 경우로 즉시 비용으로 처리됩니다. 반대로 자본적 지출이란 지출비용이 사용연한이나 생산량을 늘리는 것으로 고정자산처럼 처리한 후 몇 년에 걸쳐 비용으로 처리됩니다. 사실 수선비를 실무상 수익적 지출과 자본적 지출로 구별하는 것이 실무상 어렵기 때문에 보통 수익적 지출로 처리합니다.

제대로 회계처리를 하면서 세무상 불이익을 받지 않기 위해서 회계담당자는 거래가 발생할 때마다 전문가 또는 국세청에 문의해 처리해야 하는 것이 원칙입니다. 한편 자본적 지출에 해당한다고 하더라도 관리단순화를 위해 건당 300만 원 미만 수선비는 세법에 따라 수익적 지출로 처리해도 무방합니다.

회사를 운영하는 도중에 구입하는 집기, 비품은 건당 100만 원 미만이면 세무상의 기준에 따라 비용으로 처리하면 됩니다. 그러나 회사 설립시 구입한 집기, 비품은 전부 비품으로 처리해야 합니다.

· 회사가 이전을 했으나 주소지 변경신고를 하지 않아 옛날 주소지로 고지서가 나오자, 이를 접수하지 못해 가산세 납부라는 낭패를 보고 있다.

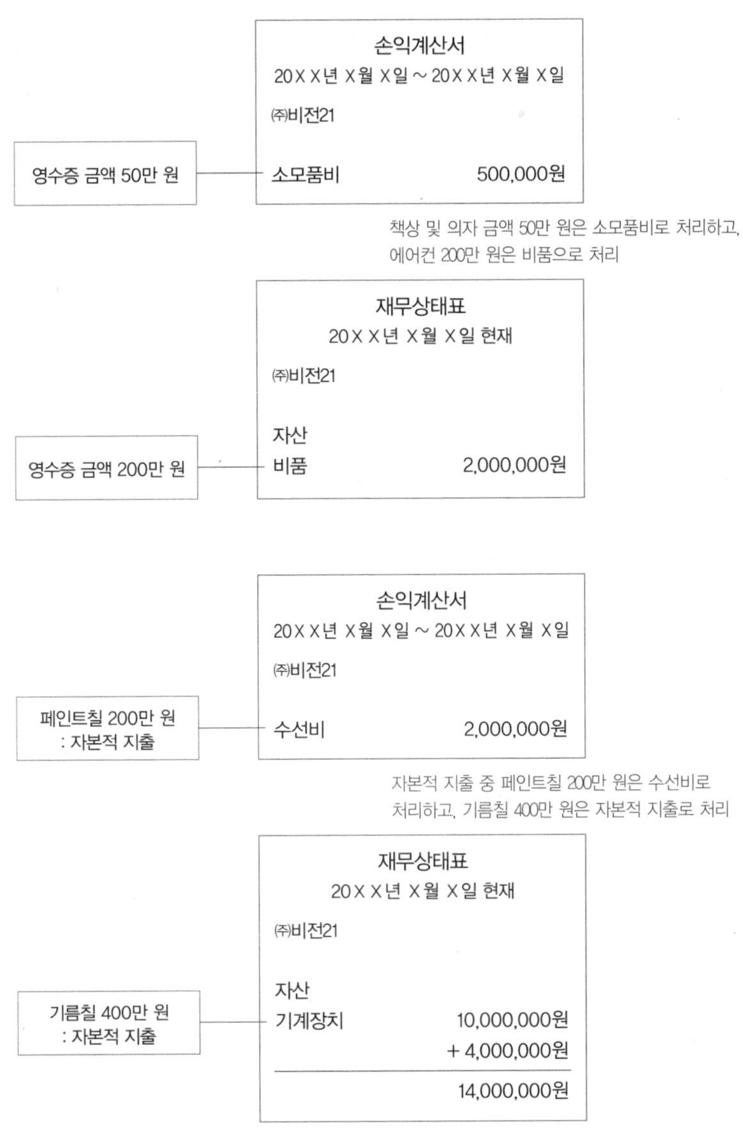

그런데 결손이 뭐죠?

세무에서 결손이란 장부상 이익 또는 손실에서 세무상 익금, 손금 세무조정을 거친 결과 세무상 손실이 생기는 것을 말합니다.

회계에서 결손이란 회사가 일정기간 영업을 한 결과 이익을 내지 못하고 손실이 난 경우를 말합니다. 손익계산서상 맨 마지막줄인 당기순이익이 (-)인 경우입니다.

참고로 회계상 결손이 반드시 자금상 결손은 아닙니다. 왜냐하면 회계는 현금주의가 아닌 발생주의로 기록하기 때문입니다. 덧붙여 결손이 다음 해로 이월되는 경우를 이월결손금이라고 부릅니다.

세무에서 결손이란 장부상 이익 또는 손실에서 세무상 익금, 손금 세무조정을 거친 결과 세무상 손실이 생기는 것을 말합니다. 이 경우 과세소득이 없어 세금을 낼 필요가 없습니다.

세무상 결손은 향후 10년간 소득이 생길 때 차감할 수 있어 세금을 줄여주는 역할을 합니다. 단 중소기업 업종이 아닌 주점 등 소비성 서비스업은 당해 연도 소득의 80%를 이월결손금에서 차감할 수 있어, 결과적으로 20%의 소득이 발생하는 불이익이 있으니 주의하기 바랍니다.

경우에 따라 회계상으로는 결손인데, 세무조정을 거친 결과 세무상으로 소득이 생기는 경우도 있습니다. 이는 기간귀속 차이로 생기기도 하고, 증빙을 제대로 챙기지 못해 생기기도 합니다. 또한 접대비가 세법상 한도를 초과해 생기기도 합니다.

사장님들은 본인의 느낌상 손실인데, 세무조정으로 세금을 내야 하는 경우에 '손해를 봤는데도 왜 세금을 내야 하나'라고 말하는 경우가 많습니다. 경영자들의 주장에 정서적으로 이해는 됩니다. 그러나 세금계산기준이 본인 상식과는 차이가 있습니다. 회계담당자는 경영자에게 이를 잘 설명해야 합니다.

한편 극단적으로 매출이 모두 외상이라면 세금을 내야 하지만, 세금을 낼 돈이 없어 체납할 수도 있습니다. 이런 경우 국세청이 외상채권을 세금으로 받아주면 좋겠지만 현실은 그렇지 못합니다. 세금은 현금으로만 내야 합니다. 따라서 회계담당자는 이런 상황이 생길 것 같으면 미리 경영자에게 잘 설명해 이해시켜야 합니다.

2009년 이후부터 세무상 10년 이내에 생긴 결손금은 회사에 소득이 발생할 때 이를 상쇄시켜 세금을 줄여주는 역할을 합니다. 이는 회사의 재산과 같습니다. 따라서 회계담당자는 세무상 결손금을 잘 관리해야 합니다.

〈손익계산서상결손〉

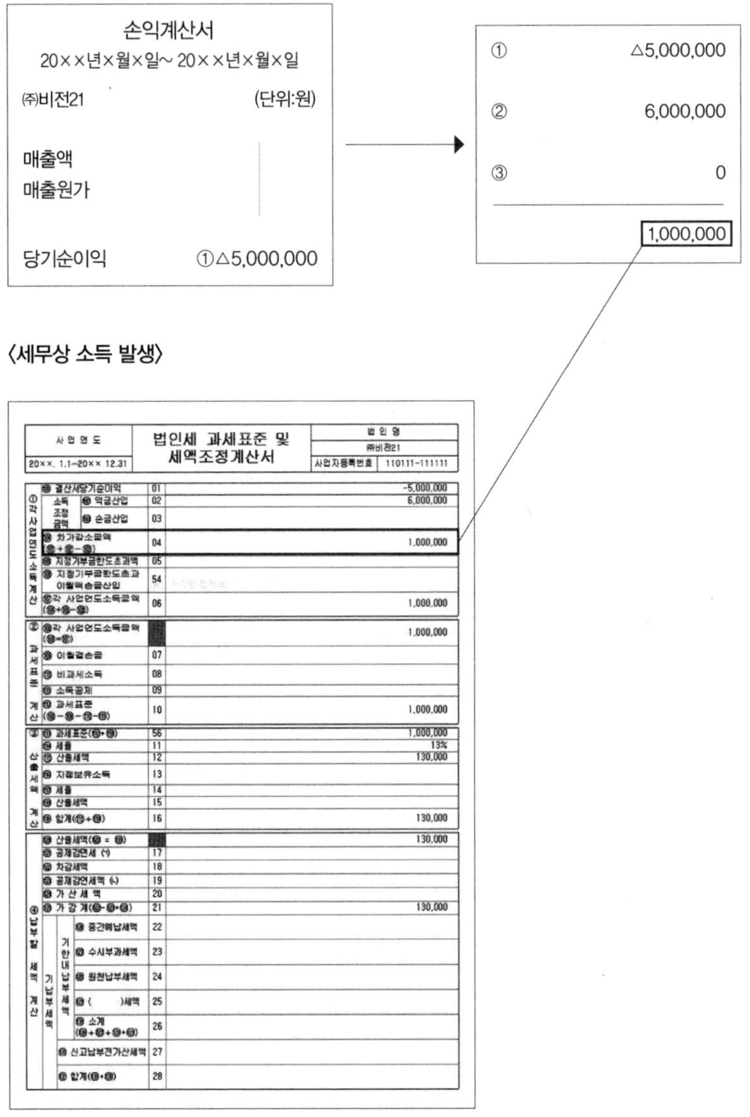

손익계산서

20××년×월×일~ 20××년×월×일

㈜비전21 (단위:원)

매출액	
매출원가	
당기순이익	①△5,000,000

①	△5,000,000
②	6,000,000
③	0
	1,000,000

〈세무상 소득 발생〉

사업연도	법인세 과세표준 및 세액조정계산서	법인명	
20××. 1.1~20×× 12.31		㈜비전21	
		사업자등록번호	110111-111111

구분	항목			코드	금액
① 각 사업연도 소득계산	결산서당기순이익			01	-5,000,000
	소득조정금액	익금산입		02	6,000,000
		손금산입		03	
	차가감소득금액			04	1,000,000
	지정기부금한도초과액			05	
	지정기부금한도초과이월액손금산입			54	
	각 사업연도소득금액			06	1,000,000
② 과세표준 계산	각 사업연도소득금액				1,000,000
	이월결손금			07	
	비과세소득			08	
	소득공제			09	
	과세표준			10	1,000,000
③ 산출세액 계산	과세표준			56	1,000,000
	세율			11	13%
	산출세액			12	130,000
	지점보유소득			13	
	세율			14	
	산출세액			15	
	합계			16	130,000
④ 납부할 세액 계산	산출세액				130,000
	공제감면세 (ㄱ)			17	
	차감세액			18	
	공제감면세액 (ㄴ)			19	
	가산세액			20	
	가감계			21	130,000
	기납부세액	기한내납부세액	중간예납세액	22	
			수시부과세액	23	
			원천납부세액	24	
			(　　　)세액	25	
			소계	26	
		신고납부전가산세액		27	
		합계		28	

국세청에서 날라온 우편물은 어떻게 처리해야 하나요?

국세청에서 우편물이 날라오면 내용을 읽어보고 모르는 부분은 국세청에 문의하거나, 전문가와 상의해 처리해야 합니다.

국세청은 회사에 여러 종류의 서류를 보냅니다. 회사는 국세청에서 서류가 왔다는 자체만으로도 스트레스를 받습니다. 국세청에서 좋은 일로 우편물을 보내는 경우는 별로 없으니까요.

예로 세금신고 안내문을 제외하고 세금계산서불부합 소명안내문, 법인서면분석자료, 세무조사 사전통지서 등은 받는 순간 스트레스입니다. 이때만큼은 사장님도 사업하고 싶은 마음이 없어집니다.

회계담당자는 국세청에서 서류가 오면 우선 겉봉을 보고 발신인에 대한 자세한 사항을 확인해야 합니다. 그 다음 개봉을 해서 어떤 내용인지 정확하게 파악한 후 경영자에게 보고해야 합니다. 만일 내용을 잘 모를 경우에는 즉시 우편물을 보낸 관할세무서 담당자에게 확인해야 합니다. 어떻게 대처해야 할지 모르는 경우에는 전문가와 상의해야 합니다.

중소기업에서 종종 발생하는 위험한 경우는 회계담당자가 우편물을 받아 놓고도 뜯어보지 않고, 경영자에게 보고조차 하지 않는 것입니다. 더 심한 경우는 우편물을 뜯어보고는 본인이 모른다고 무시해 버리는 경우입니다. 국세청 서류는 기간을 정해서 자료를 제출해야 하는 경우가 대부분입니다. 차일피일 미루다가 기한을 놓치면 그 피해는 고스란히 회사로 돌아옵니다. 돌이킬 수 없는 큰 피해도 있을 수 있습니다. 따라서 이런 사태에 대해 미리미리 대처해 상황에 따라 국세청에 기한을 연기하는 등 조치를 강구해야 합니다.

또한 국세청에서 답변을 요구한 자료는 회계담당자가 그 내용이나 형식을 제대로 파악해 작성하는 것이 요령이니 잘 기억하시기 바랍니다. 종종 물어보지도 않고 담당자가 임의로 작성해 이중으로 시간을 들이는 경우가 있습니다. 경우에 따라서는 제출기한을 넘겨 회사에 손실이 발생할 수도 있습니다.

1분 칼럼

국세청에서 온 서류를 잘 모르는 다른 부서 사람이 그냥 휴지통에 넣는 경우, 담당자가 자기 책상에 두고 잊어버리는 경우, 답변서를 보내면서 사본을 남기지 않고 그냥 보내는 경우 등 회사에 중요한 일들이 가볍게 처리되는 경우가 실제로 간혹 발생합니다.

외부에 재무제표 작성 및 각종 세금신고를 의뢰하면 무엇을 챙겨야 하나요?

재무제표 작성을 외부전문가에게 의뢰한 경우 회사는 내부적으로는 일정기간 수입 및 지출증빙을 챙기고 전표를 작성한 다음 전표와 증빙을 외부전문가에게 보냅니다.

재무제표는 회사가 자체적으로 작성하는 게 원칙입니다. 그러나 회사 초창기에는 회사여건과 회계담당자 존재여부 및 경력 등 여러 상황을 감안해 외부에 재무제표 작성 의뢰가 효율적일 수 있습니다. 특히 요즘 스타트업 등 1인 기업의 경우에는 더욱 그러합니다.

특히 회계 소프트웨어가 클라우드를 기반으로 인공지능기능을 수행하고, 법인 통장 및 법인 신용카드거래내역을 자동으로 다운로드되는 상황입니다. 업력이 오래된 회사도 내부 관리인원을 축소시켜 의사결정이 가능한 경험자만 유지하고, 외부에 재무제표 작성을 의뢰해 그 결과물로 회사관리를 할 가능성이 점점 커지고 있습니다.

재무제표 작성을 외부전문가에게 의뢰하면 회사는 내부적으로는 일정기간 수입 및 지출증빙을 챙기고, 전표를 작성한 다음 전표와 증빙을 외부전문가에게 보냅니다. 그러면 기장대행업체에서는 이를 토대로 재무제표 등을 작성해 의뢰업체에 송부합니다.

정리된 문서를 받은 의뢰업체는 증빙 및 전표가 제대로 입력되었는지 각 계정별로 확인한 다음, 확인한 내용을 기장대행업체에 보내주면 수정을 통해 최종적으로 재무제표를 완성하게 됩니다.

세금신고의 경우 외부전문가는 보통 12월 결산기가 지나면 최종 재무제표를 확정하고, 이를 토대로 세무조정계산서를 작성해 세금신고도 대행해줍니다.

급여신고인 경우 회사는 개인별 근로계약에 따라 정해진 급여 등에 대해 급여대장을 만들어 급여를 지불한 후, 급여대장을 기장대행업체에 보냅니다. 그러면 기장대행업체는 급여대장에 따라 급여원천징수신고서를 작성해 국세청에 보냅니다.

원천징수근로소득세는 기장대행업체가 작성해준 세금납부영수증을 통해 의뢰업체가 직접 금융기관에 납부합니다. 참고로 이러한 급여 및 원천징수세금은 재무제표에 나타납니다.

부가가치세신고인 경우 회사는 실물 매입·매출세금계산서를 정리하고, 이를 집계해 기장대행업체에 보내줍니다. 그러면 기장대행업체는 매입·매출세금계산서를 입력한 후, 회사에서 보내온 집계와 비교해서 부가가치세신고서를 만들어 회사에 보내줍니다. 회사에서는 이를 확인한 후 부가가치세신고서를 국세청에 신고하게 됩니다. 그리고 기장대행업체에서 작성해준 부가가치세 납부영수증으로 금융기관에 세금을 납부합니다.

요즘은 전자세금계산서의 발달로 인해 실물 세금계산서가 줄어들어 기장대행업체에서 직접 세금계산서를 입력하는 부담이 예전보다 줄었습니다. 대신 국세청의 확인기능 강화로 인해 세금계산서가 제때 발행되었는지, 내용은 정확한지, 부가가치세공제대상인지 검토하는데 투입하는 시간은 늘어나고 있습니다.

참고로 면세사업자인 경우에는 부가가치세신고가 없습니다. 대신 6개월마다 한 번씩 매입세금계산서신고가 있고, 1년에 한 번씩 수입금액신고가 있습니다.

회사가 관리효율 측면을 고려해서 외부기장업체에 재무제표 작성 및 세금신고를 의뢰할 때는 모든 회계 및 세금문제가 다 해결될 것이라는 믿음을 가지고 있습니다. 그러나 기장대행업체는 회사자료에 근거해 재무제표를 만들어 세금신고를 합니다.

회사가 자료를 부실하게 제공하면 그만큼 재무제표와 세금신고도 부실해집니다. 따라서 회사가 기장대행업체의 업무 성격을 잘 모르는 경우 활용효과가 반감될 수밖에 없습니다. 회계담당자는 이를 잘 기억해 사장님을 제대로 이해시켜야 합니다.

1분 칼럼

외부에 재무작성 및 각종 세금신고를 의뢰할 경우, 회사 내부에서는 자체적으로 해야 할 일이 무엇인지 정확히 알고 있어야 아웃소싱에 대한 효율이 생깁니다.

7 DAYS

7일차에서는 회계담당자가 알아야 할 부가가치세, 급여 및 사업소득 원천징수 세금, 법인세 및 소득세, 주민세 등 각종 세금신고와 납부를 실제 예와 서식을 통해 설명하고 있습니다. 이를 천천히 따라가면 쉽게 이해할 수 있을 것입니다. 부가가치세의 경우 신고와 납부 및 수정신고에 대해, 근로소득세 원천징수 및 연말정산, 사업소득 원천징수, 퇴직소득 원천징수 등 법인세, 소득세, 지방세에 대해 설명합니다.

7일차

세금신고 및 납부, 어떻게 하나요?

어떤 경우에 매출세금계산서를 발행하나요?

매입자가 사업자가 아닌 개인이라면 부가가치세공제를 받을 수 없습니다.
부가가치세신고 및 공제는 사업자등록증이 있는 사업자만 할 수 있습니다.

개인사업자 중에서 일반과세사업자와 법인 중 과세사업자는 물건 또는 용역을 제공하면서 별도로 10% 부가가치세가 포함된 매출세금계산서를 발행해야 합니다.

한편 제공받는 사람이 사업자증록증이 있는 사업자가 아니고 개인일 경우에는, 사업자는 매출세금계산서 내용 중에서 제공받는 자의 사업자번호 대신 주민등록번호를 기재해 발행해야 합니다. 만일 소매업, 음식점업, 숙박업, 여객운송업, 변호사업 등 세법에서 정한 업종의 경우, 제공받는 개인이 신용카드로 결제하면 사업자는 별도로 세금계산서를 발행하지 않아도 됩니다.

한편 실무상 사업자가 먼저 세금계산서를 발행하고, 나중에 대금

〈매출세금계산서 작성〉

사업자등록증
(일반과세자)
111-22-33333

상호	㈜비전21
대표자	나벌기
주소	서울 서초 서초1 비전센터
업태	제조, 서비스
종목	기기인쇄 외

↓

세 금 계 산 서 (공급받는자보관용)

책번호	권	2 호
일련번호		

공급자	등록번호	211-81-21212			공급받는자	등록번호		
	상호(법인명)	(주)비전21	성명(대표자)	나벌기㊞		상호(법인명)	성명(대표자)	
	사업장주소	서울 서초구 서초1 비전센터				사업장주소		
	업태	제조, 서비스	종목	통신기기 외		업태	종목	

작성 년	월	일	공란	공급가액 백	십	억	천	백	십	만	천	백	십	일	세액 십	억	천	백	십	만	천	백	십	일	비교
XX	4	23					1	0	0	0	0	0	0	0				1	0	0	0	0	0	0	

월	일	품목	규격	수량	단가	공급가액	세액	비고
4	23	반도체용역				10,000,000	1,000,000	

합계금액	현금	수표	어음	외상미수금	이 금액을 영수 / (청구) 함
11,000,000					

을 신용카드로 결제받는 경우가 있습니다. 이때 매출금액 및 부가가치세를 세금계산서와 신용카드가 이중으로 신고되는 경우가 흔히 있습니다. 회계담당자는 부가가치세를 신고할 때, 개별거래에 대해 매출발생 및 대금회수내역을 잘 정리해 세금계산서와 신용카드가 이중으로 신고되지 않도록 주의해야 합니다.

과세사업자가 차량이나 건물 등 고정자산을 매각했을 때도 반드시 세금계산서를 발행해야 합니다. 중소기업의 경우 실무에서 세금계산서 발행을 빼먹는 경우가 자주 발생합니다.

한편 매일 거래하는 계속거래처의 경우 거래시마다 거래명세표를 발행하고, 월말에 한 번 세금계산서를 발행하면 편리합니다. 회계담당자는 이를 잘 기억하기 바랍니다.

수정세금계산서란 사업자가 매출세금계산서를 발행한 후에 내용이 잘못되었거나 물건이 반품될 때, 수정해서 다시 발행하는 세금계산서를 말합니다.

우리가 흔히 보는 전기요금·전화요금·케이블TV요금·휴대폰요금 청구서는 매입세금계산서가 아니지만 그 역할은 세금계산서와 똑같습니다. 이 경우 세법에서 정한 청구서 발행업체가 미리 국세청에 매출세금계산서 대신 청구서를 발행해도 좋다는 승낙을 받아 발행하는 경우입니다. 따라서 전기요금 등의 청구영수증에 포함된 매입부가가치세는 매입자가 개인사업자 중에서 일반과세사업자와 법인 중 과세사업자인 경우 부가가치세를 신고할 때 매입세액공제를 받을 수 있습니다.

그러나 매입자가 이러한 사업자가 아닌 개인이라면 부가가치세공제를 받을 수 없습니다. 왜냐하면 부가가치세신고 및 공제는 사업자등록증이 있는 사업자만 할 수 있기 때문입니다.

참고로 2010년부터 개인사업자 중에서 일반과세사업자와 법인 중 과세사업자 중에서 일정요건에 해당되는 사업자는 매출세금계산서를 의무적으로 전자로 발행해야 하는 제도가 시행중입니다.

1분 칼럼

가끔 회계담당자가 전화요금 등의 납부영수증을 받을 때 비용으로 처리하면서 돈을 낼 때 다시 비용으로 이중 처리하는 경우가 있습니다. 회계담당자는 비용을 이중으로 기록하지 않도록 주의해야 합니다.

부가가치세신고와 납부는 어떻게 하나요?

부가가치세신고와 납부는 꼭 제때에 해야 회사에 유리합니다.
부가가치세신고시 세금계산서와 관련된 가산세가 자주 발생합니다.

부가가치세신고서를 작성할 때 먼저 매출의 경우 매출세금계산서 공급가액 및 부가가치세를 별도로 집계해 기재하고, 매출신용카드, 현금영수증과 현금판매소매매출 공급가액 및 부가가치세도 별도로 집계해 기재합니다. 참고로 해외에 물품을 수출하는 경우 부가가치세가 0원인데, 이를 영세율이라 부릅니다.

매입의 경우도 마찬가지로 매입세금계산서 공급가액과 부가가치세를 별도로 집계해 기재하고, 매입신용카드 및 현금영수증 공급가액과 부가가치세도 별도로 집계해 기재합니다. 그런 다음 매출세액에서 매입세액을 차감해 기재하면 납부할 부가가치세가 됩니다.

부가가치세신고시 세금계산서와 관련된 가산세가 자주 발생합니다. 예를 들어 거래처별로 세금계산서 합계금액을 나타내는 세금계산서합계표를 제대로 신고하지 않으면 나중에 합계표 미제출가산세를 내야 합니다.

또한 부가가치세신고를 기한 내에 하지 않고 나중에 하면 신고불성실가산세를 내야 합니다. 가산세는 최대 공급가액 2% 정도되는 큰 금액이므로 주의해야 합니다. 흔히들 부가가치세신고 때 납부할 부가가치세가 없다고 신고 자체도 하지 않는 경우가 있습니다. 하지만 이 경우 세금계산합계표 미제출가산세를 나중에 내야 하기 때문에 신고기한 내에 꼭 신고해야 합니다.

또한 부가가치세를 제때 안 냈을 경우 납부불성실가산세도 내야 합니다. 가산세는 미납부세액에 대해 하루 3/10,000(3전), 해당일수로 연이자가 11%에 이르는 큰 금액입니다. 부가가치세를 낼 돈이 없어서 연체하는 회사들이 많은데, 이럴 경우에도 회사의 신용이 떨어지고, 이자율도 꽤 높아 빌려서라도 내는 것이 유리합니다. 확정신고기한을 놓칠 경우, 신고누락된 세금계산서금액 2%를 초과하는 큰 금액을 가산세(합계표미제출, 신고불성실, 납부불성실)로 내야 하니 각별히 주의해야 합니다.

간혹 겪는 일로 회계담당자가 사장님에게 부가가치세가 얼마인지 납부기일에 보고하는 경우가 있는데, 이럴 경우 회사의 자금사정상 연체가 생기기도 합니다. 회계담당자는 사장님이 부가가치세에 대해 충분히 인지할 수 있도록 미리 이야기해야 합니다. 다시 한 번 강조하지만 부가가치세신고와 납부는 제때에 꼭 해야 회사에 유리합니다.

한편 본점과 별도로 지점에서는 지점사업자등록증을 내면 부가가치세신고도 따로 하고, 세금납부도 따로 해야 합니다. 그러나 본점과

〈세금계산서집계표 & 부가가치세신고서〉

- 매출계산서집계표상 매출액 2억 원, 부가가치세 2천만 원
- 매입세금계산서집계표상 매입액 1억 5천만 원, 부가가치세 1천 5백만 원
- 부가가치세신고서상 납부세액 500만 원

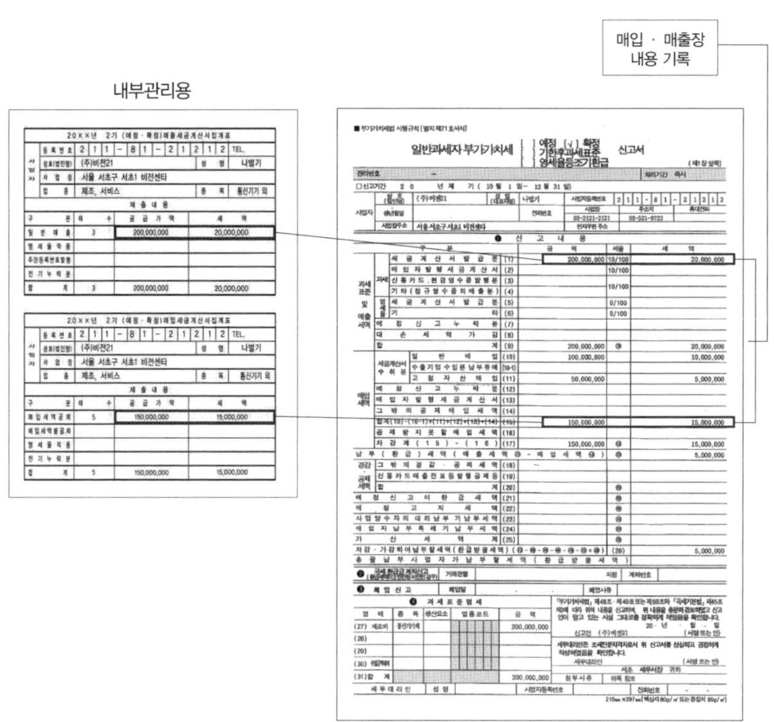

20××년 2기 (예정·확정)매출세금계산서집계표

구분				
사업자	등록번호	211-81-21212	TEL.	
	상호(법인명)	(주)비전21	성명	나별기
	사업장	서울 서초구 서초1 비전센터		
	업종	제조, 서비스	종목	통신기기 외

제출내용

구분	매수	공급가액	세액
일반매출	3	200,000,000	20,000,000
영세율적용			
주민등록번호발행			
전기누락분			
합계	3	200,000,000	20,000,000

20××년 2기 (예정·확정)매입세금계산서집계표

구분				
사업자	등록번호	211-81-21212	TEL.	
	상호(법인명)	(주)비전21	성명	나별기
	사업장	서울 서초구 서초1 비전센터		
	업종	제조, 서비스	종목	통신기기 외

제출내용

구분	매수	공급가액	세액
매입세액공제	5	150,000,000	15,000,000
매입세액불공제			
영세율적용			
전기누락분			
합계	5	150,000,000	15,000,000

■ 부가가치세법 시행규칙 [별지 제21호서식]

일반과세자 부가가치세 [ ] 예정 [√] 확정 [ ] 기한후과세표준 [ ] 영세율등조기환급 신고서

(제1장 앞쪽)

관리번호 - 처리기간 즉시

□신고기간 20 년 제 기 (10월 1일 ~ 12월 31일)

사업자					
상호(법인명)	(주)비전21	성명(대표자명)	나별기	사업자등록번호	211-81-21212
생년월일		전화번호	사업장 02-2121-2121	주소지 02-521-9722	휴대전화
사업장주소	서울 서초구 서초1 비전센터			전자우편 주소	

❶ 신고내용

구분			금액	세율	세액
과세표준 및 매출세액	과세	세금계산서 발급분 (1)	200,000,000	10/100	20,000,000
		매입자발행 세금계산서 (2)		10/100	
		신용카드, 현금영수증 발행분 (3)		10/100	
		기타(정규영수증 외 매출분) (4)			
	영세율	세금계산서 발급분 (5)		0/100	
		기타 (6)		0/100	
	예정신고누락분 (7)				
	대손세액가감 (8)				
	합계 (9)		200,000,000	⑦	20,000,000
매입세액	세금계산서 수취분	일반매입 (10)	100,000,000		10,000,000
		수출기업 수입분 납부유예 (10-1)			
		고정자산매입 (11)	50,000,000		5,000,000
	예정신고누락분 (12)				
	매입자발행 세금계산서 (13)				
	그 밖의 공제매입세액 (14)				
	합계(10)-(10-1)+(11)+(12)+(13)+(14) (15)		150,000,000		15,000,000
	공제받지 못할 매입세액 (16)				
	차감계 (15)-(16) (17)		150,000,000	ⓛ	15,000,000
납부(환급)세액(매출세액⑦-매입세액ⓛ)				ⓓ	5,000,000
경감·공제세액	그 밖의 경감·공제세액 (18)		-		
	신용카드매출전표등 발행공제등 (19)				
	합계 (20)			ⓡ	
예정신고미환급세액 (21)				ⓜ	
예정고지세액 (22)				ⓑ	
사업양수자의 대리납부 기납부세액 (23)				ⓢ	
매입자납부특례 기납부세액 (24)				ⓞ	
가산세액계 (25)				ⓙ	
차감·가감하여 납부할세액(환급받을세액)(ⓓ-ⓡ-ⓜ-ⓑ-ⓢ-ⓞ+ⓙ)				(26)	5,000,000
총괄납부사업자가 납부할 세액(환급받을 세액)					

❷ 국세환급금계좌신고 (환급세액이 2천만원 미만인 경우) 거래은행 지점 계좌번호

❸ 폐업신고 폐업일 폐업사유

❹ 과세표준명세

업태	종목	생산요소	업종코드	금액
(27) 제조외	통신기기외			200,000,000
(28)				
(29)				
(30) 수입금액제외				
(31) 합계				200,000,000

「부가가치세법」 제48조·제49조 또는 제59조와 「국세기본법」 제45조의3에 따라 위의 내용을 신고하며, 위 내용을 충분히 검토하였고 신고인이 알고 있는 사실 그대로를 정확하게 작성하였음을 확인합니다.

20 년 월 일

신고인 (주)비전21 (서명 또는 인)

세무대리인은 조세전문자격자로서 위 신고서를 성실하고 공정하게 작성하였음을 확인합니다.

세무대리인 (서명 또는 인)

서초 세무서장 귀하

첨부서류 뒤쪽 참조

세무대리인 성명 사업자등록번호 전화번호 - -

210mm×297mm[백상지 80g/㎡ 또는 중질지 80g/㎡]

지점에 대해 부가가치세 총괄납부를 승인받으면 부가가치세신고는 따로 하되, 부가가치세 납부는 본점에서 한꺼번에 할 수 있는 이점이 있습니다. 개인사업자도 총괄납부가 가능합니다. 본점과 지점에 대해 사업자단위과세를 승인받으면 일괄적으로 본점에서 부가가치세 신고 및 납부를 할 수 있습니다.

실무에서 종종 발생하는 경우로 중소기업의 회계담당자는 본·지점 간 내부거래에 대해 세금계산서 발행의무가 있는 것을 간과합니다. 그러다 나중에 내부거래에 대한 매출부가가치세와 가산세를 내는 경우가 있습니다. 이를 피하기 위해서라도 총괄납부나 사업자단위과세제도를 적극 활용할 필요가 있습니다.

1분 칼럼

매입업체에서 매출세금계산서의 대금결제용으로 신용카드 결제를 했다면, 매출업체는 부가가치세신고시 세금계산서 중 매출세금계산서만 신고해야 합니다. 한편 매입업체는 신용카드전표에 공급가액과 부가가치세가 구분된 경우와 구분되어 있지 않으면, 이면에 공급자의 상호, 주소, 대표자 서명, 부가가치세와 공급가액을 확인받으면 매입세금계산서처럼 매입세액공제가 됩니다.

부가가치세신고 후 누락된 것은 어떻게 하나요?

경정청구는 수정신고와 달리 신고기한으로부터 3년 내에만 할 수 있습니다. 수정신고는 언제든지 할 수 있지만, 경정청구는 언제든지 할 수 없습니다.

'부가가치세 수정신고'란 신고기한 내에 정상적으로 부가가치세 신고를 하고 세금을 납부했지만, 매출세금계산서 누락이나 매입세금계산서 이중신고 등으로 부가가치세신고를 다시 하면서 부가가치세를 더 납부하는 경우입니다. 이때는 가산세도 내야 합니다.

참고로 부가가치세 수정신고는 회사가 빠진 내용을 발견한 후 언제든지 할 수 있습니다. 그러나 세무조사 중 또는 세무조사통지 수령 시에는 관련된 부가가치세 수정신고는 허용되지 않습니다.

'부가가치세 경정청구'란 부가가치세 신고기한 내에 신고하고 납부했지만, 그 이후 매출세금계산서 이중신고나 매입세금계산서누락 등으로 부가가치세신고를 다시 하면서 부가가치세를 돌려 받는 경우입니다. 이때 주의할 점은 경정청구는 수정신고와 달리 신고기한으로부터 3년 내에만 할 수 있다는 점입니다. 수정신고를 언제든지 할 수 있으므로 경정청구도 언제든지 할 수 있다고 생각하면 큰일납니다.

수정신고서를 작성하는 방법은 부가가치세신고서 제목에 '수정'이라고 표시한 후, 원래 신고한 숫자는 빨간색으로 상단에 쓰고, 수정신고하는 숫자는 검은색으로 같은 칸 하단에 표시합니다. 이 차이가 추가로 신고하는 금액이 됩니다.

수정신고에 따른 신고불성실가산세 및 납부불성실가산세도 신고서에 표시하고 납부합니다. 참고로 예정신고분을 확정신고 때 수정신고하면 가산세감면이 있습니다.

경정청구서를 작성하는 방법은 수정신고서를 작성할 때와 동일합니다. 차이점은 부가가치세신고서의 제목에 경정이라고 표시하는 점과 신고서상 가산세가 없다는 점입니다. 또한 맨 앞장에는 국세기본법에 의한 경정청구서 서식도 붙여야 합니다. 어려우면 국세청이나 전문가에게 문의하면 됩니다.

만약 부가가치세신고기한 내에 신고하지 않았다면 수정신고도 할 수 없습니다. 이를 기한 후 신고라고 합니다. 이 경우 가산세가 수정신고와 비교가 되지 않을 정도로 많이 붙으므로 주의해야 합니다.

처음 창업한 경우, 영업에 신경을 쓰다가 부가가치세 신고를 놓쳐버리고 지나치는 경우가 종종 있습니다. 경우에 따라서는 회계담당자가 바뀌는 과정에서 발생되기도 합니다. 부가가치세신고 때가 오면 부가가치세신고서에 신고할 내용이 별로 없다거나 납부할 세금이 없다고 해도 신고를 하지 않을 것이 아니라, 만일을 대비해 꼭 신고해야 합니다.

보통 회사가 어렵거나 개점휴업인 상태에서는 세금계산서 자료가 없으므로 부가가치세신고를 하지 않는 것이 일반적입니다. 그러나 신고할 사항이 하나도 없다 하더라도 회계담당자는 만약을 대비해서 '무실적'이란 표시를 해서라도 부가가치세신고를 해야지 그냥 지나쳐서는 안 됩니다.

급여 지급시 공제한 원천징수세금은 어떻게 처리해야 하나요?

갑근세 및 주민세 외에 4대보험에 대해서도 근로자 부담분을 원천징수한 후, 이를 관련 공단에 납부해야 합니다.

급여 '원천징수'란 회사가 매월 급여에서 비과세소득을 공제한 금액에 대해 본인 및 가족사항을 고려한 간이세액표(국세청에서 발간)를 참고해 갑근세 및 지방소득세를 떼는 것을 말합니다. 회사가 원천징수한 갑근세 및 지방소득세는 원천징수신고 및 납부를 통해 국가 및 지방자치단체에 귀속됩니다.

따라서 회사는 급여를 지급한 달의 다음 달 10일까지 전체 급여 및 원천징수 갑근세 및 주민세에 대해 원천징수이행상황 신고서를 인터넷으로 신고하고, 예외적으로 서면으로 신고합니다. 또한 원천징수한 세금은 세금납부서와 함께 금융기관에 납부하면 됩니다.

예를 들어 5월 25일이 급여 지급일이라면 갑근세신고 및 납부는

6월 10일까지 하면 됩니다. 만약 신고를 하지 않거나 6월 10일 이후에 신고하면 가산세를 추가로 납부해야 합니다.

가산세는 신고불성실 가산세로 '본세×3% + 납부불성실가산세로 본세×3/10,000×일수'입니다. 또한 지방소득세 가산세는 주민세 본세의 10%로서 상기금액의 10%로 주의해야 합니다.

갑근세신고의 경우 그 달 급여를 지급한 것이 없다면 신고를 하지 않아도 됩니다. 이는 실적이 없더라도 무실적으로라도 신고해야 하는 부가가치세의 경우와는 다릅니다.

한편 5월 급여를 다음달 6월 5일에 지급하는 경우에는 원칙적으로 7월 10일까지 원천징수신고 및 납부를 해야 하지만, 앞당겨서 6월 10일까지 신고 및 납부하는 것도 무방합니다. 또한 매월 직원급여 신고시에 아르바이트 급여, 퇴직소득, 사업소득, 기타소득도 있다면 이들도 모두 함께 신고해야 합니다.

갑근세 및 주민세 외에 4대보험에 대해서도 근로자 부담분을 원천징수한 후 이를 관련 공단에 납부해야 합니다.

국세청에서는 금융보험업을 제외한 업종의 경우, 10인 이하 직원이 있는 회사의 경우, 업무부담을 줄여주려고 매월이 아닌 6개월마다 한 번씩 원천징수 및 납부를 할 수 있도록 하고 있습니다. 관리 담당자는 이를 잘 활용하시기 바랍니다.

〈급여대장 및 원천징수의 신고와 납부〉

1월 급여대장

지급일 20X X년 1월 25일

성명	사번	기본금액	차량 유지비	식대	지급 계	소득세	주민세	국민 연금	건강 보험	장기요양 보험	고용 보험	공제 계	실지급 금액
김과장	1001	3,000,000			3,000,000	17,100	1,710	135,000	91,800	6,010	19,500	271,120	2,728,880
합계		3,000,000				17,100	1,710	135,000	91,800	6,010	19,500	271,120	2,728,880

※ 김과장은 4인 가족으로 공제는 본인 및 배우자, 부양가족 2인(7세 이상)이 포함된다.

①신고구분				원천징수이행상황신고서		②귀속연년	년 월
매월	반기	수정	연말			③지급연월	
원천징수 의무자	법인명(상호)	(주)비전		대표자 (성명)	나벌기	일괄납부여부	여, (부)
	사업자(주민)등록번호	211-81-21212	사업자소재지	서울 서초구 서초1번지		전화번호	02)2121-2121

1. 원천징수내역 및 납부세액 (단위:원)

구분		코드	원천징수내역: 소득지급 (과세미달, 비과세 포함) ④인원	⑤총지급액	징수세액: ⑥소득세 등	⑦농어촌특별세	⑧가산세	⑨당월조정 환급세액	납부세액: ⑩소득세 등 (가산세포함)	⑪농어촌 특별세
근로소득	간이세액	A01	1	3,000,000	17,100					
	중도퇴사	A02								
	일용근로	A03								
	연말정산	A04								
	가감 계	A10	1	3,000,000	17,100				17,100	

영 수 필 통 지 (징 수 기 관 용)

납 부 번 호						수입 징수관서	계좌번호		
분류기호	서코드	납부년월	납부구분	세 목		서초세무서			
			4	14			180658		
상호(성명)	㈜비전21	사업자(주민)등록번호			211-81-21212		일반회계	재정경제부소관	조세
사업장(주소)	서울 서초 서초1 비전센터			전화	02-2121-2121		회계연도		20XX

귀속연도/기분	20XX년 귀속 1월분												
세 목 명	납부금액												
	조	천	백	십	억	천	백	십	만	천	백	십	원
근로소득세									1	7	1	0	0
교육세													
농어촌특별세													
계									1	7	1	0	0

왼쪽의 금액을 한국은행 국고(수납)대리점인 은행 또는 우체국에 납부하시기 바랍니다.
(인터넷등에 의한 전자납부 가능)

납부기한 20XX년 2월 10일

년 월 일

은 행 우체국 지점 수납인

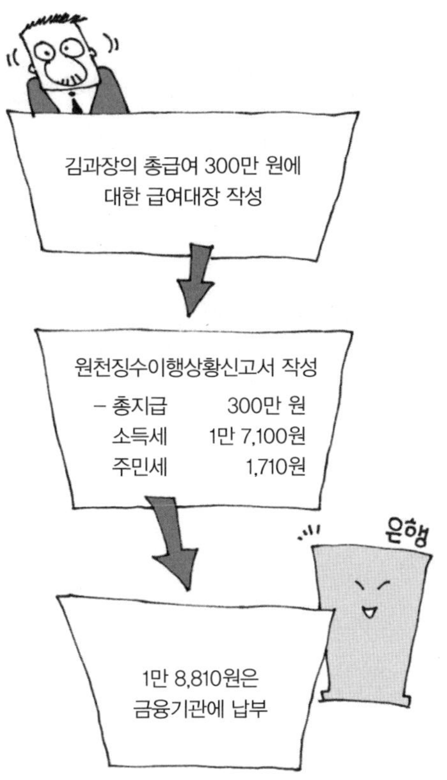

김과장의 총급여 300만 원에
대한 급여대장 작성
원천징수이행상황신고서 작성
– 총지급 300만 원
소득세 1만 7,100원
주민세 1,710원
은행
1만 8,810원은
금융기관에 납부

1분 칼럼

비과세되는 자가운전보조금도 주면서 유류대, 보험료 등도 별도로 지급하는 경우가 있습니다. 이 경우에는 자가운전보조금이 과세급여가 되어 세금을 물게 됩니다. 이는 비과세 식대의 경우도 마찬가지여서 별도로 식대를 받는다면 식대보조는 과세급여가 됩니다. 또한 회사에서 정액으로 지급 받는 통신비, 여비교통비 등도 급여에 포함되어야 합니다.

급여의 경우 원천징수로 모든 세금신고 의무가 끝나나요?

연말정산 공제사항으로는 원천징수에서 고려하지 못했던 보험료, 의료비, 개인연금, 벤처투자, 신용카드, 주택차입금이자, 장기근로자저축 등이 있습니다.

앞에서 직장인은 매월 가족사항 등 기본사항을 고려한 원천징수방법으로 갑근세 및 지방소득세를 신고하고 납부한다는 것을 알았습니다.

그러나 원천징수만으로 급여 관련 세금문제가 끝나는 것은 아닙니다. 1년 동안 급여에 대해 가족사항 외 공제사항을 반영한 연말정산을 통해 갑근세가 확정되어야 급여세금신고 및 납부의무가 끝납니다.

이러한 공제사항들은 분명히 급여에서 지출된 것이지만 연중에는 금액이 확정되지 못하고, 연말에 확정되는 사항들이 대부분입니다.

연말정산 공제사항으로는 원천징수에서 고려하지 못했던 보험료, 의료비, 교육비, 주택자금, 기부금, 개인연금, 벤처투자, 신용카드, 주택차입금이자, 장기근로자저축 등이 있습니다. 이러한 소득공제 및 세액공제를 고려해 소득세 및 주민세를 확정하게 됩니다.

직장인들은 연말정산을 통해 확정된 세금과 매월 뗀 세금합계를 비교해 매월 낸 세금이 적다면 세금을 추가로 납부하고, 매월 낸 세금이 많다면 환급을 받습니다. 환급받는 경우 실제 환급받기보다는 그 다음 달에 내야 할 갑근세와 상계하는 것이 일반적입니다.

연말정산시기는 다음해 3월 10일까지입니다. 예전에는 2월 10일까지였지만, 이 경우 직장인들이 공제받을 자료를 제대로 준비하기 힘들어 정부가 기간을 한 달 늦춘 것입니다.

회계담당자는 직원들이 연말정산시기를 놓치지 않도록 주지시키고, 각종 공제증빙을 잘 챙길 수 있도록 미리 알려주어야 합니다. 회계담당자가 모처럼 좋은 소리를 들을 수 있는 기회이니 적극적으로 활용하기 바랍니다.

참고로 직장인 중에서 특정 직장 외 타 직장에서도 급여가 있을 수 있습니다. 이 경우 5월말까지 합산해 신고하면 됩니다. 또한 급여 외의 소득인 임대소득이나 이자소득, 배당소득이 있는 경우도 5월 말까지 합산해 신고하면 됩니다.

〈월급이 300만 원인 김과장의 연말정산 체크사항〉

연 급여 3천 600만 원　　결정세액 22만 2,576원(갑근세 및 지방소득세)
원청징수세금 22만 5,720원　　차감징수세액 3,130원

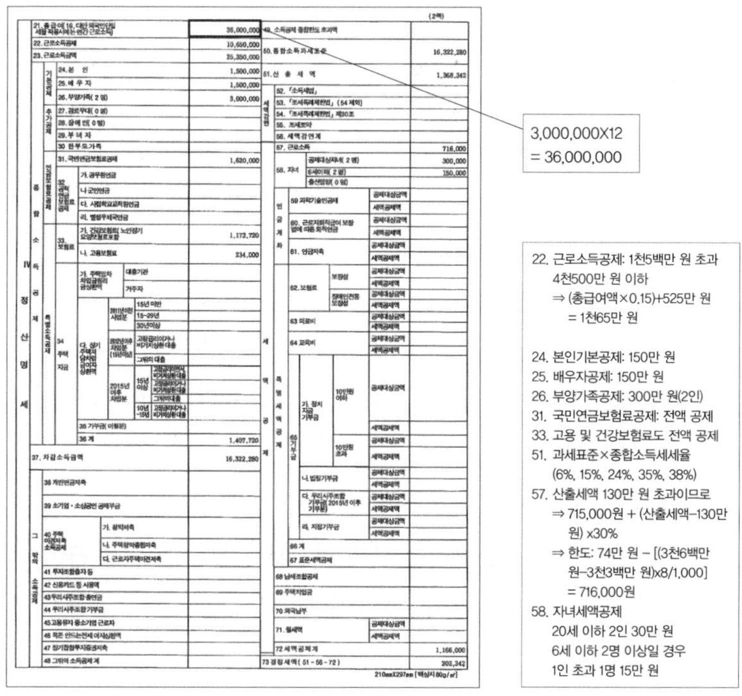

(2쪽)

Ⅳ 정산명세	금액
21. 총급여(16. 다만 외국인단일세율 적용시에는 연간 근로소득)	36,000,000
22. 근로소득공제	10,650,000
23. 근로소득금액	25,350,000
종합소득공제 – 기본공제 – 24. 본 인	1,500,000
25. 배 우 자	1,500,000
26. 부양가족(2 명)	3,000,000
추가공제 – 27. 경로우대(0 명)	
28. 장 애 인(0 명)	
29. 부 녀 자	
30 한부모가족	
연금보험료공제 – 31. 국민연금보험료공제	1,620,000
32 공적연금보험료공제 – 가. 공무원연금	
나. 군인연금	
다. 사립학교교직원연금	
라. 별정우체국연금	
특별소득공제 – 33. 보험료 – 가. 건강보험료(노인장기요양보험료포함)	1,173,720
나. 고용보험료	234,000
34 주택자금 – 가. 주택임차차입금원리금상환액 – 대출기관	
거주자	
다. 장기주택저당차입금이자상환액 – 2011년이전 차입분 – 15년 미만	
15~29년	
30년이상	
2012년이후 차입분(15년이상) – 고정금리이거나 비거치상환 대출	
그밖의 대출	
2015년 이후 차입분 – 15년 이상 – 고정금리이면서 비거치상환 대출	
고정금리이거나 비거치상환 대출	
그밖의대출	
10년~15년 – 고정금리이거나 비거치상환 대출	
35 기부금(이월분)	
36 계	1,407,720
37. 차감소득금액	16,322,280
그 밖의 소득공제 – 38 개인연금저축	
39 소기업·소상공인 공제부금	
40 주택마련저축 소득공제 – 가. 청약저축	
나. 주택청약종합저축	
다. 근로자주택마련저축	
41 투자조합출자 등	
42 신용카드 등 사용액	
43 우리사주조합 출연금	
44 우리사주조합 기부금	
45 고용유지 중소기업 근로자	
46 목돈 안드는 전세 이자상환액	
47 장기집합투자증권저축	
48 그 밖의 소득공제 계	

항목	구분	금액
49. 소득공제 종합한도 초과액		
50. 종합소득 과세표준		16,322,280
51. 산 출 세 액		1,368,342
세액감면 – 52. 「소득세법」		
53. 「조세특례제한법」(54 제외)		
54. 「조세특례제한법」 제30조		
55. 조세조약		
56. 세액감면계		
세액공제 – 57. 근로소득		716,000
58. 자녀	공제대상자녀(2 명)	300,000
	6세이하(2 명)	150,000
	출산입양(0 명)	
연금계좌 – 59 과학기술인공제	공제대상금액	
	세액공제액	
60. 근로자퇴직급여 보장법에 따른 퇴직연금	공제대상금액	
	세액공제액	
61. 연금저축	공제대상금액	
	세액공제액	
특별세액공제 – 62. 보험료 – 보장성	공제대상금액	
	세액공제액	
62. 보험료 – 장애인전용 보장성	공제대상금액	
	세액공제액	
63 의료비	공제대상금액	
	세액공제액	
64 교육비	공제대상금액	
	세액공제액	
65 기부금 – 가. 정치자금 기부금 – 10만원 이하	공제대상금액	
	세액공제액	
65 기부금 – 가. 정치자금 기부금 – 10만원 초과	공제대상금액	
	세액공제액	
나. 법정기부금	공제대상금액	
	세액공제액	
다. 우리사주조합 기부금(2015년 이후 기부분)	공제대상금액	
	세액공제액	
라. 지정기부금	공제대상금액	
	세액공제액	
66 계		
67 표준세액공제		
68 납세조합공제		
69 주택차입금		
70 외국납부		
71. 월세액	공제대상금액	
	세액공제액	
72 세액공제계		1,166,000
73 결정세액(51－56－72)		202,342

210mmX297mm [백상지 80g/㎡]

3,000,000X12
= 36,000,000

22. 근로소득공제: 1천5백만 원 초과 4천500만 원 이하
⇒ (총급여액×0.15)+525만 원
= 1천65만 원

24. 본인기본공제: 150만 원
25. 배우자공제: 150만 원
26. 부양가족공제: 300만 원(2인)
31. 국민연금보험료공제: 전액 공제
33. 고용 및 건강보험료도 전액 공제
51. 과세표준×종합소득세세율 (6%, 15%, 24%, 35%, 38%)
57. 산출세액 130만 원 초과이므로
⇒ 715,000원 + (산출세액−130만 원) x30%
⇒ 한도: 74만 원 − [(3천6백만 원−3천3백만 원)x8/1,000]
= 716,000원
58. 자녀세액공제
20세 이하 2인 30만 원
6세 이하 2명 이상일 경우
1인 초과 1명 15만 원

1분 칼럼

이전 근무지 및 현재 근무지 급여가 있을 경우와 두 직장에서 급여를 받는 이중 근로소득이 있을 경우, 한 군데도 빠지지 않게 잘 챙겨 합산신고를 해야 합니다. 이 경우 근로소득공제액과 근로소득세액 공제액 등이 달라져 세금도 달라집니다.

근로소득 외에 발생한 소득은 어떻게 신고하나요?

합산대상 종합소득 종류에는 신고대상 이자 및 배당소득,
신고대상 부동산임대소득, 사업소득, 근로소득 등이 있습니다.

보통 개인에게는 근로소득이나 임대소득 등 한 종류의 소득만 발생합니다. 그러나 상황에 따라 근로소득 및 임대소득이 동시에 발생하기도 합니다. 이 두 소득을 합해서 신고해야 하는 것을 몰라 그냥 지나쳤다가 본세 외 가산세를 크게 무는 경우가 종종 있습니다. 소득세는 누진세가 적용되어 각각 소득에 대해서는 낮은 세율부터 적용되지만, 다른 소득이 합해지면 높은 세율부터 적용됩니다.

가산세의 경우 신고불성실가산세(약 20%) 및 납부불성실가산세(연리 11%)의 높은 가산세가 적용됩니다. 고의적으로 신고를 하지 않는 것이 아니라 어떤 소득과 어떤 소득을 합해서 신고해야 하는지 몰라서 발생하는 경우입니다.

국세청에서는 매년 세금신고 안내문을 보내주므로 이 안내문만 꼼꼼하게 잘 챙겨도 가산세는 물지 않습니다. 세금은 아는 만큼 절약할 수 있습니다.

여러 개별소득을 합해서 소득세를 신고하는 경우를 '종합소득세신고'라고 합니다. 다음해 5월 31일까지 종합소득을 합해 소득세를 신고하고 납부해야 가산세를 물지 않습니다. 이러한 합산신고대상소득은 근로소득 및 사업소득, 근로소득 및 신고대상 기타소득(2017년 현재 필요경비를 제외하고 300만 원을 초과하는 경우), 신고대상 부동산임대소득 (2017년 현재 임대료 및 보증금에 대한 간주임대료 합계가 2천만 원을 초과하는 경우), 신고대상 이자 및 배당소득(2017년 현재 2천만 원을 초과하는 경우)입니다.

합산대상 종합소득의 종류를 그림으로 정리하면 다음의 그림처럼 신고대상 이자 및 배당소득, 신고대상 부동산임대소득, 사업소득, 근로소득, 신고대상 기타소득이 있습니다. 해당하는 소득들이 있으면 합산해서 신고해야 합니다.

주의할 점은 임대사업에서 소득이 아닌 결손금이 발생할 경우에는 특이하게 타소득과 합산되지 못한다는 점입니다. 이러한 임대사업 결손금은 다음 해에 이월되며, 다음 해에 임대사업에서 소득이 발생되면 그때 이월된 결손금과 상계처리됩니다.

〈합산대상 소득의 종류〉

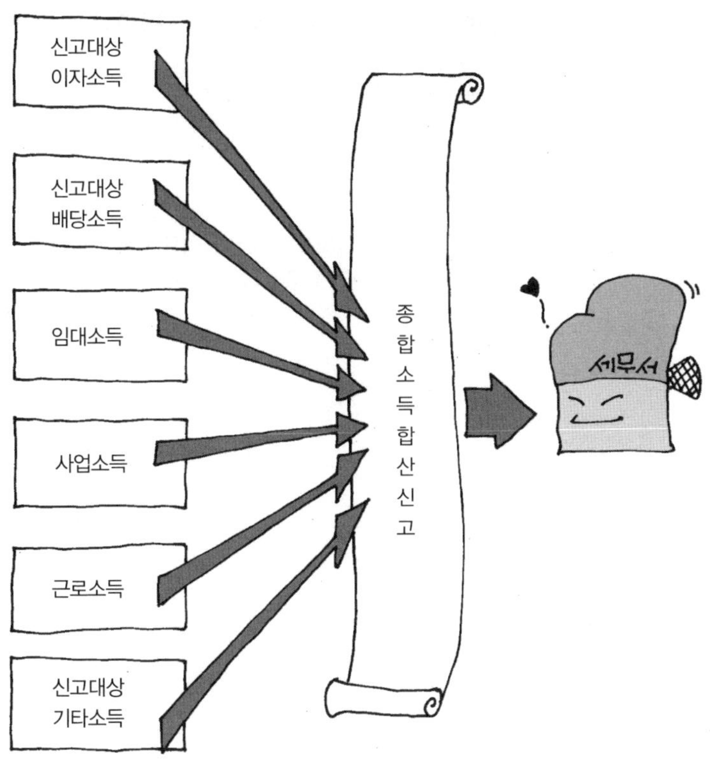

1분 칼럼

교수나 전문 자격사가 일시적으로 강연료를 받거나 원고료를 받는 경우에 기타소득으로 원천징수를 하는 게 맞습니다. 그러나 가끔 사업소득으로 원천징수를 하는 경우도 있습니다. 이때 문제는 사업소득원천징수영수증을 제대로 챙기지 못해서 종합소득세신고 때 신고를 누락해 몇 년 뒤 소득세를 추징당하는 것입니다. 원천징수영수증을 잘 챙겨 놓아야 합니다.

임직원에게 퇴직금을 줄 때도 세금을 내야 하나요?

퇴직금은 보통 최근 3개월 급여를 평균하고, 12개월 상여를 연평균한 다음 이 둘을 합치고 근무기간을 곱해 계산합니다.

'퇴직금'이란 직원이 1년 이상 근무하다가 퇴사할 때 지급하는 것으로 근로기준법상에 명시된 회사의무입니다. 참고로 법인의 경우 대표이사는 매월 급여를 받으므로 퇴사할 때 퇴직금을 받습니다. 반면에 개인회사의 경우 경영자는 월급이란 것이 없고, 또 퇴사란 것도 없기 때문에 퇴직금을 받을 수 없습니다.

퇴직금은 보통 최근 3개월 급여를 평균하고, 12개월 상여를 연평균한 다음 이 둘을 합치고 근무기간을 곱해 계산합니다. 이는 근로기준법에 따라 퇴직금을 지급하는 최저기준으로, 회사가 이보다 퇴직금을 더 많이 주는 것은 괜찮습니다.

이렇게 계산된 퇴직금에 대해 퇴직소득공제를 하고 퇴직소득과세표준을 구한 다음, 퇴직소득과세표준을 근속연수로 나누어 연평균과세표준을 구합니다. 이에 따라 연평균퇴직소득세를 산출하고, 여기에 다시 근속연수를 곱해 퇴직소득산출세액을 계산합니다.

세액공제를 감안해 납부할 퇴직소득세와 주민세를 계산하고 원천징수한 금액을 퇴직자에게 지급합니다. 그 다음 회사는 원천징수한 세금을 익월 10일까지 국세청에 신고하고 납부합니다.

참고로 회사에서 국민연금퇴직전환금을 가입해 적립되어 있는 경우, 퇴직자에게는 그 금액만큼 떼고 퇴직금을 정산하면 됩니다. 이제는 임직원 모두 중간정산제도는 없어졌습니다.

예외적으로 직원에 한해 근로기준법상 불가피한 사유에 해당될 때 중간정산이 가능합니다. 만일 중간정산대상이 아닌 임직원에게 중간정산시 이는 가지급금으로 처리되니 주의해야 합니다.

연봉제를 실시하더라도 우리나라는 완전한 연봉제가 아니므로 반드시 연봉 속에 퇴직금이 포함되는지 근로계약서에 표시해야 합니다. 그 표시가 없다면 회계담당자는 연봉 외 퇴직금을 별도로 지급해야 하는 것을 기억하기 바랍니다.

한편 회사에서는 적립형(DB) 퇴직급여제도를 운영해, 이러한 퇴직금재원을 매월 또는 매년 금융기관에 회사명의로 예치한 후 임직원이 퇴직할 때 퇴직금을 지급합니다. 반면에 기여형(DC) 퇴직급여제도는 임직원 퇴직금재원을 매월 또는 매년 회사자금에서 직원계좌로 이체시켜주는 경우를 말합니다.

회사가 연봉제를 실시하는 경우 퇴직금은 계약기간이 1년이 되는 시점에 지급해야 합니다. 매월 급여와 함께 주는 경우에는 가지급금으로 처리되다가 1년이 되는 시점에 퇴직금으로 처리됩니다.

프리랜서의 세금은 어떻게 처리하나요?

기타소득이 일시적이지 않고 계속적이라면 사업소득으로 분류해야 합니다.
참고로 근로소득과 사업소득은 종합소득세 신고대상입니다.

보통 프리랜서인 컴퓨터 프로그래머가 받는 보수는 '사업소득'이라고 합니다. 반면에 교수님 강연에 대해 지급하는 강연료는 '기타소득'이라고 합니다.

그렇다면 급여와 사업소득, 기타소득은 어떤 차이가 있을까요? 급여소득은 회사에 소속되어 상시 근무하는 직원에게 지급하는 인건비를 의미합니다. 이에 비해 사업소득은 프리랜서처럼 회사에 소속되지 않고 독립적으로 계속 활동하면서 자기가 한 일에 대해 받는 인건비를 말합니다. 따라서 사업소득은 매월 금액이 일정하지 않고 불규칙적인 것이 일반적입니다.

기타소득은 본업 외 일시적인 활동에서 벌어들인 소득입니다. 예

〈사업소득〉

- 컴퓨터 프로그래머 월급 100만 원
- 지방소득세 0.3%
- 원천징수세율 3%
- 차감지급액 96만 7천 원

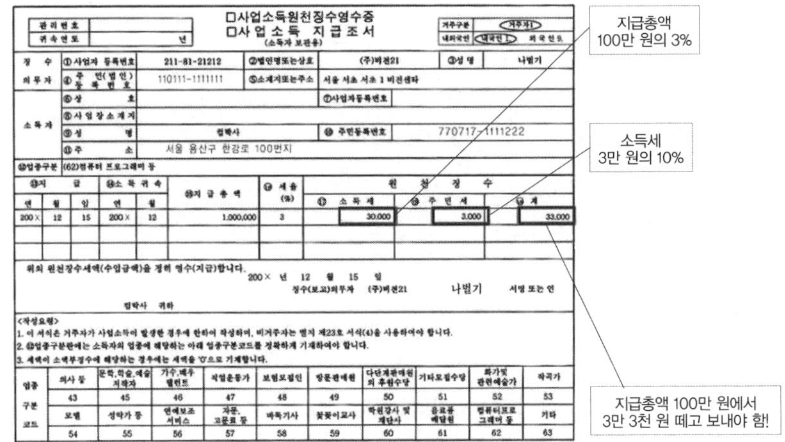

□사업소득원천징수영수증
□사 업 소 득 지 급 조 서
(소득자 보관용)

관리번호:
귀속연도: 년
거주구분: 거주자1
내외국인: 내국인1 외국인9

구분	항목	내용	항목	내용	항목	내용
징수의무자	①사업자 등록번호	211-81-21212	②법인명또는상호	(주)비전21	③성 명	나벌기
징수의무자	④주민(법인)등록번호	110111-1111111	⑤소재지또는주소	서울 서초 서초 1 비전센타		
소득자	⑥상 호		⑦사업자등록번호			
소득자	⑧사업장소재지					
소득자	⑨성 명	컴박사	⑩주민등록번호	770717-1111222		
소득자	⑪주 소	서울 용산구 한강로 100번지				

⑫업종구분: (62)컴퓨터 프로그래머 등

⑬지급 연	월	일	⑭소득귀속 연	월	⑮지급총액	⑯세율(%)	원천징수 ⑰소득세	⑱주민세	⑲계
200×	12	15	200×	12	1,000,000	3	30,000	3,000	33,000

위의 원천징수세액(수입금액)을 정히 영수(지급)합니다.

200× 년 12 월 15 일

징수(보고)의무자 (주)비전21 나벌기 서명 또는 인

컴박사 귀하

<작성요령>

1. 이 서식은 거주자가 사업소득이 발생한 경우에 한하여 작성하며, 비거주자는 별지 제23호 서식(4)을 사용하여야 합니다.
2. ⑫업종구분란에는 소득자의 업종에 해당하는 아래 업종구분코드를 정확하게 기재하여야 합니다.
3. 세액이 소액부징수에 해당하는 경우에는 세액을 '0'으로 기재합니다.

업종구분코드										
	의사 등	문학,학술,예술 저작자	가수,배우 탤런트	직업운동가	보험모집인	방문판매원	다단계판매원의 후원수당	기타모집수당	화가및 관련예술가	작곡가
	43	45	46	47	48	49	50	51	52	53
	모델	성악가 등	연예보조 서비스	자문, 고문료 등	바둑기사	꽃꽂이교사	학원강사 및 [illegible]	음료품 배달원	컴퓨터프로그래머 등	기타
	54	55	56	57	58	59	60	61	62	63

를 들면 직업이 교수인 경우 학교에서 근로소득을 받는 것과 별개로, 일시적인 강연을 통해 받는 소득이나 저작권료로 인세를 받는 경우를 말합니다. 이는 계속적인 활동을 하면서 받는 근로소득, 사업소득과는 구별됩니다.

만약 기타소득이 일시적이지 않고 계속적이라면 사업소득으로 분류해야 합니다. 예를 들어 직장인이 책을 출판해 일시적으로 인세를 받으면 기타 소득으로 분류됩니다. 그러나 책이 잘 팔려 직장을 다니면서 전문작가로서 인세를 받는다면 사업소득으로 분류됩니다. 참고로 근로소득과 사업소득은 종합소득세 신고대상입니다.

기타소득은 소득(수입에서 필요경비를 제외)이 300만 원을 초과하는 경우부터 종합소득세 합산신고대상입니다. 기타소득에서 소득이

〈기타소득〉

- 교수의 강연료 10만 원
- 필요경비 80%
- 소득 2만 원
- 원천징수세율 20%
- 지방소득세 2%
- 차감지급액 9만 5천600원

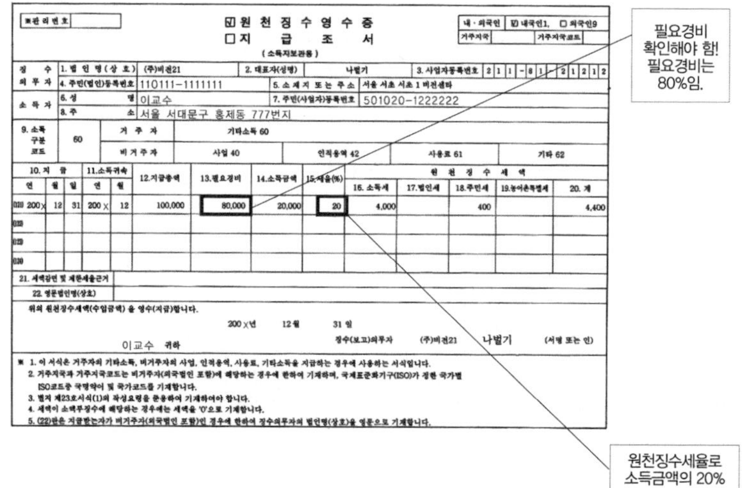

※관리번호

☑원천징수영수증
□지급조서
(소득자보관용)

내·외국인 ☑내국인1, □외국인9
거주지국 거주지국코드

징수의무자	1. 법인명(상호)	(주)비전21	2. 대표자(성명)	나벌기	3. 사업자등록번호	211-81-21212
	4. 주민(법인)등록번호	110111-1111111	5. 소재지 또는 주소	서울 서초 서초 1 비전센타		
소득자	6. 성명	이교수	7. 주민(사업자)등록번호	501020-1222222		
	8. 주소	서울 서대문구 홍제동 777번지				

9. 소득구분코드	60	거주자	기타소득 60			
		비거주자	사업 40	인적용역 42	사용료 61	기타 62

10. 지급 연	월	일	11. 소득귀속 연	월	12. 지급총액	13. 필요경비	14. 소득금액	15. 세율(%)	원천징수세액 16. 소득세	17. 법인세	18. 주민세	19. 농어촌특별세	20. 계
(11) 200X	12	31	200X	12	100,000	80,000	20,000	20	4,000		400		4,400
(12)													
(13)													
(14)													

21. 세액감면 및 제한세율근거	
22. 영문법인명(상호)	

위의 원천징수세액(수입금액)을 영수(지급)합니다.

200X년 12월 31일

징수(보고)의무자 (주)비전21 나벌기 (서명 또는 인)

이교수 귀하

※ 1. 이 서식은 거주자의 기타소득, 비거주자의 사업, 인적용역, 사용료, 기타소득을 지급하는 경우에 사용하는 서식입니다.
2. 거주지국과 거주지국코드는 비거주자(외국법인 포함)에 해당하는 경우에 한하여 기재하며, 국제표준화기구(ISO)가 정한 국가별 ISO코드중 국명약어 및 국가코드를 기재합니다.
3. 별지 제23호서식(1)의 작성요령을 준용하여 기재하여야 합니다.
4. 세액이 소액부징수에 해당하는 경우에는 세액을 '0'으로 기재합니다.
5. (22)란은 지급받는자가 비거주자(외국법인 포함)인 경우에 한하여 징수의무자의 법인명(상호)을 영문으로 기재합니다.

란 것은 전체 받는 수입금액에서 필요경비를 공제한 나머지를 말합니다. 예로 강연료나 인세는 필요경비가 수입금액의 80%(2017년의 경우)이므로 20%가 기타소득이 됩니다.

특히 출판업, 광고업 회계담당자는 이러한 현상이 일상적으로 발생하지만, 사업소득, 기타소득에 관한 구분이 현실적으로 어려워 실무에서 제대로 분류하지 못하는 경우가 많습니다. 이런 경우에는 전문가나 국세청의 도움을 받아 처리하는 게 현명합니다.

실제로 매년 발생하는 거액의 사업소득을 계속 기타소득으로 신고해 소득자가 나중에 국세청으로부터 세금추징을 당하는 사례가 종종 발생합니다. 경우에 따라서는 기타소득이 사업소득보다 세금부담이 적다는 걸 알고 사업소득을 기타소득으로 처리해 달라고 요청하는 소득자도 있습니다. 문제는 원천징수의무 오류에 대한 본세 및 가산세는 일단 원천징수의무자인 회사가 납부해야 합니다. 물론 본세는 소득자에게 청구하면 되지만, 가산세는 회사가 부담해야 하므로 주의해야 합니다.

급여의 경우 갑근세 및 지방소득세 외에 4대보험에 대한 부담이 꽤 큽니다. 따라서 회사에서는 직원을 배려하는 차원에서 급여 대신에 세금 부담이 상대적으로 적은 사업소득으로 처리하려고 합니다. 회계담당자는 근로소득과 사업소득의 정의를 잘 알아 실질에 맞게 처리해야 합니다.

법인세나 소득세신고는 어떻게 하나요?

법인세에 대한 산출내역은 세무조정계산서를 통해 작성하며, 일반적으로 인터넷으로 법인세를 신고하고, 금융기관에 세금도 납부해야 합니다.

'법인세'란 법인이 1년 동안 벌어들인 소득에 대해 법인세율을 적용해 산출한 세금을 말합니다. 여기서 기중에 낸 중간예납법인세나 원천징수법인세가 있으면 이를 차감하고 세금을 산출합니다.

법인세에 대한 산출내역은 세무조정계산서를 통해 작성해야 하며, 일반적으로 인터넷으로 법인세를 신고하고, 금융기관에 세금도 납부해야 합니다.

신고기한은 법인결산일로부터 3개월 이내입니다. 예를 들어 회사가 12월 31일이 회계기간의 말일이라면, 3월 31일까지 법인세신고 및 납부기한입니다. 만약 세금이 없는 결손상태라도 세무조정계산서를 통해 법인세신고를 해야 합니다.

〈법인세신고와 소득세신고 예〉

법인세 과세표준 및 세액신고서

(앞쪽)

① 사업자등록번호	211-81-21212				② 법인등록번호	110111-1111111	
③ 법인명	(주)비전21				④ 전화번호	02) 2121 - 2121	
⑤ 대표자성명	나벨기				⑥ 전자우편주소		
⑦ 소재지	서울서초구 서초1 비전센타						
⑧ 업태	제조, 서비스		⑨ 종목	통신기기외	⑩ 주업종코드		
⑪ 사업연도	20 . . ~20 . .				⑫ 수시부과기간	. . ~ . .	
⑬ 법인구분	① 내국 2. 외국 3. 외투(비율 %)				⑭ 조정구분	① 외부 2. 자기	

⑮ 종류별구분		중소기업	일반: 중견기업	일반: 상호출자제한기업	일반: 그외기업	당기순이익과세		
							⑯ 외부감사대상	1. 여 ② 부
영리법인	상장법인	11	71	81	91			① 정기신고
영리법인	코스닥상장법인	21	72	82	92			2. 수정신고(가. 서면분석, 나. 기타)
영리법인	기타법인	30	73	83	(93)		⑰ 신고구분	3. 기한후신고
비영리법인		60	74	84	94	50		4. 중도폐업신고 5. 경정청구

⑱ 법인유형별구분	기타법인	코드 100	⑲ 결산확정일	
⑳ 신고일	2017. 3. 31		㉑ 납부일	
㉒ 신고기한연장승인	1. 신청일		2. 연장기한	

구분	여	부	구분	여	부
㉓ 주식변동	1	②	㉔ 장부전산화	①	2
㉕ 사업연도의제	1	②	㉖ 결손금소급공제 법인세환급신청	1	②
㉗ 감가상각방법(내용연수) 신고서 제출	1	②	㉘ 재고자산등평가방법신고서 제출	1	②
㉙ 기능통화 채택 재무제표 작성	1	②	㉚ 과세표준 환산시 적용환율		
㉛ 동업기업의 출자자(동업자)	1	②	㉜ 국제회계기준(K-IFRS) 적용	1	②
㊼ 내용연수승인(변경승인) 신청	1	②	㊽ 감가상각방법변경승인 신청	1	②
㊾ 기능통화 도입기업의 과세표준 계산방법			㊿ 미환류소득에 대한 법인세 신고	1	②

구분	법인세: 법인세	법인세: 토지 등 양도소득에 대한법인세	법인세: 미환류 소득에 대한법인세	계
(53) 수입금액	(		)	
(54) 과세표준	62,000,000			
(55) 산출세액	6,200,000			6,200,000
(56) 총부담세액	6,200,000			6,200,000
(57) 기납부세액	1,000,000			1,000,000
(58) 차감납부할세액	5,200,000			5,200,000
(59) 분납할세액				
(60) 차감납부세액				5,200,000

이렇게 하지 않으면 장래 세금을 줄일 수 있는 재원인 이월결손금의 존재가 없어집니다. 법인세 역시 부가가치세처럼 낼 돈이 없어도 체납하지 않고 내는 것이 유리합니다. 왜냐하면 회사의 신용문제뿐만 아니라 가산세가 시중금리보다 훨씬 높기 때문입니다.

한편 소득세란 1월 1일부터 12월 31일까지 1년 동안 개인사업자의 사업소득을 포함해 개인이 벌어들인 종합소득에 대해 소득세율을 적용해 산출한 세금을 말합니다. 이 역시 기중에 낸 중간예납세액이 있으면 이를 차감하고 세금을 산출합니다. 이러한 소득세 산출내역을 소득세확정신고서를 통해 작성하고, 이를 보통 인터넷을 통해 신고하며 금융기관에 세금도 납부해야 합니다.

〈소득신고의 예〉

관리번호 (20 년귀속) 종합소득세 · 농어촌특별세 · 지방소득세 과세표준확정신고 및 납부계산서

거주구분	거주자1 / 비거주자2
내·외국인	내국인1 / 외국인9
거주지국 대한민국	거주지국코드 KR

● 기본사항

① 성 명	나개인	② 주민등록번호	551155-1667788
③ 주 소	서울 광진구 조용 656		
④ 주소지전화번호	) -	⑤ 사업장전화번호	02)2121-2121
⑥ 휴 대 전 화	) -	⑦ 전자우편주소	

⑧ 신고유형 11 자기조정 (12) 외부조정 14 성실신고확인 20 간편장부 31 추계-기준율 32 추계-단순율 40 비사업자

⑨ 기장의무 (1) 복식부기의무자 2 간편장부대상자 3 비사업자

⑩ 신고구분 (10) 정기신고 20 수정신고 30 경정청구 40 기한후신고 50 추가신고(인정상여)

● 환급금 계좌신고 (2천만원 미만인 경우) ⑪ 금융회사/체신관서명 ⑫ 계좌번호

● 세무대리인 ⑬ 성 명 ⑭ 사업자등록번호 - - ⑮ 전화번호) -
⑯ 대리구분 1 기장 2 조정 3 신고 4 확인 ⑰ 관리번호 - ⑱ 조정반번호 -

● 세액의 계산

구분		종합소득세		지방소득세		농어촌특별세	
종합소득금액		⑲	10,000,000				
소득공제		⑳	1,500,000				
과세표준(⑲-⑳)		㉑	8,500,000	㊶	8,500,000	(61)	
세율		㉒	6%	㊷	0.6%	(62)	
산출세액		㉓	510,000	㊸	51,000	(63)	
세액감면		㉔		㊹			
세액공제		㉕	70,000	㊺	7,000		
결정세액(㉓-㉔-㉕)		㉖	440,000	㊻	44,000	(64)	
가산세		㉗		㊼		(65)	
추가납부세액(농어촌특별세의 경우에는 환급세액)		㉘		㊽		(66)	
합계(㉖+㉗+㉘)		㉙	440,000	㊾	44,000	(67)	
기납부세액		㉚		㊿		(68)	
납부(환급)할총세액(㉙-㉚)		㉛	440,000	(51)	44,000	(69)	
납부특례세액	차감	㉜				(70)	
	가산	㉝					
분납할세액	2개월내	㉞					
신고기한내납부할세액(㉛-㉜+㉝-㉞)		㉟	440,000	(52)	44,000	(71)	

종합소득에는 앞서 언급한 것처럼 신고대상이 되는 이자 및 배당소득이 있으며, 부동산임대소득, 사업소득, 근로소득, 신고대상이 되는 기타소득이 있습니다. 종합소득세의 신고기한은 그 다음 해 5월 31일까지입니다.

참고로 법인은 회계기간을 임의로 정해 사용할 수 있는 반면, 개인 및 개인사업자는 그렇게 하지 못하고 법으로 1월 1일부터 12월 31일까지로 정해져 있습니다.

세금이 없는 결손상태라도 소득세확정신고를 해야 되는 이유는 법인과 마찬가지로 장래에 세금을 줄일 수 있는 이월결손금을 위해서

입니다. 또한 소득세 역시 법인세처럼 낼 돈이 없어도 체납하지 않고 내는 것이 유리합니다. 회사의 신용문제뿐만 아니라 미납부가산세가 시중금리보다 훨씬 비싸기 때문입니다.

회사가 정상영업을 하지 못하고 사업자등록증을 관할 세무서에 일시적으로 반납한 휴업상태에서도 법인세와 소득세신고를 해야 합니다. 휴업기간에 매출은 없지만, 최소한 인건비, 임대료 등 비용이 발생하기 때문입니다.

1분 칼럼

다시 한번 정리하면 종합소득 중 사업소득은 개인사업자가 1년 동안 벌어 들인 소득을 말합니다. 이는 성격상 법인소득과 유사합니다. 이러한 사업소득에 부동산임대소득이나 다른 사업소득이 있다면 이를 합해 소득을 계산하고, 소득세율을 적용해 종합소득세를 산출합니다.

법인세 및 소득세의 세율은 어떻게 되나요?

우리나라와는 다르게 미국은 2018년부터 법인세율을 인하하고, 단일세율로 적용합니다. 소득세 과표구간도 7단계에서 4단계로 축소합니다.

개인소득이란 종합소득을 말하는 것으로 그 종류는 신고대상 이자 및 배당, 부동산임대, 사업, 근로, 신고대상이 되는 기타, 연금소득이라는 것을 이미 앞에서 배웠습니다.

법인세율은 2018년부터 영리법인, 비영리법인, 청산소득과는 상관없이 구분을 두지 않고 4단계로 나눕니다. 2018년부터 과세표준이 2억 원 이하일 때는 10%, 2억 원 초과분에 대해서는 20%, 200억 원 초과분에 대해서는 22%, 3천억 원 초과분에 대해서는 25% 누진세율이 적용됩니다(참고로 2017년은 3단계로 과세표준이 2억 원 이하일 때는 10%, 2억 원 초과분에 대해서는 20%, 200억 원 초과분에 대해서는 22%의 누진세율이 적용되었습니다).

〈소득 1억 원에 대한 소득세와 법인세 표시〉

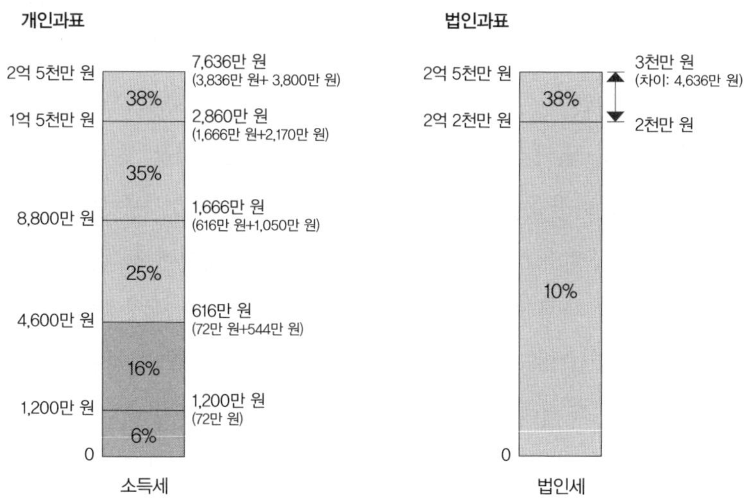

반면 2018년부터 소득세율은 7단계로 나눠집니다. 2018년부터 소득이 1,200만 원 이하일 때 6%, 4,600만 원 이하일 때 16%, 8,800만 원 이하일 때 25%, 1억 5천만 원 이하일 때 35%, 3억 원 이하일 때 38%, 5억 원 이하일 때 40%, 5억 원 초과일 때 42%의 누진세율이 적용됩니다(참고로 2017년은 6단계로 소득이 1,200만 원 이하일 때 6%, 4,600만 원 이하일 때 16%, 8,800만 원 이하일 때 25%, 1억 5천만 원 이하일 때 35%, 5억 원 이하일 때 38%, 5억 원 초과일 때 40% 누진세율이 적용되었습니다).

'누진세율'이란 특정소득에 해당되는 세율구간이 여러 개면 각각 소득에 해당하는 세율을 적용하는 것을 말합니다. 예를 들어 법인소득이 1억 원이면 법인세율은 1억 원에 대해 10%를 적용해 법인세는

1천만 원이 됩니다.

또한 개인소득이 2억 5천만 원이면 1,200만 원에 대해서는 6%로 72만 원, 4,600만 원까지는 16%로 544만 원, 8,800만 원까지는 25%로 1,050만 원, 1억 5천만 원까지는 35% 세율로 2,170만 원이고, 2억 5천만 원까지는 38% 세율로 3,800만 원, 이를 모두 더하면 소득세는 7,636만 원이 됩니다. 이를 통해서 볼 때 소득수준이 낮을 때는 개인소득세가 작고, 소득수준이 높을 때는 법인세가 작습니다.

참고로 법인세에 딸린 지방소득세는 감면 전 법인세에 대해 일정률, 예를 들어 10%를 적용합니다. 반면에 소득세에 딸린 지방소득세는 감면 후 소득세에 일정률, 예를 들어 10%를 적용합니다. 법인세 및 소득세는 국가에 귀속되는 세금입니다. 한편 법인세 및 소득세에 딸린 지방소득세는 관할 지방자치단체에 귀속되는 세금입니다.

우리나라와는 다르게 미국은 2018년부터 법인세율을 인하하고, 단일세율로 적용합니다. 소득세 과표구간도 7단계에서 4단계로 축소합니다. 어느 나라가 더 경쟁력이 있을지는 두고 볼 일입니다.

 **1분 칼럼**

우리나라에서 개인기업이 법인으로 전환하는 이유 중 대부분이 세금부담 때문입니다. 위의 그림처럼 소득이 높아지는 시점에서는 개인기업이 법인으로 전환하면 세금이 절약됩니다.

절세요령은 뭔가요,
그렇다면 탈세는 뭔가요?

절세란 세법에서 과세소득이 줄어 세금이 줄게 되는 것을 말합니다.
탈세란 세법을 어기고 세금을 고의적으로 적게 내는 것을 말합니다.

'절세'란 세법에서 정한 내용을 제대로 적용하면 과세소득이 줄고 이에 따라 세금이 줄어드는 것을 말합니다. 과세소득을 줄이는 요소로 소득공제가 있으며, 세금을 줄이는 요소로 세액감면·세액공제 등이 있습니다.

'탈세'란 세법에서 정한 대로 하지 않고 세금을 고의적으로 적게 내는 것을 말합니다. 조세포탈·조세회피 등이 포함됩니다. 보통 분식회계의 반대인 역분식회계의 결과로 나타납니다. 예로 실물거래 없이 서류상 매입세금계산서를 받거나, 매출액을 고의로 누락하거나, 접대비를 복리후생비나 회의비로 처리하거나, 대표자가 개인적으로 사용한 경비를 회사의 비용으로 처리한 경우가 탈세에 해당합니다.

〈절세의 경우〉

판매비와 일반관리비로 처리

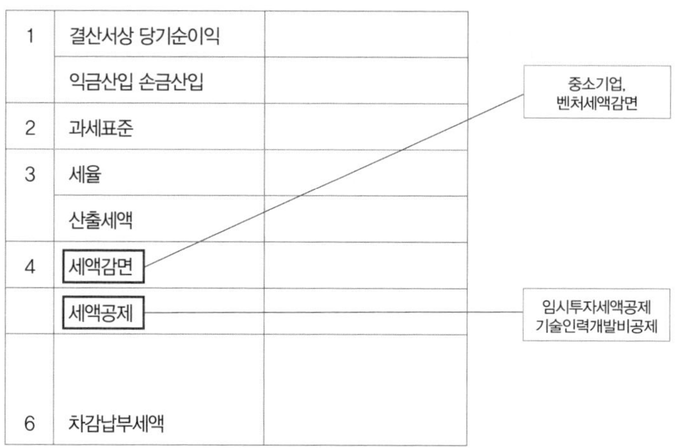

1
결산서상 당기순이익
익금산입 손금산입
2
과세표준
3
세율
산출세액
4
세액감면
세액공제
6
차감납부세액
중소기업,
벤처세액감면
임시투자세액공제
기술인력개발비공제

탈세의 경우는 국세청 자체분석을 통해 찾아낼 수 있습니다. 찾게 되면 경우에 따라 세금부담이 너무 커서 회사가 휘청거릴 수도 있습니다. 또한 탈세는 규모나 성격에 따라 조세범처벌법의 적용을 받아 형사고발될 수도 있으므로 회계담당자는 주의해야 합니다.

절세를 할 수 있는 세법상 규정들 중 세액감면은 산출된 세액 중 일정률을 줄여 주는 것입니다. 예를 들어 중소제조업 및 벤처업 세액감면 등이 있습니다. 한편 세액공제는 일정한 대상에 대해 세금자체를 공제해주는 것입니다. 예로 중소기업의 기계장치 구입에 대해 일정액을 깎아주는 임시투자세액공제와 기술연구소 연구개발에 투입된 인건비 일정액을 세금에서 깎아주는 세액공제가 있습니다.

세액감면과 세액공제는 적용조건이 있기 때문에 회계담당자는 우리 회사에 적용이 가능한지, 그리고 여러 개가 동시에 해당될 때는

〈탈세의 경우〉

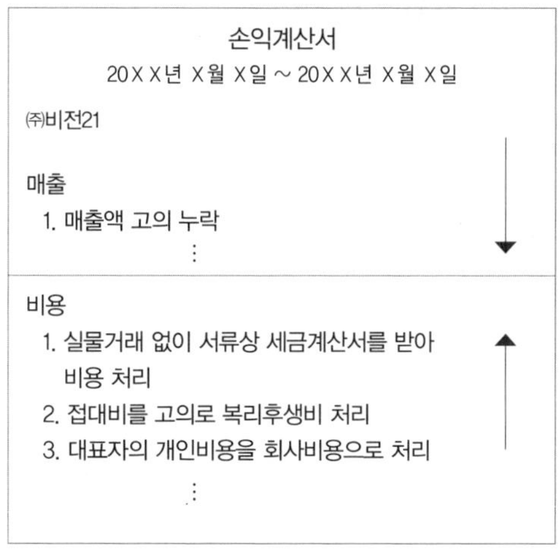

손익계산서
20XX년 X월 X일 ~ 20XX년 X월 X일

㈜비전21

매출
1. 매출액 고의 누락
⋮

비용
1. 실물거래 없이 서류상 세금계산서를 받아 비용 처리
2. 접대비를 고의로 복리후생비 처리
3. 대표자의 개인비용을 회사비용으로 처리
⋮

중복적용이 가능한지 확인해야 합니다.

또한 아무리 세액공제 및 세액감면을 중복적용받아도 최저한도로 세금을 내는 최저한세도 고려해야 합니다. 이럴 때는 전문가나 국세청에 문의해 처리하는 게 현명합니다. 참고로 국세청에서는 탈세를 찾아내기 위한 일환으로 빅데이터를 활용해 빅데이터 자문단을 구성하고, 빅데이터센터를 구축할 예정입니다.

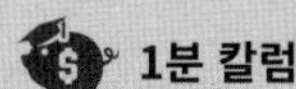

1분 칼럼

탈세는 매출을 누락시키거나 매입 및 비용을 고의로 부풀려 그 결과로 소득을 줄여 세금을 적게 내는 것을 말합니다. 이러한 세금에는 주로 부가가치세나 법인세 또는 소득세 등이 있습니다.

지방세서면신고는 어떻게 하나요?

지방세서면신고란 법인의 서류신고로 지방세징수여부가 결정되는 것을 말합니다. 매년 해야 할 의무가 있고, 내용이 많아 회계담당자는 잘 대비해야 합니다.

'지방세서면신고'란 법인에 서류신고를 통해 지방세징수여부가 결정되는 것을 말합니다. 자세히 살펴보면, 관할 지방자치단체인 시청이나 군청, 구청은 지방세신고 및 납부서류를 법인에게 보냅니다. 그러면 업체는 이를 작성하고 증빙자료도 함께 보냅니다. 그후 지방자치단체가 이를 통해 지방세 징수여부를 결정합니다.

지방세서면신고는 보통 결산기 이후 매년 신고해야 할 의무가 있는데, 작성할 내용이 만만치 않습니다. 따라서 회계담당자는 의문이 가는 내용에 대해서 관할 시청, 군청이나 구청에 문의해 내용을 제대로 파악한 후 작성하고 신고해야 합니다.

만약 자의적으로 해석해 작성했다가는 회사에 세금추징 등 불이익이 있을 수도 있으니 주의해야 합니다.

회계담당자는 시간과 여유를 갖고 하나씩 차근차근 채워 나가야 합니다. 장부 작성을 외부에 의뢰한 기장대행의 경우 회계담당자가 이 서류를 작성하기가 더욱 어렵습니다. 이럴 때는 즉시 외부 기장대행업체와 협의해 작성하는 것이 요령입니다.

주로 쟁점이 되는 것은 부동산이나 차량, 기계 등 구입 때 취득세와 등록세를 제대로 냈는지, 그 외 금고 등과 같은 고정자산취득에 대해 취득세대상 해당여부입니다.

또한 법인이 납부한 취득세 중 과점주주 취득세 납부의무의 성립여부입니다. 과점주주란 특정주주 및 그의 친족, 기타 특수관계자에 속하는 주주가 소유하고 있는 주식이 51% 이상이면서 실질적으로 권리를 갖고 있거나 경영을 사실상 지배하는 경우 등을 말합니다. 이는 취득세 이중납부로 여겨지는데, 법인재산을 실제적으로 주주가 취득했다고 간주하고 물리는 세금입니다.

실무상 과점주주에 해당되어도 취득세 납부의무를 몰라서 자진신고하는 경우는 거의 없습니다. 설령 취득세 납부의무를 알아도 마찬가지입니다. 대부분이 구청 등에서 세금고지서가 날라와야 내야 하는 사실을 알게 됩니다. 문제는 나중에 납부할 때는 본세 외에 가산세도 함께 납부해야 한다는 점입니다. 그 외 사업이 수행되는 사업소에 대해 사업소세를 제대로 냈는지도 쟁점사항입니다.

실무에서 자주 발생하는 경우로 당초에는 과점주주가 아니었다가 나중에 과점주주가 된 경우, 과거 취득한 차량이나 기계 등에 대해 주식소유 비율에 따른 취득세를 또 내야 합니다. 이를 과점주주의 취득세 납세의무라고 합니다.

주주가 비상장회사 주식을 양도할 때 세금신고는 어떻게 하나요?

이익이 많이 나는 회사의 경우 주식을 이동하기 전에 반드시 세법상 주식평가를 해서 세금 문제가 생기지 않게 해야 합니다. 따라서 전문가와 상의하는 것이 중요합니다.

비상장주식의 양도소득세는 양도한 날이 속하는 반기말일부터 2개월 이내에 양도자 주소지 관할 세무서에 신고하고 납부해야 합니다. 이를 양도소득세 예정신고라고 하는데, 예정신고를 안 하면 신고불성실가산세(세금의 10%, 부당한 경우 세금의 20%) 및 납부불성실 가산세를 내야 합니다. 만약 다음 해 5월 31일까지 확정신고도 안 하면 양도소득세 신고불성실가산세(세금의 20% 또는 부당한 경우 세금의 40%) 및 납부불성실가산세(해당일수×3/10,000)를 내게 됩니다.

한편 증권거래세도 비상장주식의 경우 잔금을 받거나 그 전에 주권을 양도하거나 권리를 이전한 날이 속하는 분기말일부터 2개월 이내에 양도금액의 0.5%를 양도자 주소지 관할 세무서에 신고하고 납부해야 합니다. 만약 이 기간을 넘기면 신고불성실가산세(세금의 20% 또는 부당한 경우 세금의 40%) 및 납부불성실가산세(미납부세액×미납부기간×3/10,000)를 내야 합니다.

예를 들어 주식을 양도하고 계약금은 8월 1일, 잔금은 9월 15일에 받았다면 양도소득세 예정신고는 11월 30일, 증권거래세신고도 11월 30일까지 하면 됩니다. 만약 예정신고를 못했다면 다음해 5월 31일까지 확정신고를 하면 됩니다.

보통 비상장법인 주주들이 이런 절차를 잘 알지 못해 피해를 보는 경우가 의외로 많기 때문에 회계담당자는 이를 잘 알아 도와줄 필요가 있습니다. 그러면 누가 누구에게 팔았는지 쉽게 알 수 있어 주식관리도 쉽게 할 수 있습니다.

또한 이런 내용을 법인세신고시 주식이동상황명세서 갑, 을(주식이동이 있을 경우 그 내역)을 제대로 작성해 국세청에 제출할 수 있습니다. 중소기업의 경우 보통 주식매매 때 주권발행이 없어 주권이 오고 가지 않습니다. 대신 주권과 효력이 똑같게 주식보관증(특별한 양식이 없음)과 새로운 주주명부를 새로운 주주에게 교부합니다.

주식매매계약서를 작성하고, 주식대금을 낸 새로운 주주가 상기 자료들을 받지 못하면 회사에 대해 주주로서 권리를 행사하는 것이 불가능합니다. 회사가 고의적으로 이러한 자료를 거부하는지, 아니면 원래 정관상 주식양도가 금지되어 있는지 확인해 대책을 세워야 합니다.

이때 주의할 점은 이익이 많이 나는 회사의 경우 주식이동 전에 반드시 세법상 주식 평가를 해서 증여의제 등 세금 문제가 생기지 않게 해야 합니다. 따라서 반드시 전문가와 상의하는 것이 중요합니다.

〈주주가 주식을 팔았을 때〉

주 주 명 부 (매 매 전)

주주명	주 소 / 주민등록번호	인수주식주	주당금액	납입금액	지분율	관계
나양도	강남 청담 1251 551122-1234567	6,500주	5,000원	32,500,000원	65%	대주주
너양수	성남 구미 1 581212-1567890	3,500주	5,000원	17,500,000원	35%	타인
합 계		10,000주	5,000원	50,000,000원	100%	

서기 20××년 9월 14일 현재
이 주주명부는 당회사 주주명부가 틀림없음

상　　호 (주)비전21
본　　점 서울 서초 서초 1 비전센타
대표이사 나벌기

주 주 명 부 (매 매 후)

주주명	주 소 / 주민등록번호	인수주식주	주당금액	납입금액	지분율	관계
나양도	강남 청담 1251 551122-1234567	5,500주	5,000원	27,500,000원	55%	대주주
너양수	성남 구미 1 581212-1567890	4,500주	5,000원	22,500,000원	45%	타인
합 계		10,000주	5,000원	50,000,000원	100%	

서기 20××년 9월 15일 현재
이 주주명부는 당회사 주주명부가 틀림없음

상　　호 (주)비전21
본　　점 서울 서초 서초 1 비전센타
대표이사 나벌기

주 식 매 매 계 약 서

매도인(이하 '갑' 이라 한다)과 매수인(이하 '을' 이라 한다) 간에 다음과 같이 주식매매 계약을 체결한다.

제1조(매 매) '갑'은 다음에 표시하는 자기 소유주식을 '을'에게 매도하고 '을'은 이를 매수한다.

1. 매매목적물 : (주)비전21 보통주식
2. 매매 수량 : 1,000주
3. 주당 금액 : 5,000원
4. 액면 가액 : 5,000,000원
5. 매매 금액 : 5,000,000원

제2조(매매대금 지급 방법) '을'은 계약과 동시에 동 주식대금 전액을 '갑'에게 지급한다.

제3조(명의개시) '갑'은 '을'로부터 전조의 매매대금을 영수함과 동시에 '을'에게 동 주식을 인도하되 주식명의 개서에 필요한 모든 조치를 취한다.

상기 계약을 확실히 하기 위하여 2통을 작성하고 아래에 기명날인하고 각 1통씩 보관한다.

20××년 9월 15일

매도인(갑)
성　　명 : 나양도 (서명, 인)
주민등록번호 : 551122-1234567
주　　소 : 서울 강남 청담 1251

매수인(을)
성　　명 : 너양수 (서명, 인)
주민등록번호 : 581212-1567890
주　　소 : 성남 구미 1

[별지제2호(병)서식](01.4.2.개정)

(200X년 9월분)

증권거래세 과세표준신고서

(증권거래세법 제3조제3호의 규정에 의한 납세의무자용)

처리기간
즉 시

납세의무자	① 상 호(법인명)		② 주민(법인)등록번호	551122-1234567
	③ 성 명(대표자)	나 양 도	④ 전 화 번 호	

거 래 자 인 적 사 항

양도자			양수자		
	⑤ 성 명(법 인 명)	나양도		⑥ 성 명(법 인 명)	너양수
	⑦ 주민(법인)등록번호	551122-1234567		⑧ 주민(법인)등록번호	581212-1567890
	⑨ 사업자등록번호			⑩ 사업자등록번호	
	⑪ 주 소(본점소재지)	강남 청담 1251		⑫ 주 소(본점소재지)	성남 구미 1번지

신 고 내 용

⑬ 양 도 연월일	⑭주권·지분 발행법인 법인명	⑭주권·지분 발행법인 사 업 자 등록번호	⑮ 주권등의 종 류	⑯주식수	⑰단 가	⑱과세표준	⑲세 율	⑳산출세액	㉑가산세	㉒납부할 세액
20XX.9.15	(주)비전21	211-81-21212	비상장보통주	1,000	5,000	5,000,000	5/1000	25,000		25,000
							5/1000			
							5/1000			
							5/1000			
합 계				1,000주		5,000,000원		25,000		25,000

증권거래세법 제10조제1항의 규정에 의하여 위와 같이 신고합니다.

20×× 년 10 월 10 일

신고인　　나 양 도　(서명 또는 인)

강남　세 무 서 장　귀하

수 납 인

※ 납세의무자 : 양도자가 내국인인 경우에는 양도자가 납세의무자이고, 양도자가 국내사업장을 가지고 있지 아니한 비거주자 또는 국내사업장을 가지고 있지 아니한 외국법인인 경우에는 양수자가 납세의무자입니다.

※ 구비 서류 : 주권 또는 지분의 매매계약서사본 1부

수 수 료
없 음

주주들이 증자와 주식매매를 혼동하는 경우가 많습니다. 증자는 주주들이 회사의 자본금 확충에 참여하는 것으로, 회사의 자본금이 늘어나면서 주주의 주식수도 늘어나는 것을 말합니다. 반면에 주식매매는 주주가 개인적으로 주식을 사고 파는 것으로 회사의 자본금과는 무관합니다.

8 DAYS

8일차에서는 회계담당자가 자금과 관련된 업무를 처리하면서 부딪치는 각종 일들을 다룹니다. 회계담당자가 의외로 은행 등 금융기관업무에 대해 잘 모르는 경우가 많습니다. 회사를 설립했을 때 법인계좌 개설시기와 개인사업자 사업용계좌 개설시기, 자금을 대여해줄 때 반드시 작성해야 하는 금전소비대차약정서에 대해서 익혀둘 필요가 있습니다. 그리고 금융기관 중에서 자금을 빌려주는 기관과 담보가 되는 보증서를 발급해주는 기관들을 알 필요가 있습니다. 또한 금융기관과 거래할 때 사용되는 기본 용어도 알아야 하며, 해외수입 때 발생하는 비용항목에 대해서도 알아야 하며, 해외에 용역수수료를 지급할 때는 수입과 어떻게 다른지 알아야 합니다.

8일차

회사의 금융관리, 완벽하게 처리하는 법

법인계좌는 언제부터 개설할 수 있나요, 개인사업자도 사업용계좌를 개설하나요?

법인은 경제활동의 주체로서 모든 수입과 지출을 법인명의로 관리합니다. 개인사업자 중 복식부기의무자와 전문자격자는 사업용계좌를 만들어야 합니다.

법인계좌란 은행에서 예금통장을 만들 때, 예금주를 홍길동과 같은 개인 이름이 아닌 ㈜비전21과 같은 법인명의로 만드는 것을 말합니다.

법인계좌 개설은 법인설립등기를 하고난 뒤, 발급받은 법인등기부등본 등 서류를 관할사업장 세무서에 제출해 법인사업자등록증을 발급받은 후에 가능합니다. 법인계좌를 개설하기 위해 은행에 제출해야 하는 서류로는 법인사업자등록증 사본, 법인인감증명서, 법인사용인감계, 법인사용인감, 위임장(직원이 가는 경우) 등이 있습니다.

법인을 설립하기 전에는 법인계좌를 개설할 수 없으므로, 먼저 신설될 법인 대표자 개인명의로 계좌를 개설합니다. 그러나 이는 개인

〈법인명의 통장과 법인의 대표이사 통장 및 개인명의 예금통장은 구별된다〉

법인명의(법인계좌)

㈜비전21	
계좌번호 003003003	
예금과목 저축예금	
개설일	○○은행

대표이사명의(개인계좌)

홍길동 – ㈜비전21	
계좌번호 003003003	
예금과목 저축예금	
개설일	○○은행

개인명의(개인계좌)

홍길동	
계좌번호 003003003	
예금과목 저축예금	
개설일	○○은행

계좌이지 법인계좌가 아닙니다. 신설될 법인 대표자 개인명의로 통장을 통해 돈을 주고받는 것은 법인활동이라고 하더라도, 개인거래이지 법인거래로 취급되지 않습니다.

법인은 경제활동의 주체로서 모든 수입과 지출을 법인명의로 관리합니다. 그렇지 않으면 회계투명성이 떨어지고, 생각하지 못했던 세금을 내야 하는 불이익이 생깁니다.

현행 세법상 법인을 설립하는 과정에서 지출된 많은 경비 가운데 필수적으로 들어가는 법인등기비용, 법무사수수료와 일정조건하에서 인정되는 비용 외에는 법인비용으로 인정되지 않습니다. 법인비용으로 인정되지 않는 경우에는 대표이사 가지급금으로 처리되며, 대표이사는 회사에 이자를 내야 합니다. 따라서 법인설립 전 반드시 필요한 거래라면 법인설립 후 지불하는 조건으로 거래하는 것이 좋습니다. 법인설립 및 사업자등록증 발급 후 법인계좌를 개설한 다음 세금계산서 등 적격증빙에 대해 결제하는 것이 가장 안전합니다.

한편 개인사업자 중 복식부기의무자와 전문자격자는 2008년 1월부터 의무적으로 사업용계좌를 만들어야 합니다. 매출 및 매입, 인건비, 임대료 등 주요경비에 대해 이 계좌를 사용해야 합니다. 만일 사업용계좌 미개설시에는 미개설 기간 동안 수입금액의 0.2%와 사용대상 거래금액의 0.2% 중 큰 금액에 대해 가산세를 내야 합니다. 또한 사업용계좌 미신고시에는 거래금액의 0.2%를 가산세로, 미사용시에는 미사용 거래금액의 0.2%를 가산세로 내야 합니다.

한편 세액감면대상이라도 세액감면을 받으면 국세청으로부터 추징당합니다. 실무에서 발생하는 내용이므로 회계담당자는 이 점을 주의해야 합니다.

1분 칼럼

법인계좌는 필요한 만큼 개설할 수 있습니다. 그러나 한 은행을 주거래은행으로 정해 집중적으로 거래해야 차입 및 금리 등과 같은 여러 가지 혜택이 많습니다. 반드시 여러 은행들이 제공하는 각각의 혜택을 잘 따져보고 거래하시기 바랍니다.

타업체에 자금을 빌려줄 때, 어떤 서류를 받아야 하나요?

회사 회계담당자는 자금대여 전에 금전소비대차약정서를 준비해야 합니다.
그리고 차입하는 회사 대표로부터 약정서에 자필서명을 받아 놓아야 합니다.

사장님이 아는 회사에 돈을 빌려줄 때 아무런 서류 없이 빌려주는 경우가 보통입니다. 설령 사장님이 서류를 받고 싶어도 우리 정서상 서로 아는 처지에 서류를 달라고 하면 상대방의 감정을 상하게 하는 것 같아 서류 없이 그냥 빌려줍니다.

그러나 이러한 거래는 개인간 거래가 아닌 회사 대 회사의 거래입니다. 따라서 자금을 빌려주는 회사 회계담당자는 자금대여 전에 금전소비대차약정서를 준비해야 합니다. 그리고 차입하는 회사 사장님으로부터 약정서에 자필서명을 받아 놓아야 합니다. 이것이 바로 위험관리입니다.

금전소비대차약정서에는 대여해주는 금액과 상환기간, 그리고 이자율 등이 기록됩니다. 더 나아가서 변제가 안 될 때 즉시 회수조치를 취하기 위해서, 문방구에서 어음용지를 구입해 내용을 적고 공증을 받는 '어음공증'도 있습니다.

이렇게 하면 두 사장님의 입장도 세워주고 회사도 안전할 수 있습니다. 만일 약정서도 안 쓰고 돈을 빌려주었는데, 제 날짜에 안 갚는다면 어떤 상황이 벌어질까요? 양 당사자 간 반목과 불신은 물론이고, 빌려준 회사는 자금에 문제가 생겨 치명적인 타격을 입을 수도 있습니다.

금전소비대차약정서가 있다면 이를 근거로 법적절차를 밟을 수 있습니다. 즉 회사재산에 대해 법원에 가압류를 신청하고, 법원의 판결 등 후속조치를 통해 채권을 회수할 수 있습니다. 만일 어음공증이 함께 있다면 법원에 임시로 보전압류신청을 할 필요도 없이 바로 회사재산에 대해 집행할 수 있습니다.

여기서 회계담당자가 주의해야 할 사항은 가압류나 집행을 하더라도 근본적으로 회사 재산이 없으면 채권을 회수할 수 없다는 점입니다. 이를 방지하기 위해서는 금전을 빌려줄 때 금전소비대차약정서를 작성하고, 담보도 확보하면서 저당권도 함께 설정해두면 됩니다.

중소기업의 경우 사전에 거래할 상대방 회사의 재산 및 신용상태를 파악하려 할 때, 운이 좋게 거래 상대방 회사가 동종업계에 속해 있다면 업계 사람들로부터 파악할 수 있을 겁니다. 그러나 대다수의 경우 상대방 회사의 재산상태나 신용상태를 자체 능력으로 알아내기는 거의 불가능합니다. 따라서 비용이 좀 지출되더라도 신용평가회사에 거래 상대방 회사의 재산상태나 신용상태를 알아보는 게 꼭 필요합니다.

〈금전소비대차약정서의 예〉

금전소비대차약정서

제1조 채권자 갑은 20XX년 월 일에 금 원을 채무자 을에게 빌려주고, 채무자 을은 이것을 차용한다.

제2조 채무자의 변제기한은 20XX년 월 일로 한다.

제3조 1. 이자는 연 %로 하고 매월 일까지 지급하기로 한다.
2. 원리금의 변제를 지체했을 때 채무자는 연 %의 이율에 의한 지연손실금을 가산해서 지불해야 한다.

제4조 채무의 변제는 채권자 현재의 주소 또는 지정장소에 직접 또는 송금해서 지불한다.

제5조 채무자 을이 다음의 어느 하나에 해당하는 경우 채권자 갑으로부터의 통지 최고 등이 없어도 당연히 기한의 이익을 잃고 채무 전부를 즉시 변제하지 않으면 안 된다.
1. 본건 이자의 지불을 개월분 이상 지체했을 때
2. 다른 채무 내용에 강제집행, 집행보전처분을 받거나 파산 또는 경매 신청이 있었을 때
3. 채무자 을이 주소를 변경하고 그 사실을 채권자 갑에게 고지하지 않았을 때

제6조 채무자 을은 불이행시 그의 전재산에 대해 강제집행에 따를 것을 승낙한다.

20XX년 월 일

갑 주 소:
상 호:
대표자:

을 주 소:
상 호:
대표자:

회사가 아닌 개인에게 돈을 빌려줄 때도 똑같이 금전소비대차약정서를 작성해야 합니다. 어음공증을 받으면 더 좋고, 담보까지 받으면 최상입니다. 만일 대금회수에 문제가 생겨 이를 해결할 때는 법무사나 변호사의 도움을 받아 해결하는 것이 좋습니다.

신용보증기관에서도 자금을 빌려주나요?

신용보증기관에서는 업체의 요청에 따라 서류검토와 현장실사를 합니다. 적격업체로 판정되면 보증을 확정하고 보증서를 발급해줍니다.

회사가 은행에서 자금을 차입하기 전에 보통 담보를 제공해야 합니다. 담보는 차입해 간 회사가 부도가 나면 은행이 대출금 회수수단으로 활용합니다. 이러한 담보는 부동산 등과 같은 물적담보가 가장 확실하지만, 이것이 없거나 부족할 때는 신용담보로서 신용보증기관에서 발급해주는 보증서로 해결할 수 있습니다.

기술성과 사업성이 있는 중소기업들이 물적담보 부족으로 은행에서 대출을 받지 못하는 경우에, 정부 출연기관인 기술보증기금이나 신용보증기금에서는 이러한 유망 중소기업들에게 물적담보를 요구하지 않고 지급보증서를 발급해줍니다. 그러면 업체는 이 보증서를 갖고 은행에 가서 대출을 받을 수 있습니다.

〈신용보증기관에서 보증서를 발급 받아 은행에서 대출을 받는다〉

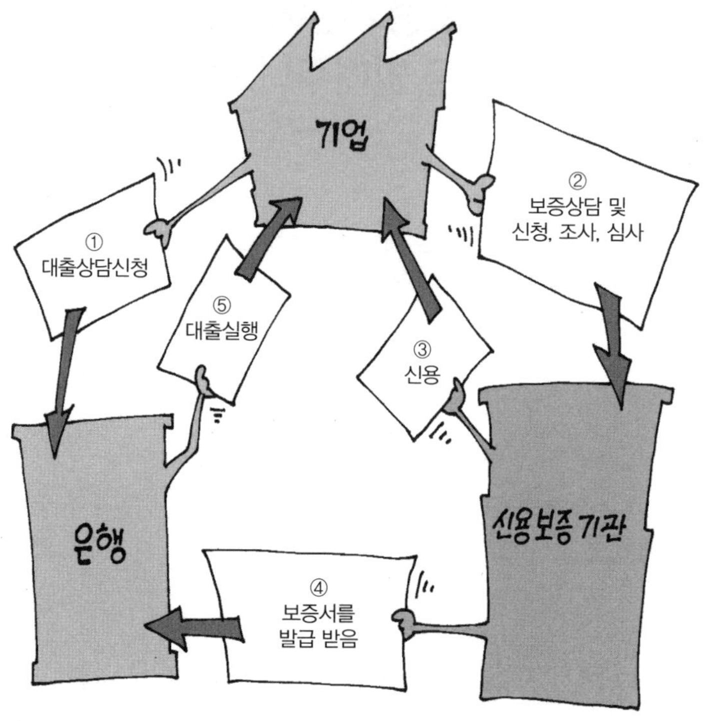

구체적으로 신용보증기관에서는 업체의 요청에 따라 사전에 서류 검토와 현장실사를 합니다. 이를 통해 적격업체로 판정되면 보증을 확정하고 보증서를 발급해주면서 일정액의 보증료를 받습니다. 보증서를 발급받는 것이 쉽지 않지만 유망 중소기업에게는 아주 유용한 제도입니다.

은행 입장에서는 업체가 대출을 못 갚으면 이 보증서로 대출금을 회수할 수 있습니다. 신용보증기관은 대신 물어준 대출금에 대해 업체에 구상권을 행사할 수 있습니다.

참고로 신용보증기관 보증 중에 부분보증이란 것이 있습니다. 예로 회사가 필요한 자금 85% 정도는 신용보증기관으로부터 받은 보증서로 은행에서 대출받고, 나머지 15%는 은행 자체보증으로 대출을 받는 경우를 말합니다. 이때 은행은 15% 보증에 대한 손실이 생길 수 있으므로 보증을 거절하거나, 부분보증을 해주면서 이자를 높게 받습니다.

회사가 금융기관에서 빌린 차입금을 못 갚고 대신 보증서를 발급해준 기술보증기금이나 신용보증기금이 갚을 때(대위 변제)는 신용보증기관 차입금이 생깁니다(이자율은 고율임).

보통 신용보증기관에서 차입을 했다고 말하거나, 결산서 차입금내역에 차입처를 신용보증기관이라고 표시하는 것은 대위변제 외에는 옳은 표현이 아닙니다. 금융기관담당자가 이런 결산서를 본다면 회사에 대해 실망할 것입니다. 이럴 경우에는 은행에서 차입했는데 그 담보로 보증기관의 보증서를 제공했다고 하는 것이 정확한 표현입니다.

1분 칼럼

회사에서는 매일, 각 차입금별로 잔액현황을 체크하고 있습니다. 여기에 금융기관별 또는 차입금별로 제공된 부동산 담보, 동산 담보, 제3자 담보, 지급보증서, 개인연대보증 등도 기록해 유지하는 것이 필요합니다. 또한 차입한도도 표시해 어느 정도의 자금조달 여유가 있는지 파악하고 있어야 합니다.

자동대출과 무역금융, 당좌차월은 무슨 말인가요?

무역금융은 이자율이 낮아 수출회사에게는 일종의 특혜나 다름없는 유용한 제도로 만기일이 짧은 것이 특징인데, 90일 등의 만기가 있습니다.

회사가 은행을 통해 대출 받은 차입금은 만기까지 고정적으로 유지됩니다. 이에 반해 '자동대출'은 자금의 여유가 있으면 차입금을 갚을 수 있고, 돈이 필요하면 한도 내에서 차입할 수 있는 것을 말합니다.

은행 입장에서는 고정대출보다 불리하므로 이자율이 높은 것이 특징입니다. 그러나 회사 입장에서는 일시적으로 자금수급에 따른 시차가 생기는 경우 이를 활용해야 합니다. 이는 회전대출 또는 마이너스통장이라고 부르기도 합니다.

수출업을 하는 회사의 경우에는 '무역금융'이란 차입금을 활용합니다. 이는 회사가 수출용 원재료를 수입할 때 보통 은행으로부터 빌

〈무역금융〉

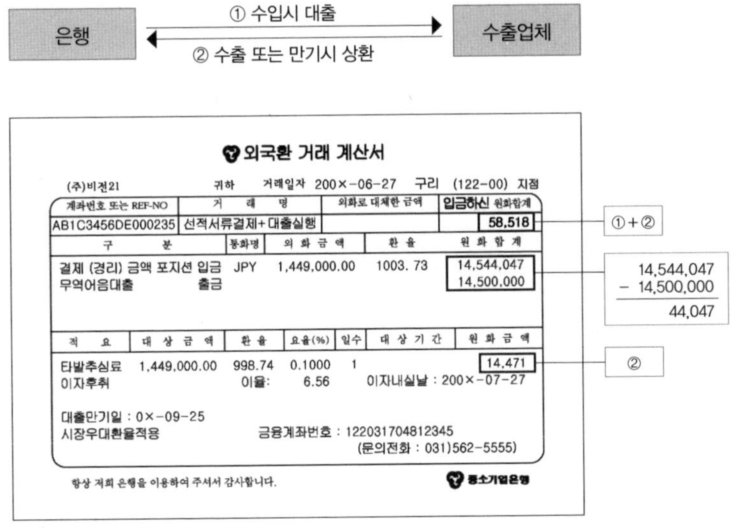

외국환 거래 계산서

(주)비젼21 귀하 거래일자 200×-06-27 구리 (122-00) 지점

계좌번호 또는 REF-NO	거래명	외화로 대체한 금액	입금하신 원화합계
AB1C3456DE000235	선적서류결제+대출실행		58,518

구분	통화명	외화금액	환율	원화합계
결제 (경리) 금액 포지션 입금 무역어음대출 출금	JPY	1,449,000.00	1003. 73	14,544,047 14,500,000

적요	대상금액	환율	요율(%)	일수	대상기간	원화금액
타발추심료 이자후취	1,449,000.00	998.74 이율:	0.1000 6.56	1	이자내실날 : 200×-07-27	14,471

대출만기일 : 0×-09-25
시장우대환율적용 금융계좌번호 : 122031704812345
(문의전화 : 031)562-5555)

항상 저희 은행을 이용하여 주셔서 감사합니다. 중소기업은행

려 쓰는 차입금입니다. 그 뒤 제품을 수출해 받는 대금으로 차입금을 상환하는 방식입니다.

이러한 무역금융은 이자율이 낮아 수출회사에게는 일종의 특혜나 다름없는 유용한 제도로 만기일이 짧은 것이 특징인데, 90일 등의 만기가 있습니다.

보통 무역금융의 잔액이 재무제표에서 잘 빠집니다. 그 이유는 무역금융이 통장에 나타나는 것이 아니고, 은행에서 발급해주는 계산서로 알 수 있기 때문입니다. 회사는 반드시 무역 관련 금융장부를 따로 만들어 별도로 관리해야 합니다. 그리고 정기적으로 은행에 조회해 장부 잔액과 대조해야 합니다.

참고로 차입금에서 나타나는 '환출이자'란 용어는 차입시 지급한

선이자가 있을 경우, 만기보다 빨리 갚으면 은행에서 일자계산을 통해 이자를 돌려주는 것을 말합니다. 회사는 이를 수입이자로 처리하는 것이 아니라 지급이자에서 차감해야 합니다.

회사가 어음과 수표를 발행한 후 만기일에는 회사 자금으로 결제를 해야 합니다. 만일 만기일에 결제 자금이 없으면 회사는 부도가 납니다.

이를 방지하기 위해서 회사는 은행과 미리 어음이나 수표결제자금에 대한 차입한도약정을 맺어 둡니다. 그러면 결제일에 회사잔고가 부족해도 은행이 대출을 일으켜 결제를 해줍니다. 이것이 바로 '당좌차월'입니다.

1분 칼럼

회사의 당좌 잔액과 은행의 당좌 잔액은 일치하지 않는 것이 일반적입니다. 이는 회사에서 발행한 수표가 아직 은행에서 결제되지 않았거나 은행에서 결제된 금액을 회사가 모르기 때문입니다. 회사는 매월 은행계정조정표를 작성해 회사의 장부 잔액과 은행의 확인 잔액을 대조하고 그 원인을 분석해야 합니다.

원가계산을 위한 수입정산서에는 어떤 항목이 포함되죠?

수입물건대금은 외화금액을 수입업체가 은행을 통해 해외 거래처에 송금할 때 발생하는 금액이며, 수입원가계산에서 적용되는 물건대금이 바로 이 금액입니다.

국내거래와 달리 물건을 수입할 때는 우리나라 영공과 영해를 통과하기 때문에 관세청이 관할합니다. 수입하는 물품원가를 구성하는 요소로는 크게 물건대금 및 관세, 운반비, 관세사 수수료 등이 있습니다. 이 중 실무적으로 가장 많이 혼동되는 것이 물건대금입니다.

먼저 물건이 세관을 통관하면 관세청으로부터 수입세금계산서(면세 품목인 경우에는 수입계산서)를 발급받습니다. 국내거래의 경우 이 금액이 물건대금입니다. 하지만 수입거래에서는 이것이 갚아야 할 물건대금이 아닙니다. 대신 이는 납부해야 할 관세와 부가세의 근거가 되는 과세표준금액입니다.

실제 물건대금은 외화금액을 수입업체가 은행을 통해 해외 거래처에 송금할 때 발생하는 금액입니다. 따라서 수입원가계산에서 적용되는 물건대금은 바로 이 금액입니다. 가끔 수입면장상 결재할 외화금액이 수입업체에 송금할 실제 외화금액보다 낮은 경우가 있습니다. 수입면장상 외화금액을 낮게 기재하면 수입업자 관세 등 수입원가가 낮아지기 때문입니다. 그러나 국세청이 관세청 및 금융기관의 정보입수를 통해 이러한 내용을 밝혀 관세 등이 추징될 수 있다는 점을 회계담당자는 꼭 기억하기 바랍니다.

참고로 수입세금계산서상 매입부가가치세는 부가가치세신고를 통해 돌려받기 때문에 수입원가에 포함되지 않습니다. 그러나 부가가치세면세업자의 경우 수입세금계산서상 매입부가가치세를 돌려받지 못하기 때문에 이때는 원가에 포함됩니다.

그 외 수입물품원가를 구성하는 운반비는 세금계산서 공급가액이나 각종 영수증 금액입니다. 통관대행을 해주는 관세사무소에 지급하는 수수료 역시 세금계산서 공급가액입니다.

이 밖에도 많은 경비가 소요됩니다. 특정 품목에 대한 이러한 원가를 집계하면 수입품 원가가 되고, 수입수량으로 나누면 개당 수입단가가 산출됩니다. 이 중에서 팔린 물건에 단가를 곱하면 매출원가가 되고, 남아 있는 재고에 단가를 곱하면 재고자산원가가 됩니다.

참고로 해외 수입업체에서 수입한 날, 외화를 원화로 환산한 금액과 결제하는 날, 원화로 환산금액은 환율차이로 인해 환차손익이 발생합니다. 이러한 환차손익은 손익계산서에는 원가가 아닌 영업외비용으로 처리합니다. 그러나 내부적으로 판매단가를 결정하기 위해서는 이를 원가에 포함시켜야 합니다.

또한 해외 수입업체에서 수입한 날, 외화를 원화로 환산한 금액과 결산기말 외화를 원화로 환산한 금액도 환율차이로 인해 환산손익이 발생합니다. 이러한 외화환산손익도 손익계산서에는 원가가 아닌 영업외비용으로 처리합니다. 그러나 내부적으로 판매단가를 결정하기 위해서는 이것 역시 원가에 포함시켜야 합니다.

또한 해외 수입업체에 결제해야 되는 대금을 은행에서 빌리면 이자를 지급해야 합니다. 이 경우 손익계산서에는 영업외비용인 이자비용으로 처리해야 합니다. 그러나 내부적으로 판매단가를 결정하기 위해서는 이것 역시 원가에 포함시켜야 합니다.

참고로 실제 지급되는 물건대금과 관세 및 운반비, 관세사 수수료 등 부대비용을 포함하면 보통 수입과세표준금액의 90~110% 정도가 됩니다.

1분 칼럼

일반적으로 수입대금 등이 장부에서 누락되는 경우가 많습니다. 이를 방지하기 위해서는 반드시 수입건별로 수입정산서를 만들어 관리해야 합니다. 이를 통해 누락 방지뿐만 아니라 수입원가와 매출원가, 재고금액을 계산할 수 있습니다.

해외에 수입물품대금이 아닌 용역수수료의 경우 어떻게 지급하나요?

해외에 송금할 용역비가 발생하면 반드시 전문가와 상의하거나
최소한 국세청 국제조세과나 상담실에 문의한 후 처리해야 합니다.

회사가 물건을 해외에서 수입할 때 관세청은 수입세금계산서를 발행해 부가가치세 및 관세 등 세금을 징수합니다. 그러나 회사가 해외로부터 용역을 제공받을 때는 관세청이 세금계산서를 발행할 수 없어 세금을 징수할 수 없습니다. 왜냐하면 눈에 보이지 않는 무형의 서비스로 세관을 통과하는 것이 아니기 때문입니다.

따라서 회사 스스로 용역비를 해외업체에 송금할 때 원천징수를 해야 하는 경우에는 원천징수를 제외한 나머지를 해외에 지급합니다. 보통 원천징수를 해야 하는 세금은 지급해야 할 금액의 10~30% 정도 되는 큰 금액입니다. 원천징수를 하지 않아도 되는 경우에는 용역비 전체를 송금하면 됩니다.

원천징수 문제를 올바르게 처리하기 위해서는 어느 나라에 송금해야 하는지 파악한 후, 그 나라와 국제조세협약이 있는지 확인해야 합니다. 만일 조세협약이 존재한다면 저작권료인지, 제품판매에 따라 지급하는 사용료소득인 로열티인지, 그 소득의 종류를 확인해야 합니다.

그런 다음 이에 합당한 원천징수세율을 찾아 계산한 후 '납부할 세액확인신청서(국세청 서식)'를 작성해 원천징수할 세금을 떼고 나머지를 송금하면 됩니다. 이때 주의할 점은 은행에서 송금할 때 송금코드를 정확하게 기재하는지 회계담당자는 꼭 확인해야 합니다. 왜냐하면 송금코드를 잘못 기재하면 나중에 국세청에서 이에 대한 확인요청이 올 수 있기 때문입니다. 예로 사용료가 아닌데 이 코드로 기재하면 원천징수불이행에 대한 확인요청이 있을 수 있습니다.

이후 그 다음 달 10일까지 국세청에 원천징수신고를 하고, 또 금융기관에 원천징수세금을 납부해야 합니다. 만약 그 용역비를 송금하는 나라와 조세협약이 없다면 우리나라 소득세법에 따라 소득의 종류와 원천징수세율을 찾아 계산한 후, 납부할 세액확인신청서를 작성해 원천징수할 세금을 떼고 나머지를 송금하면 됩니다. 이후 그 다음 달 10일까지 국세청에 원천징수신고를 하고, 또 금융기관에 원천징수세금을 납부해야 합니다.

중소기업 회계담당자가 이러한 방법으로 세금을 처리하기란 쉬운 일이 아닙니다. 따라서 해외에 송금할 용역비가 발생하면 반드시 전문가와 상의하거나 최소한 국세청 국제조세과나 상담실에 문의한 후 처리해야 합니다.

참고로 과거 우리나라가 첨단기술이 부족해 외국에서 첨단기술을

도입할 때 계약서에 보통 외국기업들이 순수하게 받아야 할 용역비만 표시되어 있었습니다. 이 경우 원천징수세금을 우리나라 업체가 부담해야 합니다. 따라서 업체가 비용으로 처리하는 용역비는 송금 금액과 이에 대한 원천징수 세금을 합한 금액이 됩니다.

1분 칼럼

원천징수세금을 계산할 때 주의해야 할 점은 우리나라와 외국의 세금구조가 다르기 때문에 소득세에 지방소득세가 포함되는지 잘 구별해야 합니다. 이를 제대로 해결하기 위해서는 국제조세조약을 잘 검토해야 하고 전문가나 국세청에 문의해 처리해야 합니다.

9 DAYS

회계업무를 하면서 최소한도로 필요한 근로계약서 작성, 취업규칙 작성, 연봉제계약서 작성, 급여대장 작성, 일용대장 작성, 4대보험서식 작성을 실제 예와 서식을 통해 설명하고 있습니다. 천천히 따라가다 보면 어려움 없이 쉽게 이해할 수 있을 것입니다.

9일차

회사의 인사·노무관리, 완벽하게 처리하는 법

회사에 근로계약서와 취업규칙이 꼭 필요한가요?

회사 직원이 10인 이상이 되었을 경우에는 근로계약서 외 취업규칙을 작성해 회사에 비치하고, 취업규칙신고서와 함께 고용노동부에 신고해야 합니다.

회사는 상근직원이 1인이라도 직원을 채용하면 근로계약관계를 명확히 하고, 후에 생길지 모르는 분쟁을 방지하기 위해 근로계약서를 작성해야 합니다. 작성된 근로계약서는 직원과 사장님이 자필로 서명한 후 각각 1부씩 가지고 있어야 합니다. 회계담당자는 이 근로계약서를 회사에 제대로 비치해야 합니다.

회사와 직원이 분쟁이 발생했을 때, 근로계약서가 없으면 500만원의 벌금을 물게 되니 주의해야 합니다. 일용직원을 채용하더라도 역시 일용계약서를 작성해 비치해야 합니다. 일용직의 경우 고용불안정으로 인사사고가 더 많을 수 있습니다. 이러한 회사와 직원의 분쟁을 겪어보지 못한 대다수의 중소기업은 아마 근로계약서가 없을 것입니다. 지금이라도 이를 비치하기 바랍니다. 표준양식은 인터넷에서 검색이 가능하고, 고용노동부 등에 문의해도 됩니다.

회사 상시직원이 10인 이상이 되었을 경우에는 반드시 근로계약서 외 취업규칙이란 것도 작성해 회사에 비치하고, 취업규칙신고서와 함께 고용노동부에 신고해야 합니다.

회계담당자가 이를 스스로 작성할 때는 표준양식이나 다른 회사의 것을 참조해서 만들어도 됩니다. 그러나 궁극적으로는 회사경영방침을 반영해야 하고, 근로기준법에 저촉되지 않아야 합니다. 따라서 많은 지식과 노력을 필요로 합니다.

취업규칙내용으로는 직원의 인사, 근무시간, 임금, 복리후생, 안전, 교육 등이 있습니다. 또한 임금 부분에 대해서는 급여규정을 별도로 작성해야 합니다. 이러한 취업규칙 내용이 근로기준법에서 제시하는 기준 이상이면 문제가 없습니다. 만약 근로기준법에서 제시하는 기준 이하로 작성되었을 경우, 직원이 이의를 제기하면 회사는 차액지급 외 불이익을 받을 수 있으므로 주의해서 작성해야 합니다.

최저임금이 인상되고, 연장근로, 야간근로, 휴일근로 수당지급의 기초가 되는 통상임금 범위가 사회적 논란이 되면서 회계담당자가 신경 써야 할 일이 늘어났습니다. 따라서 회계담당자는 잘 모르는 부분은 반드시 공인노무사나 고용노동부 등의 도움을 받아 해결하는 것이 나중에 큰일을 당하지 않기 위해 꼭 필요합니다.

평소에 직원들은 취업규칙을 잘 보지 않습니다. 따라서 취업규칙이 있는 회사의 경우, 신입사원이 회사에 입사할 때 이를 반드시 한번 읽어 보고 주지하도록 해야 합니다.

〈취업규칙신고서〉

취업규칙 [●신고 ○변경신고]서				처리기간 1일
① 사 업 장 명	㈜비전21	② 사업의 종류	제조, 서비스/통신기기 외	
③ 대 표 자 성 명	나벌기	④ 주민등록번호	110111-1111111	
⑤ 근 로 자 수	계명 (노동조합원수 : 15명)		여 3명, 남 12명	
⑥ 소 재 지	서울 서초구 서초1 비전센터		전화 : 2121-2121	
⑦ 의 견 청 취 일 또 는 동 의 일	20XX년 X월 X일			

「근로기준법」 제93조와 같은 법 시행규칙 제15조에 따라 위와 같이 취업규칙을
[● 신고 ○ 변경신고]합니다.

20XX년 X월 X일

신고인 ㈜비전21 (서명 또는 인)
대리인 박경리 (서명 또는 인)

중부지방고용노동청 부천지청장 귀하

구비서류	수수료
1. 취업규칙(변경신고 하는 경우에는 변경 전과 변경 후의 내용을 비교한 서류)	없 음

보관기간

취 업 규 칙

주식회사 비전21

목 차

급여대장이나 일용대장은 어떻게 만드나요?

중소기업에서는 최저임금의 구성요소가 무엇인지 잘 알지 못합니다.
회계담당자는 새로 제정될 최저임금 구성요소를 잘 파악해야 합니다.

회사에서 상시직원을 채용할 때 회사취업규칙 내 급여규정에 따라 직원과 개별적으로 근로계약을 체결합니다. 10인 미만 소기업의 경우에는 인원이 얼마 되지 않아 취업규칙이나 급여규정이 없고, 내부적으로 정한 급여기준에 따라 근로계약을 체결합니다.

근로계약이 체결되면 회계담당자는 직원 기본급 및 제수당 등을 급여대장에 기재하고 인적사항을 파악해 함께 관리해야 합니다. 급여대장은 특별히 정해진 양식이 있는 것은 아니므로, 다른 회사의 것을 참조해 회사 사정에 따라 만들면 됩니다. 이때 주의할 점은 급여구성요소가 회사마다 다르므로 이를 주의해서 반영해야 합니다. 예로 급여가 기본급 하나로만 존재하는 곳이 있는가 하면, '기본급+직책수당' 등 여러 가지 요소로 구성되어 있는 경우도 있기 때문입니다.

급여를 급여대장에 기재한 후에는 급여지급일에 직원급여와 인적사항을 기초로 갑근세와 주민세, 4대보험료 등 공제할 금액과 지급할 금액을 급여대장에 기록합니다. 이후 회계담당자는 경영자에게 결재를 받아 거래은행에 급여계좌이체를 통해 월급을 입금시켜 주면 됩니다.

회사가 일용직원을 채용할 경우에는 주민등록등본이나 주민등록증사본 등 신분을 증명하는 서류를 받고, 일당 또는 시간당 임금을 정한 뒤에 일용근로계약서를 작성합니다. 일당인 경우에는 매일 출근상황과 일당을 일용대장에 기록하고, 일당을 매일 지급하거나 일정기간 합해서 지급하면 됩니다.

일용대장에 들어갈 내용에는 성명, 주민등록번호, 주소, 출석사항, 근무일수, 일당, 급여총액, 갑근세, 지방소득세 등과 같은 세금, 순지급액, 영수인 등이 있습니다.

만일 일당이 하루에 10만 원을 초과해 세금을 내야 하는 경우에는 갑근세와 지방소득세를 떼고 나머지를 지급하면 됩니다. 일당은 상시직원에게 적용하는 자동이체와 달리 직접 지급하는 경우가 일반적입니다. 따라서 이때 일용대장에 영수인을 받아야 합니다. 또한 일용은 3개월 이상(건설업의 경우는 6개월 이상)이면 상시직원으로 간주되어 갑근세공제 등 모든 것을 상시직원과 똑같이 공제해야 합니다.

최근 최저임금이 화두입니다. 중소기업에서는 최저임금을 지켜야 하는 건 알지만, 최저임금의 구성요소가 무엇인지 잘 알지 못합니다. 회계담당자는 새로 제정될 최저임금의 구성요소를 잘 파악해야 합니다. 잘 모르면 전문가에게 도움을 받는 게 현명합니다.

〈일용 급여 지급 명세서〉

㈜비전21

기간	200×년5월1일 200×년5월31일	31일간	현장명	남양, 마북, 소하리, 아산, 화성, 울산

직종	성명	주민 NO	주소	출석사항 1	2	3	4	5	6	7	8	9	10	11	12	13	14	15	16	근무일수(시간)	일당(시간급)	급여총액	세액 갑근세	주민세	계	차인 지급액	영수인
				17	18	19	20	21	22	23	24	25	26	27	28	29	30	31									
도면출도	김장훈	750119–1228888	수원 권선구 서둔동			○	○	○		○			○	○	○	○	○			19	40,000	760,000				760,000	
				○	○	○	○	○			○	○	○	○	○												
도면출도	허수경	750828–2320000	경기도 시흥 당곡동			○	○	○		○			○	○	○	○	○			19	40,000	760,000				760,000	
				○	○	○	○	○			○	○	○	○	○												
도면출도	박미희	751121–2155555	부천시 원미구 중동			○	○	○		○			○	○	○	○	○			19	40,000	760,000				760,000	
				○	○	○	○	○			○	○	○	○	○												
도면출도	권종국	830112–1162222	수원 팔달구 인계동			○	○	○		○			○	○	○	○	○			19	40,000	760,000				760,000	
				○	○	○	○	○			○	○	○	○	○												
도면출도	이철수	800125–1780000	울산 중구 전하2동			○	○	○		○			○	○	○	○	○			19	40,000	760,000				760,000	
				○	○	○	○	○			○	○	○	○	○												
도면출도	김윤지	791110–2229999	경기도 화성군 팔탄면			○	○	○		○			○	○	○	○	○			19	40,000	760,000				760,000	
				○	○	○	○	○			○	○	○	○	○												
도면출도	유혜정	750504–2109999	부산시 진구 부암3			○	○	○		○			○	○	○	○	○			19	40,000	760,000				760,000	
				○	○	○	○	○			○	○	○	○	○												
합계																										5,320,000	

〈20××년×월 급여대장〉

회사명: ㈜비전21

지급일 20XX년 ×월×일

성명	사번	기본금액	식대	차량유지비	지급 계	소득세	주민세	건강보험	고용보험	국민연금	공제 계	실지급금액
김과장	1001	3,000,000			3,000,000	17,100	1,710	91,800	19,500	135,000	271,120	2,728,880
합계		3,000,000			3,000,000	17,100	1,710	91,800	19,500	135,000	271,120	2,728,880

1분 칼럼

상시직원은 물론이고 일용직원도 될 수 있는 대로 급여를 자동이체하는 것이 좋습니다. 이는 지급증빙으로 가장 확실해 혹시 세무조사를 받더라도 의혹이 없습니다.

생각했던 것보다 실제 받은 급여가 적은데요?

직원에게 매달 급여를 지급할 때 여러 세금을 떼고 지급합니다.
때문에 세금에 익숙치 않은 직원으로서는 급여가 적다고 느낍니다.

회계담당자는 직원에게 매달 급여를 지급할 때 갑근세와 지방소득세, 4대보험료 등을 떼고 나머지를 지급합니다. 따라서 세금에 익숙하지 않은 직원으로서는 항상 받는 급여가 자기가 생각했던 것보다 적어서 불만입니다.

갑근세는 매달 회사가 떼어 국가에 내는 세금으로 근로소득에 대해 6~38%까지 소득에 따라 차등해서 원천징수합니다. 지방소득세는 회사에서 원천징수해 구청 등 지방자치단체에 납부하는 세금으로 보통 갑근세의 10%를 냅니다.

근로소득자의 경우 매달 원천징수 후 연말에 연말정산을 합니다. 원천징수는 매달 개인의 인적사항을 개략적으로 고려해 세금을 뗍니다. 그러나 연말이 되면 급여소득자의 세금공제 관련 상황이 명확해지므로 연말정산을 통해 정확하게 세금을 정산할 수 있게 됩니다. 즉 1년 급여에 대한 세금을 계산해 매월 원천징수한 세금보다 적으면 그 차액을 돌려주고, 부족하면 차액을 추가로 더 내게 됩니다. 보통의 경우 연말정산을 하게 되면 공제사항으로 인해 기중에 낸 세금의 일부를 돌려받게 됩니다.

세금 외에 급여에서 떼는 국민연금, 건강보험, 고용보험료 역시 소득수준에 따라 내게 됩니다. 보험료 중 국민연금은 저축성 보험성격이며 건강보험, 고용보험은 보장성 보험성격입니다.

예를 들어 300만 원 급여를 받는 김과장은 배우자와 자녀 2명이 있습니다. 이 경우 국세청에서 발간한 간이세액조견표를 활용하면, 매월 근로소득세는 3만 970원이 되고, 주민세는 3,090원이 됩니다. 또한 국민연금은 국민연금조견표에 따라 13만 5천 원, 건강보험료는 건강보험조견표에 따라 9만 1,800원, 장기요양보험료는 6,010원, 고용보험료는 고용보험조견표에 따라 1만 9,500원을 떼게 됩니다. 따라서 매월 급여의 약 9.04%인 27만 1,120원을 떼고 272만 8,880원을 실제로 수령하게 됩니다.

만약 식대로 월 10만 원, 6세 이하 자녀양육비로 10만 원, 차량유지비로 월 20만 원을 받고 있는 근로자라면 이는 비과세소득으로 세금은 지금보다 줄어들게 됩니다. 또한 회사에서 대신 지불해주는 소득세법상 근로자본인 학자금, 월 100만 원 이하 생산직 근로자 연장·야간·휴일 근로수당(한도 240만 원), 근로자 출산수당(월 10만 원), 보육수당(월 10만 원)도 비과세됩니다.

〈급여가 300만 원이고 4인 가족(본인, 전업주부, 애기 둘)인 경우 떼는 세금과 받는 금액〉

20XX년 X월분 급여 · 상여명세서

사원코드 : 1 부서 :	사원명 : 김과장 직책 :	입사일 : 20XX.X.X 호봉	
지급내역	지급액	공개내역	공제액
기본급 상여금	3,000,000	국민연금 건강보험료 장기요양 보험 고용보험료 소득세 지방소득세	135,000 91,800 6,010 19,500 17,100 1,710
		공제세액계	271,120
지급액계	3,000,000	차인지급액	2,728,880

(단위 : 천 원) (단위 : 원)

월 급여액 (비과세 및 학자금 제외)		공제대상 가족의 수(본인 및 배우자를 각각 1인으로 봄)					
		1	2	3		4	
이상	미만			일반	다자녀	일반	다자녀
2,880	2,890						
3,000	3,020						17,100

1분 칼럼

양쪽 회사에서 급여를 받는 이중근로소득자의 경우 합산해서 신고하지 않아 나중에 더 많은 세금을 한꺼번에 부담하는 경우가 종종 있습니다. 회계담당자는 좀 더 신경을 써서 이런 직원이 생기지 않도록 해야 합니다. 또한 맞벌이 부부의 경우 자녀공제를 양쪽에서 받는 경우도 많으므로 회계담당자는 이중공제에도 신경을 써야 합니다.

국민연금이란 뭔가요?

국민연금이란 납부한 가입자가 만 60세가 되어 소득이 없는 경우, 사고를 당하거나 사망할 시 연금을 지급하는 제도입니다.

'국민연금'이란 국민연금에 가입해 납부한 가입자가 만 65세가 되어 소득이 없는 경우나, 그 전에라도 갑작스런 사고나 질병으로 장애를 입거나 사망하는 경우 본인이나 유가족에게 연금을 지급하는 제도입니다.

이는 보험과 저축성격이 혼합된 것입니다. 많이 낸 사람이 많이 받는 것이 아니라, 상대적으로 저소득자에게 더 큰 혜택이 돌아가도록 합니다. 최근에 조기퇴직이 성행하고 평균수명이 늘어나는 추세에서 그 필요성은 더욱 커지고 있습니다.

그런데 저소득 근로자일수록 나중에 받을 국민연금 혜택보다는 당장 내야 하는 부담 때문에 웬만하면 내지 않으려고 기피하는 경향이 있습니다. 따라서 회계담당자가 직원에게 급여에서 국민연금부담액이 얼마가 될지 미리 알려 주는 것이 필요합니다.

국민연금 가입대상은 2003년 7월 1일부터 법인의 경우 상시직원 1인 이상, 변호사·변리사·회계사 사무실 등 전문직 개인사업자인 경우에도 상시직원 1인 이상이면 국민연금에 의무적으로 가입해야 합니다. 이때 상시직원에는 일용근로자나 1개월 동안 80시간 미만 시간제 근로자는 포함되지 않습니다. 또한 법인에 항상 출근하는 것이 아닌 비상임이사, 1개월 미만 근무조건으로 일하는 근로자 역시 포함되지 않습니다.

참고로 법인 대표이사는 월급을 가져가지 않더라도 직원 중 최고 보수를 받는 수준으로 국민연금을 납부해야 합니다. 만약 법인의 사정이 어려워 대표이사가 국민연금을 내지 않으려면 무보수임을 입증하는 정관사본이나 이사회의사록 등을 제출하면 됩니다.

근로소득세처럼 국민연금보험료도 납부하고 나중에 정산하게 됩니다. 이 점은 회계담당자가 잘 알아서 활용할 필요가 있습니다. 연금보험료는 매월 급여에 상응하는 기준소득월액의 9%를 익월 10일까지 납부해야 합니다. 이때 직원이 모두 내는 것이 아니라 1/2은 회사가 부담합니다. 또한 익년 2월에는 연말정산을 한 근로소득을 기준으로 정산해 차액을 추가납부하거나 돌려받습니다.

〈급여가 300만 원인 김과장의 국민연금 산출액〉

· 급여를 300만 원 받는 김과장의 경우 기준소득월액이 300만 원이며, 이에 따라 회사가 13만 5,000원(4.5%), 김과장이 13만 5,000원(4.5%)을 부담합니다.
· 회계담당자는 회사가 국민연금 가입대상이면 즉시 경영자에게 보고해야 합니다. 왜냐하면 경영자 입장에서는 예상하지 못한 지출이 발생하기 때문입니다.
· 국민연금보험료 납부시 근로소득세처럼 식대는 10만 원까지, 자기 차를 소유한 직원의 차량유지비는 20만 원까지, 6세 이하 자녀 양육비로 10만 원까지, 그리고 그 외 비과세 급여를 소득월액에서 제외시켜 기준소득월액을 구하면 됩니다.

〈연금보험료 산출방법〉

· 연금보험료 = 가입자의 기준소득월액 X 연금보험료율
= 3,000,000 X 9%
= 270,000원
회사부담분 = 270,000 X 1/2 = 135,000원
본인부담분 = 270,000 X 1/2 = 135,000원

1분 칼럼

회사의 재정상태가 어려워 국민연금을 내지 않으면 연체금이 5~15%가 붙으며, 만일 계속 내지 않으면 회사 재산에 대해 압류가 붙고 강제징수가 되므로 내지 않고는 견디기 어렵습니다.

건강·장기요양보험이란 뭔가요?

건강·장기요양보험제도는 본인이나 가족이 아플 때,
의료비 혜택을 그때그때 받을 수 있는 소멸형입니다.

건강·장기요양보험제도를 통해 본인이나 가족이 아플 때 의료비 혜택을 받을 수 있습니다. 하지만 국민연금이 나중에 찾을 수 있는 저축형이라면, 건강·장기요양보험은 그때그때 혜택을 받을 수 있는 소멸형입니다.

건강·장기요양보험 역시 근로자 입장에서는 매월 내는 금액이 부담스러워 기피하려는 경우가 있습니다. 건강한 것이 최선이지만 불가피하게 사람이 갑자기 아플 수도 있습니다. 이때 병원비가 경우에 따라 상상도 하지 못할 정도로 클 수 있습니다. 따라서 회계담당자는 건강보험 효용을 잘 설명할 필요가 있습니다.

건강·장기요양보험 가입대상은 국민연금처럼 2003년 7월 1일부터 법인은 상시직원 1인 이상, 변호사·변리사·회계사 사무실 등 전문직 개인사업자도 상시직원 1인 이상이면 건강보험에 의무적으로 가입해야 합니다. 이때 상시직원의 범주에는 일용 근로자나 1개월 동안 80시간 미만의 시간제 근로자는 포함되지 않습니다. 또한 법인에 항상 출근하는 것이 아닌 비상근이사나 1개월 미만 근무조건으로 일하는 근로자도 포함되지 않습니다.

근로자가 두 곳 이상 직장에 다닐 때는 각각 근로소득세를 납부하는 것처럼 각각 건강·장기요양보험료를 납부하고 나중에 정산하게 됩니다. 이 점은 회계담당자가 잘 알고 있어야 합니다.

건강·장기요양보험료도 국민연금처럼 매월 급여에 따라 표준보수월액이 정해지고, 이에 따라 건강보험료(2016년 6.12%), 장기요양보험료(2018년부터 7.38%로 인상 / 참고 2017년 건강보험료×6.55%)를 익월 10일까지 납부해야 합니다. 이 역시 직원이 모두 내는 것이 아니라 1/2은 회사가 부담합니다.

또한 익년 2월에 연말정산을 한 근로소득을 기준으로 정산해 차액을 추가납부하거나 돌려받습니다.

참고로 2018년부터 장기요양보험료가 인상되면서 인지지원등급을 신설해 경증치매환자도 보험혜택이 가능해졌습니다. 중위소득 전체에 대해서도 장기요양의 본인 부담금 경감혜택을 확대했으며, 노인요양시설 이용비용도 인상되었습니다.

〈급여가 300만 원인 김과장의 건강보험료〉

· 급여가 300만 원인 경우 건강보험료율이 6.12%입니다. 이에 따라 회사는 9만 1,800원, 김과장은 9만 1,800원을 부담합니다. 또한 장기보험료율이 건강보험료의 6.55%로 회사가 6,010원, 김과장이 6,010원을 부담합니다.

· 다른 사람의 의료보험 피부양자로 있으면서 혜택을 받다가 직접 사업을 하거나 직장을 갖게 되면 별도로 건강보험을 가입해 보험료를 내야 합니다.

〈월보험료 산정 방법〉

1. 건강보험료 산출액 = 3,000,000 X 6.12% = 183,600원
   회사부담분 : 183,600 X 1/2 = 91,800원
   본인부담분 : 183,600 X 1/2 = 91,800원
2. 장기보험료 산출액 = 183,600 X 6.55% = 12,020원
   회사부담분 : 12,020 X 1/2 = 6,010원
   본인부담분 : 12,020 X 1/2 = 6,010원

퇴사한 직원에 대해 회사가 탈퇴신고를 하지 않으면, 계속 건강보험료를 내야 되기 때문에 회계담당자는 각별한 신경을 써야 합니다. 한편 나중에라도 사실관계가 확인되면 환급을 받을 수 있습니다.

산재보험이란 뭔가요?

업무상 상해를 입게 된 직원에게 지불해야 할 비용을 일정 부분 해결할 수 있도록 도와주는 보험입니다.

직원이 일을 하다가 다치는 경우가 종종 있습니다. 특히 건설현장과 같은 곳에서는 사고가 일어나는 것이 다반사입니다. 이런 일이 생길 때 직원치료비 등 지불해야 할 비용이 회사 입장에서는 만만치 않을 수 있습니다. 이런 경우 건강보험으로 부족한 일정 부분을 산재보험에 가입해 해결할 수 있습니다. 최근에는 특히 건설현장에서 근로자들은 산재보험의 필요성을 절감하고 있습니다.

산재보험은 상시근로자가 1인 이상인 사업장은 의무적으로 가입해야 합니다. 보험관계 성립은 가입대상이 된 날부터 14일 이내에 근로복지공단 관할지사에 회사가 보험관계성립 신고서류를 제출하면 됩니다.

〈산재보험료 산출 예〉

조건

- 김 과장 20XX년 1월 1일 입사
- 산재보험 가입
- 교육서비스업 종사
- 월 급여 3,000,000원

※ 업종에 따라 산재보험료율이 달라짐 : 교육서비스업은 직원이 5인 이상인 경우 7/1,000임

계산식

총급여X산재보험료율

: 36,000,000X7/1,000=252,000원

※ 이는 전액 회사부담임

산재보험신고는 보통 1년을 주기로 매년 1월 1일 또는 보험관계 성립일로부터 70일 이내에 보험료신고서를 근로복지공단에 제출하면 되고, 산재보험료는 금융기관에 납부하면 됩니다. 따라서 신고는 1년 주기이며, 납부는 월 주기입니다.

한편 업무상 상해에 대한 혜택은 보험관계성립 신고서류를 접수한 다음날부터 받을 수 있으므로 회계담당자는 이 점을 잘 기억할 필요가 있습니다.

산재보험은 다른 보험과 달리 모든 보험료를 회사가 부담하므로 직원은 보험료를 낼 필요가 없습니다. 따라서 회계담당자는 경영자에게 산재보험 의무가입 사실과 예상지출액을 즉시 보고해야 합니다.

보험료는 1년 동안 근로자 급여총액에 대해 각 업종마다 달리 정해진 보험요율을 적용해 산출합니다. 이때 주의할 점은 국민연금이나 건강보험과 달리 보험료가 감액되는 비과세소득이 없다는 점입니

다. 참고로 상시근로자는 법인의 경우 대표이사, 개인사업자의 경우 대표자가 제외됩니다.

참고로 회사에서 직원이 사고가 나서 산재보험을 신청하면 절차가 의외로 까다롭습니다. 산재로 인정받는 범위가 정해져 있어 보험금을 타기가 쉽지 않습니다. 이때는 전문가의 도움을 받아 해결하는 게 현명합니다.

1분 칼럼

현실적으로 산재보험 혜택을 받기 위해서는 복잡합니다. 또한 웬만한 것은 건강보험으로 해결됩니다. 따라서 건설업종 등이 아닌 사무직의 경우 보험료만 낸다는 느낌을 가질 수도 있습니다. 회계담당자는 이러한 내용을 잘 파악해 업무에 적극 활용하기를 바랍니다.

고용보험이란 뭔가요?

고용보험료 납부방법은 회사가 근로자 부담분을 포함해 먼저 전체 보험료를 납부하고, 근로자 부담분은 매월 급여를 지급할 때 공제합니다.

근로자가 재직시 고용보험에 가입한 경우, 퇴직 후에 받는 실업수당은 생활유지 등 현실적으로 도움이 됩니다. 여기에서 말하는 근로자 중 다음은 제외대상입니다.

- 60세 이후 새로 고용된 자 및 보험관계 성립일 현재 60세 이상인 자
- 65세 이상인 근로자
- 1개월 미만 고용조건으로 고용된 근로자(실업급여사업만 제외)
- 월 근로시간이 60시간 미만 또는 주 근로시간이 15시간 미만인 근로자

〈고용보험료 산출 예〉

조건

· 김 과장 20XX년 1월 1일 입사

· 고용보험 가입

· 서비스업 종사

· 월 급여 3,000,000원

계산식

① 실업급여: 총급여X고용보험료율

36,000,000X1.3/100 = 468,000원

회사부담분 : 468,000X1/2 = 234,000원

본인부담분 : 468,000X1/2 = 234,000원

② 고용안전 · 직업능력개발 : 총급여X고용보험료율

36,000,000X2.5/1,000 = 90,000원

※ 전액 회사부담

①+② = 558,000

회사부담분 = 324,000원

직원부담분 = 234,000원

1인 이상 근로자가 근무하고 있는 사업장은 의무적으로 가입대상이며, 고용보험을 가입할 때는 사업주가 총급여 0.7~1.3%를 부담하고 근로자가 0.45%를 부담합니다. 이는 사업주와 직원이 일정 부분을 부담한다는 점에서 국민연금이나 건강보험과 같지만 분담비율은 다릅니다. 회계담당자는 경영자에게 예상 보험료를 보고해야 합니다.

고용보험료 납부방법은 회사가 근로자 부담분을 포함해 먼저 전체 보험료를 납부합니다. 그리고 근로자 부담분은 매달 급여를 지급할 때 공제합니다. 이는 특이한 처리방법이므로 회계담당자는 이 부분에 주의해야 합니다.

고용보험료는 보통 1년 주기로 매년 초에 납부합니다. 처음 보험관계가 성립한 경우 그 성립일로부터 70일 이내에 사업주가 1년 동안 임금총액을 미리 추정해, 그 추정액에 보험사업별로 정해진 보험요율을 적용해 개산보험료를 신고하고 납부하면 됩니다. 법정기한 내에 일시 납부하는 경우 5%의 공제혜택이 있으므로 이를 잘 활용하기 바랍니다. 이때 주의할 점은 국민연금, 건강보험과 달리 비과세되는 소득이 없다는 점입니다.

참고로 직원이 퇴직한 후 실업수당을 받을 수 있는 경우는 직장에서 구조조정 등으로 인해 타의로 직장을 그만둔 경우에 받을 수 있습니다. 가끔 자의로 퇴직해 놓고 실업수당을 타기 위해 회사에 타의로 퇴직한 것으로 요청하는 경우가 종종 있습니다.

1분 칼럼

이전에는 월 근로시간이 80시간 미만이거나 주 근로시간이 18시간 미만인 근로자는 고용보험 가입대상에서 제외되었으나, 지금은 근로시간이 월 60시간 미만 또는 근로시간이 주 15시간 미만인 근로자가 가입대상에서 제외되었습니다. 회계담당자는 이를 주의해야 합니다.

연봉제에서도 퇴직금을 줘야 하나요?

연봉제에서는 연봉계약 내용을 연봉제계약서에 기재해야 합니다. 연봉에 퇴직금이 포함되어 있으며, 어떻게 지급한다는 내용 역시 반드시 명시해놓아야 합니다.

우리나라의 경우 임직원이 1년 이상 근무하다 퇴직하면 1개월치 급여를 퇴직금으로 지급해야 합니다. 또한 일용직원이라도 1년 이상 근무하면 역시 퇴직금을 주어야 합니다. 이는 근로기준법상에 규정된 최저요건으로 의무사항입니다. 따라서 1년 미만 근무자는 퇴직금을 줄 필요가 없습니다. 그러나 1년 미만 근무자에 대해 퇴직금을 주는 것도 근로기준법상 아무런 문제가 없습니다.

실무적으로 헷갈리는 것은 연봉제를 실시하더라도 퇴직시, 퇴직금을 줘야 하는 점입니다. 결론을 말하자면 우리나라는 외국에서 시행하고 있는 완전한 연봉제가 아니고 불완전한 연봉제입니다. 따라서 1년 이상 근무한 직원에 대해서는 연봉제든 월급제든 반드시 퇴직금을 지급해야만 회사가 근로기준법에 저촉되지 않습니다. 경영자단체나 사장님들은 이에 대해 불만이 많지만, 현재는 이를 따라야 하므로 회계담당자는 꼭 기억해둘 필요가 있습니다.

연봉제에서는 회사와 직원이 입사할 때나 재계약할 때 연봉계약 내용을 반드시 연봉제계약서에 기재해야 합니다. 연봉제계약서에서 연봉에 퇴직금이 포함되어 있으며, 어떻게 지급한다는 내용 역시 반드시 명시해놓아야 합니다.

예로 사장님이 직원이 퇴직금까지 포함한 연봉을 합의한 경우에라도 연봉제계약서에 연봉에 퇴직금이 포함되어 있다는 내용이 명시되어 있지 않은 경우에는, 직원이 퇴직하면서 퇴직금을 달라고 하면 회사는 이를 줘야 합니다.

소기업의 경우 근로계약서를 작성하더라도 급여에 대한 언급만 해놓고 퇴직금에 대한 명확한 언급이 없어, 나중에 직원과 분쟁이 생기면 꼼짝없이 지불해야 하는 경우가 대부분이므로 주의해야 합니다.

따라서 회계담당자는 회사정책을 잘 이해하고 이에 맞는 연봉제계약서를 제대로 작성해야 합니다. 향후 연봉제는 외국처럼 계약서 속에 퇴직금에 대한 내용이 언급되어 있든 없든 연봉 자체가 퇴직금까지 포함하는 완전연봉제로 개정되어야 할 것입니다. 왜냐하면 이것이 연봉제 본래의 취지에 부합되기 때문입니다.

〈금전소비대차약정서의 예〉

연 봉 제 계 약 서

Ⅰ. 당사자
  1. 사용자
  2. 근로자
    – 성　　명 :
    – 주　　소 :
    – 주민등록번호 :

Ⅱ. 근로조건
  1. 계약기간 : 20 . . ~ 20 . .
  2. 연봉액
    연봉제 규정에 따라 연봉을 원으로 하며, 이를 12회 혹은 13회 분할해 매월 1회 (월 원)지급한다.
    연봉에는 기본급 외에 직책수당, 법정수당, 상여금, 고정적 수당과 퇴직금이 포함되어 있으며, 당사자 모두에게 불이익이 되지 않음을 확인한다.
  3. 근로시간
    회사의 업무상 필요에 따라 조정이나 연장을 할 수 있으며, 연장근로는 연봉액에 포함해 지급한다.

Ⅲ.기타
1. 이 계약에 정함이 없는 근로조건은 제반 노동관계법령과 관행 및 사규에 따른다.
2. 위 계약 당사자는 계약기간 종료일로부터 30일 전에 양 당사자간의 재계약 의사가 합의되지 않는 한, 계약기간 종료와 함께 근로관계는 자연 해지된 것으로 본다.

20ＸＸ년　월　일

사용자 (인)

근로자 (인)

연봉제계약서의 미비로 퇴직금에 대해 회사와 직원 간에 다툼이 생기는 경우가 가끔 있습니다. 특히 회사와 사이가 안 좋아 퇴직한 경우에는 이런 것들이 빌미가 됩니다. 회계담당자가 연봉제계약서를 직접 작성하기 어려우면 아는 사람의 도움을 받거나 노무사, 회계사 등의 도움을 받아 작성하는 것이 좋습니다.

10 DAYS

회계업무는 인사업무나 총무업무와 구별됩니다. 10일차에서는 인사·노무관리를 언급하고 있습니다. 인원이 적은 중소기업은 회계담당자 1인이 회사의 전체 관리업무를 관장해야 합니다.

자금일보 작성, 월 자금계획 작성, 계약서관리, 물품관리, 외부전문가 활용, 벤처기업증명, 연구소 설립, 각종 규정에 대해 실제 예와 서식을 언급해놓았습니다. 회계담당자가 기계적으로 쉽게 할 수 있는 분야가 아닙니다. 회계담당자의 창의성과 역량이 발휘되어야 하는 분야입니다. 이를 수행할 수 있다면 이제 회계분야의 전문가라고 할 수 있습니다.

10일차

회사의 내부관리, 이렇게 해야 정답이다

자금일보는 매일 또는 주기적으로 보고하고 있나요?

자금일보, 자금주보, 자금월보는 회사 실정에 맞게 작성해야 합니다.
경영자가 반드시 이해할 수 있도록 고안해서 사용해야 합니다.

2일차 49페이지의 '회계담당자는 어떻게 현금의 입·출금을 정리해서 경영자에게 보고하나요?'에서 손으로 직접 장부를 작성할 때 회계담당자가 매일 증빙을 기초로 전표를 작성하고, 이를 토대로 현금출납장 및 예금장, 차입장, 어음장 등 보조원장 및 총계정원장을 작성하는 업무에 대해 배웠습니다.

보조원장 및 총계정원장을 토대로 자금일보를 작성해 경영자에게 보고하는 업무는 무엇보다도 중요한 업무입니다. 참고로 중소기업에서는 자금일보를 별도로 엑셀 등으로 작성하는 것이 일반적입니다.

자금일보는 하루 동안 매출 및 매입, 그리고 일상경비 등 자금 입·출금에 대한 모든 내용과 자금시재를 정리한 것으로 회사에 필수적인 정보입니다. 이를 통해 회계를 모르는 경영자도 회사 자금상태를 완전히 파악할 수 있습니다.

회계담당자는 자금일보를 경영자에게 제출하기 전에 자금잔액이 회사 현금, 통장잔고, 받을어음잔고와 일치하는지 확인한 후 경영자에게 제출해야 합니다.

그러면 경영자는 자금일보를 통해 결제해야 할 자금 중 현재 가지고 있는 자금으로 얼마나 충당할 수 있는지 정확하게 알 수 있습니다. 만약 결제하고도 여유자금이 있다면 이를 어떻게 운용할 것인지 계획을 짤 수도 있습니다. 즉 자금일보를 통해 회사상태를 파악할 수 있는 것입니다.

회계도 모르고 숫자도 싫어하는 사장님은 자금일보가 뭘 의미하는지 잘 모르는 경우가 있습니다. 그래서 자금일보 자체를 요구하지도 않습니다.

그러나 이런 상태가 지속되면 회사가 자금예측을 제대로 못해 유동성 위기에 처할 수도 있습니다. 따라서 회계담당자는 자금일보가 뭘 의미하는지 사장님에게 잘 설명해주어야 합니다.

회계담당자가 매일 사장님에게 보고할 때는 자금일보 뒤에 전표, 증빙, 통장 및 어음 원본 등 원시자료를 모두 같이 제출하는 것이 원칙입니다. 만약 중간관리자가 있어 이 모든 것을 검토한다면, 사장님은 자금일보만 검토하면 됩니다.

자금일보는 매일 작성하는 것이며, 자금주보는 주 단위로 한 번씩 작성하는 것입니다. 자금월보는 월에 한 번씩 작성합니다. 사장님은 자금일보 외에 자금주보 및 자금월보를 통해 주 및 월 단위의 자금사정을 파악할 수 있습니다.

〈자금일보 양식의 예〉

자금일보

결재	담당	팀장	대표이사

㈜비전21　　200x년 x월 x일

현금		전일현금	입금	출금	현금잔액
		1,000,000	0	50,000	1,050,000
예금	은행	전일잔액	입금	출금	예금잔액
	하루은행	1,000,000	500,000	1,200,000	300,000
	합계	1,000,000	500,000	1,200,000	300,000
차입금	구분	전일잔액	입금	출금	예금잔액
	하루은행	10,000,000			10,000,000
	합계	10,000,000	0	0	10,000,000
받을어음		전일잔액	입금	출금	현재잔액
		200,000	100,000		300,000

현금	입금내역	출금내역
		식대 20,000 교통비 (거래처 방문) 5,000 사무용품비 25,000
	0	50,000
보통예금	입금내역	출금내역
하루은행	외상대회수(돈돈주식회사) 500,000	임대료지급 700,000 컴퓨터구입(컴박사) 500,000
	500,000	1,200,000
총계		
차입금	차입내역	상환내역
총계		
받을어음	입금내역	출금내역
받을어음	외상대회수(우리유통) 100,000	
	100,000	0

이러한 자금일보, 자금주보, 자금월보는 특별한 양식이 있는 것이 아니라 회사실정에 맞게 작성해야 합니다. 필수사항은 사장님이 반드시 이해할 수 있도록 고안해서 작성해야 한다는 점입니다. 여기서

회계담당자의 능력이 드러나게 됩니다.

자금일보 작성 전 단계인 전표처리에서 증빙이 없는 지출은 현실적으로 어떻게 기록해야 할까요? 또한 사적으로 쓴 경비를 회사경비로 기록할 수 있을까 하는 판단의 문제도 생깁니다. 이러한 문제는 세금 및 내부 경영방침과도 관련이 있습니다. 회계담당자는 이를 반드시 경영자와의 협의를 통해 결정해야 합니다.

월 자금계획은 어떻게 작성하나요?

회계담당자가 월 자금계획을 제대로 작성해 보고하면 개인적으로도 경쟁력을 가질 수 있을 뿐만 아니라 회사도 탄탄해집니다.

회계담당자는 사장님으로부터 월 자금계획을 요청받으면, 자금일보처럼 형식과 내용을 고안해 반드시 경영자가 이해할 수 있는 형태로 작성해야 합니다. 회사의 실제 자금사정에 대해서는 사장님이 가장 잘 알고 있습니다. 따라서 월 자금계획 형식도 사장님 눈높이에 맞추어 이해할 수 있도록 작성해야 합니다.

한편 월 자금계획의 정확도는 회사의 업무내용을 얼마만큼 제대로 파악되었느냐에 달려 있습니다. 월 자금계획을 통해서 회사자금이 얼마나 여유가 있는지 또는 부족한지도 파악할 수 있습니다.

자금에 여유가 있으면 MMF 등 자금을 운용할 상품을 찾아야 합니다. 그러나 이는 특별한 경우입니다. 보통 자금이 부족한 경우가 대부분으로 자금조달에 대한 대책을 세워야 합니다.

차입이 여의치 않으면 지불해야 할 차입금 상환, 급여, 운영비용, 거래처 외상대 중 지불을 늦춰도 될 만한 것들의 우선순위를 확정하는 계획을 짜야 합니다. 더 나아가서 회사가 계속 정상매출이 안 되는 상황이 예측될 때는 최대한 버틸 수 있는 기간과 자금규모도 예측해야 합니다.

단기차입금은 장기차입금으로 전환되도록 유도해야 하고, 외화예금이나 외화차입금의 비중이 높은 회사는 환율변동에 따른 위험을 회피할 수 있도록 헤징(hedging)거래 계획도 짜야 합니다. 이러한 예측도 없이 그냥 되는 대로 꾸려간다면 회사가 어떻게 될지 생각만 해도 아찔합니다.

사장님들은 종종 필요한 것이 있는데도 정확하게 표현할 줄 몰라서 그냥 넘어가는 경우가 있습니다. 이런 경우 회계담당자가 이를 감지해 월 자금계획서에 반영하는 능력을 키워야 합니다. 또한 월차결산이 수행되지 않아도 월 자금계획표를 작성하지 못할 이유는 없습니다. 단지 정확성이 떨어질 수 있다는 사실을 염두에 두어야 합니다.

회계담당자가 월 자금계획을 제대로 작성해 보고하면 개인적으로도 경쟁력을 가질 수 있을 뿐만 아니라 회사도 탄탄해집니다. 아무쪼록 월 자금계획의 중요성을 인식하고 작성에 노력을 기울이기 바랍니다.

〈월 자금계획 양식의 예〉

(단위: 천 원)

항목		예정	비고
전 월 이월액	현 금	10	
	예 금	100	
	이 월 계	110	
수 금	현 금 매 출	1,000	
	외 상 대 회 수	2,000	
	어음만기추심	3,000	
	어 음 할 인	2,000	
	수 입 합 계	8,000	
지 출	현 금 매 입	2,000	원자재 품귀
	외 상 대 지 불	2,000	
	어 음 결 제	2,000	
	운 영 경 비	3,000	급여 등
	차 입 상 환	0	
	지 출 합 계	9,000	
자 금 과 부 족		−890	
자 금 차 입		1,200	은행과 상담중
차 기 이월액	현 금	10	
	예 금	300	
	계	310	

※ 항목 및 받을어음, 지급어음에 대해서는 회사상황에 맞게 만들어 사용할 수 있습니다.

1분 칼럼

월 자금계획을 만들 때 차입금 상환을 가끔 빠뜨리는 경우가 있습니다. 이는 회사의 살림살이에 대해 익숙하지 못해 발생하는 것입니다. 어설프게 만든 월 자금계획표는 오히려 회사에 해악을 끼치므로 회계담당자는 꾸준한 노력을 통해 정확성을 높여야 합니다.

각종 계약서는 어떻게 관리해야 하나요?

중소기업의 경우 계약서철은 실물 따로 PDF로 스캐닝해서 컴퓨터 파일로 보관해야 합니다. 계약서는 컴퓨터 속에 모두 저장되어 있어야 합니다.

회사의 모든 거래는 계약에서 출발합니다. 그리고 계약을 할 때는 계약서가 존재합니다. 예로 사옥을 구입하거나 사무실을 임차할 때, 자동차를 구입할 때, 리스계약을 할 때 모두 계약서가 발생합니다.

하지만 이런 계약서를 제대로 챙기고 관리하는 중소기업이 별로 없습니다. 중소기업 회계담당자들은 심지어 계약서들이 있는지조차 모르는 경우도 많습니다. 또한 계약서를 관리한다고 해도 새로운 계약서가 생기면 옛날 계약서 위에 포개두든지, 아니면 다른 곳에 둔다든지 하는 식으로 계약서관리에 소홀합니다.

계약서 유무는 계약에 따라 회사의 사활을 좌지우지하기도 합니다. 예로 장기간 용역이나 건설계약에 있어서는 대금이 크고 기간이

길므로 대금을 회수하지 못할 위험에 대비해 반드시 계약서를 잘 보관해야 합니다.

따라서 회계담당자는 이러한 계약서가 발생할 때마다 파일철이나 바인더에 하나씩 개별적으로 보관하고 각각에 대해서 색인을 붙여 정리해 놓아야 합니다.

또한 회계담당자는 이러한 계약서를 꼼꼼히 읽어보고 계약조건에 대해 이해해야 합니다. 회사에 불리한 조항이 있는지도 검토해봐야 합니다. 그리고 계약서의 내용과 수입, 지출증빙이 일치하는지도 확인해봐야 합니다. 만약 이해가 안 될 때는 전문가의 도움을 받아 이해해야 합니다.

계약서와 양식철을 함께 보관하는 회사들이 종종 있습니다. 그러나 법인설립시에 생긴 법인설립철과 계약서파일, 그리고 양식철은 별도로 보관하는 것이 필요합니다.

참고로 중소기업의 경우 계약서철은 실물 외에 따로 PDF로 스캐닝해서 컴퓨터 파일로 보관하는 것도 한 방법입니다. 많은 계약서가 존재하지만 파일로 제대로 안 되어 있어 필요한 서류를 찾는데 시간을 다 허비하기 때문입니다. 향후 모든 계약서관리는 실물 대신에 컴퓨터 속에 모두 저장되어 있을 것입니다.

〈계약서 리스트 및 계약서의 예〉

순번	적요	비고
1	수입대행계약서	
2	상품매매계약서	
3	주식양도 양수계약서	
4	영업양도 양수계약서	
⋮	……	……
44	현물출자계약서	
45	용역계약서	
46	온라인컨설팅계약서	
47	근로계약서	
48	……	……

45

용 역 계 약 서

20XX.11

㈜비전21

1분 칼럼

중소기업의 경우 주요사항이 계약되었음에도 불구하고 주주총회나 이사회에서 사전에 결의되지 않은 경우가 있습니다. 이럴 때 주주가 법적 효력을 따질 경우 무효가 되어 회사는 낭패를 볼 수 있습니다. 따라서 회계담당자는 변호사나 법무사의 조언을 얻어 주요 계약사항이 주주총회 의결사항인지 이사회 의결사항인지 파악해 대비해야 합니다.

구입한 물품은 어떻게 관리하나요?

많은 품목을 관리하려고 욕심을 내기보다는 적은 품목이라도 꾸준히 제대로 관리하는 자세가 필요합니다. 회계담당자는 각별히 신경을 써야 합니다.

회사가 구입하는 물품은 컴퓨터, 가구, 비품, 공구, 기구 등 여러 가지 고정자산이 있습니다. 또 청소도구, 소모품, 필기구 등과 같은 사무용품이 있습니다. 이러한 물품을 구입할 때는 반드시 세금계산서 등 적절한 증빙을 받아야 한다는 것은 이미 배웠습니다.

이러한 물품에 대해서 회사는 먼저 실물관리를 해야 할 것과 관리를 하지 않아도 좋을 것을 내부결의를 통해 확정해야 합니다. 고정자산은 당연히 관리를 해야 하지만, 소모품이나 사무용품은 종류가 많고 금액이 작아 중소기업에서는 관리하기에 부담이 큽니다. 또한 손익계산서에 사무용품비나 소모품비라는 비용으로 처리되고, 세법상으로도 비용으로 인정되기에 굳이 관리할 필요는 없습니다.

관리해야 할 물품이 정해지면 별도로 물품관리대장을 만들어 각 품목에 대해 일련번호를 붙여 기록해야 합니다. 실물은 이러한 일련번호가 찍힌 스티커를 붙여 관리하는 것이 필요합니다. 그런 다음 정기적인 실사를 통해 실물과 장부가 차이가 나는지, 차이가 난다면 그 이유가 무엇인지 밝혀 차이를 처리해야 합니다. 또 고정자산상태가 어떤지도 확인해야 합니다.

중소기업의 경우 물품관리대장을 제대로 운용하는 곳이 거의 없습니다. 관리대상물품을 구입했을 때도 기록하지 않습니다. 또 위치가 이동되거나 외부로 일시 반출된 경우도 기록하지 않습니다. 폐기처분되는 물품도 제대로 물품관리대장에 기록하지 않습니다.

고정자산대장이나 물품대장이 없는 경우가 대부분이고, 존재하더라도 실제상황과 불일치하는 경우가 많습니다. 고정자산대장이나 물품대장이 정리되면 재무제표상 고정자산목록과 비교해서 일치되도록 정리해야 합니다. 실무에서는 고정자산대장이나 물품대장이 재무제표와 불일치하는 경우가 대부분입니다.

따라서 회계담당자는 많은 품목을 관리하려고 욕심을 내기보다는 적은 품목이라도 꾸준히 제대로 관리하는 자세가 필요합니다. 특히 처분되거나 폐기되는 자산은 제대로 기록하고 관리하지 않으면 회사의 손익이 달라지므로 회계담당자는 각별히 신경을 써야 합니다.

〈고정자산대장〉

[공기구비품]

구분	품목	모델명	규격	제조 및 납품업체	취득일자	관리일자	층	위치	비고	수량	취득가액
1	책상	구	1600×800		200×. 1. 25		8	팀장		1	1,200,000
2	사이드책상	구	1200×450		200×. 1. 25		8	팀장		1	1,700,000
3	컴퓨터	구	1400×800		200×. 1. 25		8	과장			2,500,000
4	프린터	구	1400×800		200×. 1. 25		8	과장			1,100,000
5	장식장A	구	1400×800		200×. 5. 31		8	대리			1,500,000
6	장식장B	구	1400×800		200×. 5. 31		8	대리		6	1,800,000
7	책상	구	1400×800		200×. 5. 31		8	대리			2,000,000
8	책상	구	1400×800		200×. 5. 31		8	직원			2,000,000
9	사무용의자	구	부서장용		200×. 7. 7		8	팀장	인조가죽	1	1,900,000
	합계	구									15,700,000

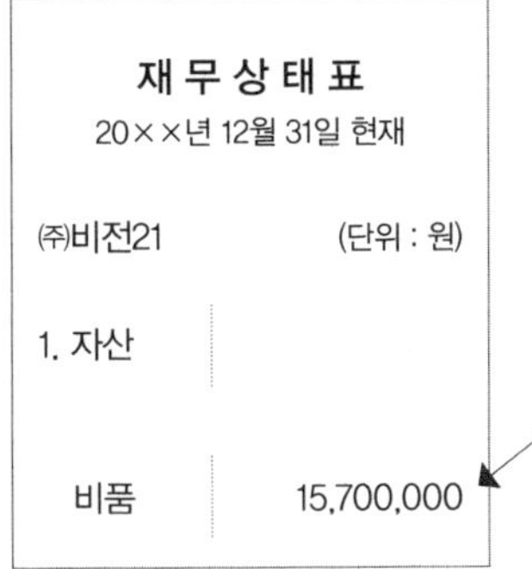
재 무 상 태 표

20××년 12월 31일 현재

㈜비전21 (단위 : 원)

1. 자산

비품 15,700,000

1분 칼럼

유형자산이 처분될 경우에는 반드시 세금계산서를 발행해야 하며 물품대장에서는 이를 지워야 합니다. 폐기할 경우에는 폐기물수거업자의 확인증을 받아서 처리해야 세무상 문제가 없으며, 이 역시 물품대장에서 지워야 합니다.

외부자문업체들을 어떻게 활용하나요?

중소기업의 경우 명망 있는 업체보다는 평소 회사에 관심과 애착을 갖고 있는 외부자문업체를 선택하는 것이 중요합니다. 외부자문업체도 회사의 일부입니다.

사업을 할 때 회계사나 세무사와 같은 전문가는 늘 필요합니다. 왜냐하면 회사의 일상사가 금전, 계약과 관련되어 있기 때문입니다. 따라서 회계사나 세무사와 계약관계는 일반적으로 고문계약을 통해 매월 일정 보수를 지급하거나, 일이 있을 때 그에 대해 따로 보수를 지불하는 방식을 취합니다.

법무사는 가끔 있는 법인등기변경 등 일이 있을 때마다 그때그때 보수를 지불하는 방식이 일반적입니다. 변호사는 고문계약을 통해 자문에 대해서 매월 일정 보수를 지급하거나, 일이 있을 때마다 지불하는 것이 일반적입니다. 변리사는 특허신청 및 특허소송 등이 발생할 때마다 지불하며, 감정평가사는 회사 재산을 평가할 때마다 지불하는 방식이 일반적입니다. 또한 부동산중개사는 회사 사옥구입이나 회사 사무실을 임차할 때마다 계약을 맺어 지급하는 방식이 일반적입니다.

이 밖에도 회사관리를 위해서는 외부의 수많은 전문가와 계약을 맺어 도움을 받아야 합니다. 회사는 이들의 역할을 명확히 알고 100% 활용하는 것이 필요합니다. 이를 위해서는 이들의 업무본질과 역량을 정확히 이해하는 것이 우선입니다. 그 다음 반드시 계약서를 통해 업무범위를 확정해야 합니다.

고문계약 후에는 업무에서 생기는 의문점은 해당 분야 전문가에게 무조건 물어봐야 합니다. 답을 얻기 위해서도 그렇지만, 어떤 경우에는 참고나 확인을 위해서도 필요합니다. 전문가에게 문의할 때는 구두로 하지 않고 반드시 기초자료를 같이 보내주어야 합니다.

왜냐하면 기초자료 없이 이야기를 하면 전문가는 자기 나름대로 상황을 설정하고, 자기 경험과 판단에 의존해 결론을 내리기 때문입니다. 따라서 나중에 사실관계를 확인할 때에는 그 결과가 반대로 나오는 경우가 허다해 회사가 낭패를 보는 일이 종종 있습니다. 회사를 성심성의껏 지도해주고 잘 이끌어주는 좋은 회계사나 변호사 등 전문가들을 만나는 것은 회계담당자나 회사에게는 사업상 큰 행운입니다.

중소기업의 경우 명망 있는 업체보다는 평소 회사에 관심과 애착을 갖고 있는 외부자문업체를 선택하는 게 중요합니다. 중소기업은 모든 게 부족하기 때문에 외부자문업체도 회사의 일부가 되어야 하기 때문입니다.

벤처기업증명을 받으면 어떤 이점이 있나요?

법인설립 후 3년 내 벤처증명 후 5년간 법인세 또는 소득세가 50% 감면되고 4년동안 취득세 및 등록세가 면제되고, 종합토지세 및 재산세도 50% 감면됩니다.

벤처기업증명을 받을 수 있는 업종은 중소기업기본법 제2조에 따른 중소기업입니다. 벤처증명을 받으면 세금, 자금, 코스닥등록에 대한 특례 등 각종 혜택이 있습니다. 세제혜택으로는 창업 후 3년 이내 벤처증명을 받으면 최초 소득발생년도부터 5년간 법인세 또는 소득세를 50% 감면해줍니다(세법개정으로 인해 2018년부터는 그 혜택이 늘어날 예정이니 추후 그 내용을 확인하시기 바랍니다).

한편 수도권 과밀억제권역 외에서 창업한 중소기업은 벤처증명을 받지 않아도 각종 세금혜택은 벤처기업과 같으므로 잘 활용하시기 바랍니다.

세금을 감면받는 창업벤처기업업종은 제조, 광, 부가통신, 연구 및

〈벤처기업 세금감면 공제요건(1과 2 충족시)〉

1. 법인설립일 이후 3년 이내 벤처기업확인서 받을 것

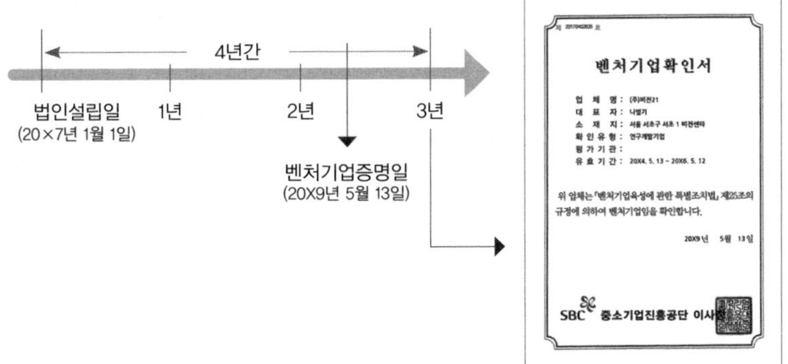

2. 최초소득 발생연도 및 그 다음 4년까지 50% 세액감면 가능

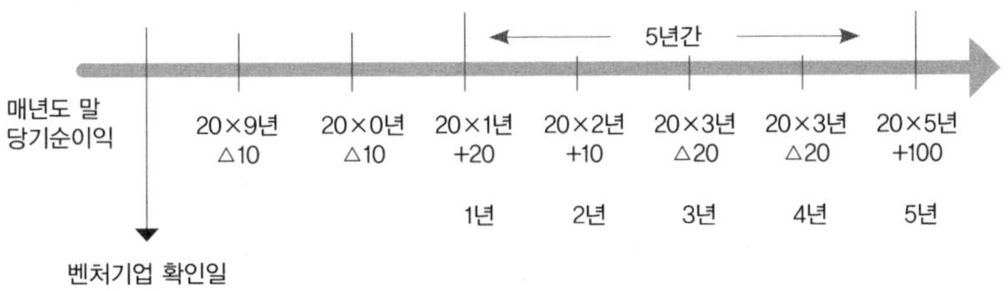

개발, 과학 및 기술 서비스, 전문 서비스, 방송용 방송사업, 방송 프로그램 제작, 엔지니어링, 정보처리업, 컴퓨터 운영 관련업, 물류산업 등입니다. 벤처증명 후 4년 이내에 취득하는 차량 등 부동산에 대해서는 취득세 및 등록세가 면제되고, 종합토지세 및 재산세도 50% 감면됩니다(취득세, 재산세의 경우 세법개정으로 인해 2018년부터는 그 혜택이 늘어날 예정이니 추후 그 내용을 확인하시기 바랍니다).

또한 농어촌특별세와 인지세 등 각종 부담금도 면제됩니다. 자금

지원으로는 기술보증기금 등 보증을 통해 은행에서 저리로 시설자금과 운전자금을 차입할 수 있습니다.

벤처기업증명을 받는 유형은 기술로 인한 보증 또는 대출, 연구개발, 벤처캐피털 등 3가지가 있습니다. 기술로 인한 보증 또는 대출은 기술보증기금이나 중소기업진흥공단이 기술성이 우수한 기업에 총자산 대비 일정률 이상 보증 또는 대출을 해준 경우입니다. 연구개발의 경우는 연구개발비가 일정 수준 이상이고, 매출액 대비 연구개발 비율이 일정 비율 이상인 기업이 기술보증기금 등으로부터 평가받은 경우를 말합니다. 연구개발비란 기업부설연구소(연구 개발전담부서는 제외)가 지출한 일정 요건에 해당하는 비용을 말합니다. 벤처캐피탈 등으로부터 투자를 받은 기업이란 창업투자회사 등으로부터 자본금의 일정비율 이상 투자를 받고, 그 기간이 일정 기간 이상 유지될 경우, 중소기업진흥공단으로부터 확인을 받은 경우를 말합니다.

이러한 벤처기업증명 유효기간은 기술로 인한 보증 또는 대출, 벤처캐피털투자는 1년, 연구개발의 경우는 2년입니다.

참고로 개인이 벤처기업에 투자(엔젤투자)할 때는 소득공제 혜택이 있습니다. 단 유상증자에 참여해 3년 이상 보유해야 하며, 소득공제는 그 해 또는 그 다음 해에 선택 가능하며, 투자금액이 1,500만 원 이하는 전액, 5천만 원 이하는 50%, 5천만 원 초과는 30% 소득공제를 해주되, 종합소득금액의 50%가 한도입니다.

만일 벤처기업증명 후 5년간 소득이 없었다면 5년째부터 무조건 5년간 50% 감면을 적용합니다. 한편 일정 수준까지는 세금을 내야 하는 최저 한세의 적용으로 실제로는 50%까지는 감면을 받지 못한다는 것을 알아두는 것이 좋습니다.

연구소를 설립하면 어떤 이점이 있나요?

연구소를 설립하면 법인세신고시, 연구에 들어간 비용의 일정금액을 세액공제 받을 수 있는 다양한 혜택이 있습니다.

회사가 기술개발을 적극적으로 촉진하기 위해 연구소를 설립하면 여러 가지 혜택이 있습니다. 법인세신고시, 연구인력인건비 등 연구에 들어간 비용에 대해 일정금액을 세액공제 받을 수 있습니다. 이는 급여를 비용으로 인정받는 동시에 추가로 세액공제도 해주는 엄청난 혜택입니다.

이때 주의할 점은 연구원은 반드시 산업기술진흥협회에 신고되어야 합니다. 또한 연구소장 등 연구원이 개발프로젝트에 참여하고 있는 내용을 일간·주간·월간 업무일지로 작성해야 합니다.

각 연구원이 프로젝트에 100% 참여하는지, 50%만 참여하는지 기여율도 고려해야 합니다. 예로 중소기업의 경우 보통 연구소장이 대외활동도 하고, 제조현장에도 관여하고, 개발프로젝트도 관장합니다. 또한 연구원도 보통 제조현장과 개발프로젝트를 관장합니다.

투자·융자지원, 기술신용보증지원의 혜택이 있습니다. 일정요건을 갖춘 연구소용 부동산을 취득할 때 등록세·취득세·종합토지세·재산세가 감면되는 경우도 있습니다.

이러한 연구소를 설립하기 위해서는 인적 및 물적 요건을 확보해야 합니다. 먼저 인적 요건으로는 중소기업의 경우 5명 이상, 대기업의 경우 10명 이상, 벤처기업의 경우 2명 이상(개업일로부터 5년 이내)의 연구전담요원이 필요합니다. 반면에 연구전담부서는 1명 이상이면 됩니다.

인적 구성원 자격으로는 자연계 학사 이상 또는 국가기술자격법에 의한 기술·기능계 기사 이상인 자로서 연구개발과제를 겸직하지 않고 수행해야 합니다. 다만 소프트웨어 개발과 같은 정보처리 또는 산업 디자인 전문분야인 경우 연구원에 대해서는 전공 불문입니다. 또한 중소기업의 경우는 자연계 전문대학 졸업자로 해당 분야에 2년 이상 연구경력이 있는 자도 연구전담요원이 될 수 있습니다.

그 다음 물적 요건은 회사 업종 및 규모에 따라 천차만별이지만, 객관적으로 볼 때 연구소 또는 전담부서에서 연구를 수행하는 데 필요한 최소한의 기준을 갖추면 됩니다. 즉 독립된 연구공간과 연구기자재가 있어야 합니다. 독립된 연구공간은 사방이 다른 부서와 구분된, 별도 출입구가 있는 폐쇄된 연구공간을 말합니다. 연구기자재는 연구전담요원이나 연구보조원이 기술개발용으로만 사용하는 연구소 내에 있는 연구 전용 기자재를 말합니다.

이러한 연구소 설립에 대해 필요한 사항은 한국 산업기술진흥협회

〈연구소 설립〉

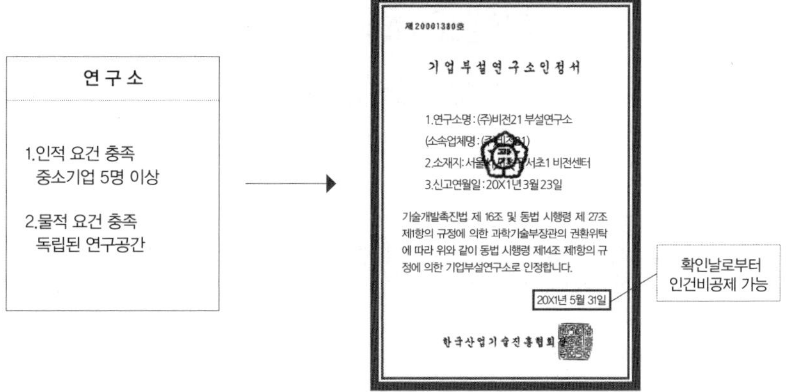

연 구 소
1.인적 요건 충족
중소기업 5명 이상
2.물적 요건 충족
독립된 연구공간
제20001380호
기업부설연구소인정서
1.연구소명 : (주)비전21 부설연구소
2.소재지: 서울
3.신고연월일 : 20X1년 3월 23일
기술개발촉진법 제 16조 및 동법 시행령 제 27조 제1항의 규정에 의한 과학기술부장관의 권환위탁에 따라 위와 같이 동법 시행령 제14조 제1항의 규정에 의한 기업부설연구소로 인정합니다.
20X1년 5월 31일
한국산업기술진흥협회
확인날로부터
인건비공제 가능

홈페이지(https://www.koita.or.kr)에 가면 자세히 나와 있으므로 회계담당자는 참고하시기 바랍니다. (사)한국산업기술진흥협회는 연구소신고제도를 기술개발촉진법 제16조 및 동법 시행령 제28조 제1항의 규정에 의거해 1991년 2월부터 과학기술부로부터 이관받아 수행하고 있습니다.

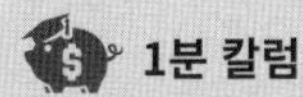

1분 칼럼

법인이 본사에 공간이 부족해 연구소를 개설할 수 없을 때는 지점을 개설해 거기서 연구소 증명을 받는 것도 한 가지 방법입니다. 특히 연구소의 경우 영업 및 자금과 무관하게 연구에 유리한 곳을 얻는 것이 필요합니다.

직원도 회사 주식을 가질 수 있나요?

직원이 회사 주식을 갖게 되면 주주가 됩니다. 주주가 되면 주주총회에 참석해 재무제표 승인, 배당금 결정 등 각종 결의사항에 대해 의결권을 행사할 수 있습니다.

개인회사의 경우 사장님이 회사의 주인입니다. 반면에 주식회사의 경우는 주주가 회사 주인입니다. 우리가 흔히 주인이라고 알고 있는 회사 대표이사는 주인이 아니라, 주인인 주주로부터 회사 살림살이의 운영을 위탁받은 사람입니다. 따라서 회사의 대표이사는 경영실적이 좋으면 주주총회로부터 풍성한 상여금을 별도로 받습니다. 반대로 경영실적이 좋지 않으면 바로 교체됩니다. 따라서 대표이사는 항상 주주이익이 최대가 되도록 노력합니다.

직원이 주식을 갖게 되면 회사의 주인인 주주가 됩니다. 주주가 되면 주주총회에 참석해 재무제표 승인, 배당금 결정 등 각종 결의사항에 대해 의결권을 행사할 수 있습니다.

직원이 주식을 가질 수 있는 방법으로는 회사 설립시에 자본금 출자 과정에 참여해 주주가 되거나, 회사 설립 후 유상증자시에 참여하는 방법이 있습니다. 또한 주식을 가지고 있는 상태에서는 회사가 무상증자를 실시하면 기존 주식에 비례해 주식을 추가로 더 가지게 됩니다.

그 외에도 벤처기업이 당장 유능한 직원에게 금전적으로 보상을 하지 못할 때 향후 회사 주식을 싼 값에 취득할 수 있는 스톡옵션(주식매수선택권)을 부여하거나, 우리사주조합이 결성되어 요건이 되는 직원들에게 차등적으로 주식을 갖게 하는 경우가 있습니다.

현재 스톡옵션 행사이익은 기타소득으로 분류되어 양도차익의 22%를 회사가 원천징수합니다. 또한 근로자가 우리사주에 출자할 때는 400만 원까지 소득공제를 해줍니다(다만 세법개정으로 인해 2018년부터 일정액의 스톡옵션 행사이익에 대해서는 비과세제도가 부활될 예정이고, 우리사주출자공제가 대폭확대될 예정이니 추후 그 내용을 확인하시기 바랍니다).

또한 공로주 형태로 회사가 자사주를 취득해 직원들에게 나누어주거나, 대주주가 직원들에게 나누어주는 경우도 있습니다. 회계담당자는 이러한 내용을 잘 알고 사장님의 의중을 잘 실행시킬 수 있어야 합니다.

한편 회사도 회사자체 주식을 취득해 주주가 될 수 있습니다. 이 경우 주주들이 자기가 가진 주식에 비례해 회사에 매각하는 경우와 특별한 경우에 특정주주 주식만 회사가 취득하는 경우가 있습니다. 이렇게 회사가 취득한 주식을 자기주식이라 합니다.

이때 주의할 점은 주주와 회사는 세법상 특수관계인으로 사전에 세법에 따른 주식평가가격을 정한 후, 이 가격을 중심으로 매매가격을 정해야 증여의제 등 세금문제가 발생하지 않는다는 점입니다. 주식평가는 전문적인 분야이므로 반드시 전문가에게 의뢰해 평가를 받아야 합니다.

또한 자기주식을 당장 소각할 목적이라면 주식을 양도한 주주는 배당소득으로 신고해야 합니다. 자기주식을 조속한 시일 내에 되팔 목적이라면 주식을 양도한 주주는 양도소득으로 신고해야 합니다. 이 또한 전문가에게 의뢰해 해결해야 합니다.

1분 칼럼

신문기사를 보면 경영자가 직원들에게 공짜로 주식을 주는 경우를 종종 볼 수 있습니다. 이 경우에 주식을 받은 직원에게는 증여세가 발생할 수 있으므로 회계담당자는 이를 잘 알고서 처리해야 합니다.

회계담당자가 만들어야 하는 규정은 뭔가요?

회계담당자는 여비교통비규정, 접대비규정, 급여규정,
퇴직금규정 등 다양한 규정에 대해 대비해야 합니다.

회계담당자는 먼저 여비교통비규정과 접대비규정, 그리고 급여 및 퇴직금규정에 대해 대비해야 합니다.

여비교통비의 경우 실비로 정산하는 것이 원칙입니다. 그러나 직급이나 일의 중요도에 따른 여비교통비에 차이를 두는 것이 필요하고, 증빙을 챙기기 어려운 경우가 있기에 여비교통비규정을 만듭니다. 특히 해외에서는 그 나라의 특성에 따라 증빙을 챙기기가 어렵기 때문에 여비교통비규정이 필요합니다.

접대비의 경우는 접대해야 할 업무범위, 업무종류, 직급에 따른 차등을 두기 위해 규정을 만듭니다.

급여규정은 기본급 및 각종 수당을 제정하기 위해 필요합니다. 매

여비규정

제1장 총칙(제1조~ 제5조)

제1조【목적】
이 규정은 임원 및 직원이 회사업무로 국내에 출장여행하거나 전임 또는 파견명령을 받고 신임지에 부임할 경우에 소요될 경비의 지급기준을 정함을 목적으로 한다.

제2조【용어의 정의】
① 여비란 출장 및 부임을 위한 교통비, 일당(식대및잡비), 숙박비와 제화물의 운반비 등의 비용을 말한다.
② 여비는 인사명령의 구분에 따라서 출장여비와 부임여비 2종으로 한다.

제3조【주관부서】
여비의 지급은 ㅇㅇ부에서 주관한다.

제4조【여비의 지급】
① 여비는 이 규정에 따른 실비지급을 원칙으로 한다. 다만 다음의 사유가 있을 때는 그 실제 경비를 지급할 수 있다.
1. 업무상 특히 우대할 만한 대외인사의 수행
2. 회사의 특명이 있을 때
3. 여행지의 특수한 상황
4. 기타 이 규정에서 정하는 정액의 여비로서 그 비용을 충당할 수 없는 특별한 사유가 있는 때
② 긴급용무로 인해 계산할 수 있는 여유가 없을 때는 여비를 계산하여 지급할 수 있다.

제5조【여비의 정산】

경조금지급규정

제1조【목적】
이 규정은 임직원의 경조사에 대하여 회사에서 지급하는 경조금에 관한 기준과 절차를 규정함을 목적으로 한다.

제2조【적용범위】
회사 임직원의 경조금 지급에 관여하는 다른 규정에서 특별히 정한 것이 있는 경우 외에는 이 규정에 의한다.

제3조【지급대상】
경조금의 지급대상은 3개월 이상 근속한 임직원으로 하며 휴직중인 자는 제외한다.

제4조【지급종류】
경조금의 종류는 다음 각호와 같다
1. 조의금
2. 축의금
3. 위로금

제5조【지급기준 및 조건】
경조금의 지급기준은 [별첨1]과 같다. 다만 사장이 필요하다고 인정할 경우에는 가감하여 지급할 수 있다.

제6조【동일사유】
동일 사유에 대한 경조금 수령 해당자가 2인 이상일 경우에는 고액수령 해당자 1인에게만 경조금을 지급한다. 다만 사장이 필요하다고 인정할 경우에는 그러하지 아니한다.

제7조【지급방법 및 순위】

급여규정

제1장 총칙(제1조~제4조)

제1조【목적】
이 규정은 직원의 급여에 관한 사항을 정함을 목적으로 한다.

제2조【적용범위】
이 규정은 회사의 월급제 직원에 대하여 적용한다. 다만 공장 등에 근무하는 직원 및 고문, 촉탁, 임시직 등의 급여에 대해서는 별도로 정한다.

제3조【급여체계】
① 급여는 기본급, 기본급 이외의 급여(이하"제수당"이라 한다) 및 상여금으로 구분한다.
② 제수당은 이 규정에서 정한 것을 제외하고는 필요한 경우에 별도로 정할 수 있다.
③ 퇴직금은 퇴직금지급규정에 의한다.

제4조【여비의 지급】
급여는 매월 25일에 지급하며 지급일이 휴일인 때에는 그 전일에 지급한다.
다만 필요에 따라 사장은 지급일을 변경할 수 있다.

제2장 계산(제5조~ 제19조)

제5조【계산기간】
급여기간은 당월 1일부터 말일까지로 한다.

제6조【일할계산】
① 급여를 일할 계산할 때는 월의 대소에 관계없이 월액의 30분의 1로 계산한다.
② 계산에 있어서 10원 미만의 단수가 있을 경우에는 이를 절사한다.

퇴직금규정

제1조【목적】
이 규정은 직원의 퇴직금 산정과 지급에 관한 사항을 정함을 목적으로 한다.

제2조【적용범위】
이 규정은 회사의 인사규정상 정의된 정규직원에 대하여 적용한다.

제3조【지급조건】
① 퇴직금은 만 1년 이상 근속한 직원이 퇴직하거나 또는 재직중 사망한 경우에 지급한다.
② 직원이 임원으로 선임되는 경우에는 퇴직으로 간주하고 퇴직금을 지급한다.

제4조【여비의 지급】
① 퇴직금은 퇴직시의 평균임금에 제5조의 지급률을 곱하여 산정한다.
② 전항에서 평균임금이라 함은 다음 각호의 합계액을 말한다.
1. 퇴직발령일 이전 3개월간의 급여 총액을 3등분한 금액
2. 퇴직발령일로부터 소급해 1년 이내에 지급한 상여금 및 연월차수당을 12등분한 금액
③ 인사대기 발령자가 면직되었을 때는 면직 당시의 평균임금을 기준하여 퇴직금을 산정한다.

제5조【지급률】
퇴직금 지급률은 근속연수 1년에 대하여 1로 한다.

제6조【근속연수의 계산】
① 근속연수는 입사일로부터 기산하여 퇴직발령일까지로 한다. 다만 일신상의 사유로 휴직한 기간과 정직기간은 근속연수에 산입하지 않는다.
② 근속연수에 1년 미만의 단수가 있을 경우에는 일할 계산한다.

제7조【신규채용자의 급여특별위로금】

년 직원급여 수준은 개별 계약 또는 노사단체교섭에 의해 결정됩니다. 반면에 임원급의 경우는 보통 주주총회에서 한도가 정해지고 이사회에서 인별 급여한도가 정해집니다.

직원퇴직금규정은 직원퇴직금에 대해 정해 놓은 규정입니다. 임원퇴직금규정은 직원퇴직금규정과 같이 규정하기도 하고 별도로 정하기도 합니다. 직원급여 및 퇴직금은 근로기준법에서 정한 기준보다 높아야 나중에 문제가 없습니다.

그 다음으로 계정과목규정집 및 회계업무 매뉴얼 작성, 그리고 전결규정을 만드는 것을 들 수 있습니다. 그러나 이런 규정들은 회사업무가 영업, 생산, 관리 등으로 나누어져 있고, 관리에서도 회계, 자금, 인사, 총무업무가 나누어져 있으며, 회계업무도 회계, 세무 등으로 나누어져 있는 경우에 필요한 규정입니다.

특히 계정과목규정집의 경우 회사 회계시스템이 정립되고, 어느 정도 변화에 대한 예측이 가능한 경우에 만들 수 있습니다. 회계업무 매뉴얼은 회계업무 범위와 각 업무들의 시작부터 끝까지 업무 절차를 기술하고, 그에 따른 문서 등 업무처리에 필요한 사항을 기록한 것입니다. 이 역시 현재 및 장래 회계업무가 어느 정도 예측이 가능해야 만들 수 있습니다.

전결규정은 경영자 한 사람이 하던 결재를 하위 관리자들로 나누어 결재하도록 권한이양이 된 것을 말합니다. 이를 제정하려면 현재 및 향후 5년 정도의 조직 형태를 예측해야 합니다. 그 다음 모든 직원의 업무 범위가 확정되어야 합니다. 이는 부서 간, 부서 내 사람들의 이해관계가 얽혀 있기 때문에 많은 시간을 필요로 합니다.

이런 규정들은 전문성을 필요로 하기 때문에 외부전문가에게 의뢰해 실행합니다. 규정 중 간단한 것은 다른 회사의 것을 참고해도 됩니다. 발간된 규정집 책자를 이용하거나 인터넷을 활용한 후에 회사에 맞게 만들어야 합니다. 세법이나 근로기준법 등 각종 법에 연관되는 것은 전문가의 도움을 받아 만드는 것이 필요합니다.

회사가 다른 중소기업을 M&A 하거나 투자하기 전에 어떤 것들을 봐야 하나요?

실사에서 제일 중요한 것은 드러나지 않은 우발채무를 파악하고 예측하는 일입니다. 이 결과에 따라 인수 여부가 결론이 나고, 인수시 얼마만큼 금액조정도 이루어집니다.

중소기업도 필요에 의해 다른 중소기업법인을, 100% 주식을 인수하는 M&A나 일부 주식을 인수하는 지분투자를 할 수 있습니다. 이 경우 회계담당자는 사전에 상대방 회사의 재무상태 등을 파악해야 합니다.

그런데 중소기업의 경우 경영자가 구체적으로 회계담당자가 해야 할 일을 구체적으로 지정하지 않고 시키는 경우가 대부분입니다. 그 이유는 경영자도 원하는 바는 있으나, 회계담당자에게 구체적으로 표현을 하지 못하기 때문입니다. 그렇다고 회계담당자가 M&A 매뉴얼이라고 해서 회계법인 등에서 얻어보면 복잡하기만 할 뿐 더 혼란스럽습니다.

중소기업에 대한 실사는 자료부족이 대부분입니다. 따라서 인수 기준일에 가장 가까운 달의 재무제표를 요청해야 합니다. 그후 예금, 차입금에 대해서는 은행조회서나 예금통장으로 확인하고, 채권·채무는 조회서나 거래업체에 직접 확인하며, 피인수업체 회계담당자에게 확인합니다.

또한 유형고정자산은 등기부등본, 계약서, 세금계산서, 보증금 등으로 확인합니다. 퇴직급추계액은 피인수업체에서 제시자료 검토, 소송건은 변호사계약서 및 변호사조회서나 변호사에 직접 문의해 우발부채를 확인합니다.

그 외 어음을 사용한 경우 실물 어음을 검토해 확인하고, 세금체납은 납세완납증명으로 확인하며, 세무조사는 과거 언제까지 받았는지 여부도 확인해야 합니다. 사채시장활용 여부는 어음사용기록 등을 검토합니다. 이렇게 검토한 후 제시 재무상태표에서 계정과목마다 증감한 것을 확인한 후 최종 순자산을 뽑아보면 됩니다.

그 달의 한 달치 자금수입, 지출 실적과 그 다음 달 자금수입과 지출계획을 받아 한 달치 살림살이 규모를 대략 파악합니다. 또한 부가가치세신고서, 급여 등 원천징수이행상황신고서, 급여대장을 받아 내용을 검토합니다. 그 외 3개년치 세무조정계산서를 받아 개략적인 회사이력을 검토합니다. 회사 등기부등본, 사업자등록증사본, 정관사본, 주주명부, 회사조직도, 공장 기계 등 고정자산배치도, 회사소개서, 회사이력, 주요 판매처, 구입처도 징구해서 검토합니다.

이러한 실사에서 제일 중요한 것은 드러나지 않은 우발채무를 파악하고 예측하는 일입니다. 이 결과에 따라 인수여부가 결론나고, 인수시 얼마만큼 금액조정도 정해집니다.

〈재무상태표 실사 후 조정〉

20XX년 X월 X일 현재

㈜비전21 (단위: 천 원)

구분	계정과목	장부상금액	조정	실제금액	비고
당좌자산	현금과 보통예금	50,000		50,000	통장확인
	외상매출금	250,000	−150,000	100,000	거래처 잔액 중 폐업 등 장기미회수성채권 1억 5천만 원 감액
	단기대여금	300,000	−100,000	200,000	회수불가능 1억 원 감액
	미수금	30,000		30,000	거래처 잔액확인
	선급금	200,000	−20,000	180,000	회수불가능 2천만 원
	선납세금	1,000		1,000	원천징수영수증 검토
재고자산	제품	150,000		150,000	원가계산 엑셀시트 검토 – 품목별 표준원가적용/개선요망
	원재료	140,000		140,000	수불부 엑셀시트 검토 – 선입선출법 적용/개선요망
투자자산	퇴직연금운용자산	10,000		10,000	전화확인
유형자산	토지	1,500,000		1,500,000	등기부등본, 계약서 검토
	건물	1,000,000		1,000,000	등기부등본, 계약서 검토
	구축물	130,000		130,000	고정자산대장 검토
	기계장치	400,000		400,000	현장 기계 확인, 세금계산서 검토
	차량운반구	30,000		30,000	차량등록증, 계약서 검토
	비품	20,000		20,0000	고정자산대장 검토
	시설장치	70,000		70,000	계약서, 세금계산서 검토
무형기타	특허권	2,000	−15,000	2,000	특허 미취득으로 선급금임
	기타보증금	30,000	−285,000	15,000	차량 보증금 1천 5백만 원/임차보증금은 0원/계약서 검토
	자산총계	4,313,000		4,028,000	
유동부채	외상매입금	1,200,000		1,200,000	거래처잔액확인
	미지급금	120,000		120,000	거래처잔액확인
	예수금	300		300	거래처잔액확인
	선수금	200,000		200,000	거래처잔액확인
	단기차입금	35,000		35,000	이사회 결의서확인, 통장확인
	미지급비용	3,000		3,000	거래처잔액확인
	장기차입금	2,500,000		2,500,000	이사회 결의서확인, 통장확인
	퇴직급여부채	0	30,000	30,000	근로계약서 및 급여대장 검토결과 누락 발견
	부채총계	4,058,300	30,000	4,088,300	
자본	자본금	500,000		500,000	등기부등본 검토
	이익잉여금	−245,300	−315,000	−560,300	
	자본총계	254,700	−315,000	−60,300	
부채와 자본총계		4,313,000	−285,000	4,028,000	

그 다음 투자하기로 했다면 인수가액을 정해 협의해야 합니다. 회계담당자는 세법에 따른 주식가치평가, 재무상태표상 순자산가액에 따른 평가, 가능하다면 미래현금흐름에 따른 평가를 해서 경영자에게 보고해야 합니다. 경영자는 이런 자료를 통해 피인수회사와 가격과 고용조건, 우발채무조정 등을 협상하게 됩니다.

이런 경우에는 보통 외부전문가를 초청해 실시합니다. 외부전문가를 초청하면 회계담당자의 부담은 덜 수 있지만, 그렇다 하더라도 전적으로 외부전문가에게 의지할 것이 아니라 본인이 파악해야 할 기본적인 사항은 챙겨야 합니다.

1분 칼럼

회사분할에는 인적분할, 물적분할이 있습니다. 그리고 세무상 일정조건을 갖추면 적격분할로 자산, 부채를 넘길 수 있으며, 세금문제도 발생하지 않습니다.

회사가 사업부를 분할하려는데요?

회계담당자는 경영자가 분할을 결정했다면 기본지식을 통해 인적 또는 물적 분할여부, 적격분할해당여부 등을 내부적으로 검토해야 합니다.

중소기업에서도 법인 사업부가 여러 개면 경영효율성 등으로 인해 사업부문을 분할하게 됩니다. 이때 원래 한 개의 회사가 2개 이상의 회사로 됩니다. 이를 분할이라 합니다. 이때 원래 회사를 분할회사, 새로 생기는 회사를 분할신설회사라 합니다. 분할하는 경우 원래 회사가 가지고 있던 고정자산 등 재산을 넘길 때 시가로 넘겨야 합니다. 따라서 고정자산처분손익이 생길 수 있습니다.

그러나 세무상 손익으로 보지 않기에 법인세신고 때 세무조정을 통해 추가 세금부담은 없지만 증권거래세 부담은 있습니다.

또한 분할등기일이 현재 5년 이상 사업을 하던 법인이 독립된 사업부문을 분할하며, 그 사업부문에 자산 및 부채가 포괄적으로 승계

되고, 분할법인 출자에 의해 분할되는 조건을 갖추면 자산과 부채를 장부가액으로 넘길 수 있습니다. 이를 적격분할이라 부릅니다. 이 경우 증권거래세 부담이 없으며, 자본금에 대한 등록세 부담도 없습니다. 재무상태표상 분할하는 방법은 현금과목부터 이익잉여금 과목까지 사업부분별로 분할하면 됩니다. 그 결과 재무상태표도 2개 이상 생깁니다.

분할 중 인적분할이란 분할회사의 원래 자본금은 분할신설회사의 자본금만큼 줄어들고, 분할신설회사는 분할회사의 자본금 중에서 일부가 새로운 자본금으로 됩니다. 이해를 쉽게 하기 위해 인적분할은 주주들 입장에서 기존의 분할회사 주식수 대신에 줄어든 분할회사주식과 새로운 분할신설회사의 주식을 갖게 됩니다.

반면에 물적분할은 분할회사는 재산을 넘겨주면서 신설분할회사의 자본에 해당하는 투자유가증권을 보유하게 됩니다. 신설분할회사는 인수한 재산만큼 자본(자본금과 주식발행초과금)이 생깁니다. 결과적으로 분할회사는 모회사, 신설분할회사는 자회사가 됩니다. 분할회사 투자유가증권금액이 신설분할회사 자본금과 주식발행초과금 합계금액과 일치합니다.

이해를 쉽게 하기 위해 물적분할은 기존 주주들 입장에서 기존의 분할회사 주식수는 변동이 없습니다. 왜냐하면 분할회사의 재산이 신설분할회사의 투자유가증권으로만 대체되었기 때문입니다. 회계담당자는 경영자가 분할을 결정했다면 기본지식을 통해 인적 또는 물적 분할여부, 적격분할해당여부 등을 내부적으로 검토해야 합니다. 그리고 외부전문가의 도움을 통해 세무, 회계상 문제없이 분할이 진행되도록 해야 합니다.

〈적격 인적분할〉

기존 회사 (제조+유통)			분할회사 (제조)		신설분할회사 (유통)	
재무상태표						
20XX년 X월 X일 현재						
㈜비전21	(단위 : 원)					
자산						
보통예금	100		보통예금	50	보통예금	50
외상매출금	100		외상매출금	40	외상매출금	60
기계	200		기계	200	시설장치	100
시설장치	100	→				
자산총계	500	분할	자산총계	290	자산총계	210
부채	0		부채	0	부채	0
자본			자본		자본	
자본금	200		자본금	100	자본금	100
이익잉여금	300		이익잉여금	190	이익잉여금	110
자본총계	500		자본총계	290	자본총계	210
부채와 자본총계	500		부채와 자본총계	290	부채와 자본총계	210

〈적격 물적분할〉

기존 회사 (제조+유통)			분할회사 (제조)		신설분할회사 (유통)	
재무상태표						
20XX년 X월 X일 현재						
㈜비전21	(단위 : 원)					
자산						
보통예금	100		보통예금	50	보통예금	50
외상매출금	100		외상매출금	40	외상매출금	60
기계	200		기계	200		
시설장치	100	→	투자유가증권	210	시설장치	100
자산총계	500	분할	자산총계	500	자산총계	210
부채	0		부채	0	부채	0
자본			자본		자본	
자본금	200		자본금	200	자본금	150
이익잉여금	300		이익잉여금	300	주식발행초과금	60
자본총계	500		자본총계	500	자본총계	210
부채와 자본총계	500		부채와 자본총계	500	부채와 자본총계	210

가계수표

이는 가계종합예금 계좌를 가지고 있는 사람이 발행하는 수표다. 가장 흔히 활용되는 일반가계수표의 경우 건당 발행 한도는 개인이 100만 원, 사업자 500만 원이다.

가계정

현금이 지출되거나 수입이 있었지만 그 계정과목이나 금액이 확정되지 않아 임시로 처리하는 계정을 말한다. 확정시 또는 결산기에는 제대로 된 계정에 처리해야 한다.

가산세

세법에서 정한 의무를 성실히 이행하도록 산출세액에 가산해 내는 세금을 말한다. 가산세가 신고 · 납부 준수에 중점을 둔 반면, 가산금은 납기의 준수에 중점을 둔다.

가수금

회사에 일시적으로 운영자금이 부족할 때 보통 법인의 대표이사가 이를 빌려주는 것을 말한다. 결산기에는 임원단기차입금 등 적절한 과목으로 대체된다.

가압류

장래에 발생할지도 모르는 사태에 대비해 담보로 제공 받은 채무자의 재산을 압류함으로써 강제집행을 보전하는 절차를 말한다.

가지급금

이론적으로 법인의 대표이사가 회사의 자금을 빌려가서 갚지 않고 남아있는 상태를 말한다. 언젠가는 갚아야 하는 것으로 결산기에는 임원단기대여금 등과 같은 적절한 과목으로 대체된다.

간이과세자

부가가치세법에 따른 사업자로 개인사업자 중 전년도 매출이 4천800만 원 미만인 사업자를 말한다.

간편장부

소득세법에 따른 개인사업자 중 복식부기가 아닌 단식부기와 유사한 장부을 만들어야 하는 사업자를 말한다. 예로 당년도 매출액이 도 · 소매는 3억 원 미만, 제조는 1억 5천만 원 미만, 임대는 7천500만 원 미만의 사업자를 말한다.

갑근세

국세로서 갑종근로소득세라고 하며, 내국인의 급여에 대해 떼는 세금을 말한다. 회사가 정부를 대신해 징수해 정부에 납부한다.

개산보험료

보험료 결정의 대상이 되는 급여의 추정치로 보험료를 계산해 이를 미리 납부하는 것을 말한다. 이는 사후에 급여의 확정으로 정산된다.

건강보험

국가에서 국민의 질병과 부상에 대한 예방, 치료 및 건강증진을 위해 실시하는 보험을 말한다.

결산서

회사에서 재무제표와 각 재무제표의 계정과목에 대한 명세서를 만들어 이를 같이 묶어 놓은 책자를 말한다.

결손상태

회사에 과세표준이 마이너스여서 세금이 없는 상태를 말한다. 기업회계상 결손과 차이가 생기는 것이 보통이다.

경상개발비

개발단계에서 시제품생산 등을 통해 양산판매가 가능한 경우에는 무형자산으로 처리하지만, 이 단계에서 판매가 불가능하다고 판단되면 즉시 비용으로 처리되는 것을 말한다.

경영성과

손익계산서상 매출액 규모, 영업이익 규모, 경상이익 규모, 당기순이익 규모 등을 말한다.

계산서

부가가치세와 무관한 소득세법에 의한 면세사업자가 매출을 일으킬 때 발행하는 매출계산서와 상대방이 받는 매입계산서를 말한다.

계상

자산, 부채, 자본, 수익, 비용에 해당하는 항목의 금액을 계산해 재무제표에 표시하는 것을 말한다.

계정과목

자산, 부채, 자본, 수익, 비용에 구체적인 분류를 하고 여기에 대해 명칭을 붙이는 것을 말한다. 예로 자산의 경우 현금, 외상매출금 등이 계정과목이다.

계정과목규정집

회사에서 자체적으로 사용하는 계정과목에 대해 정의를 내리고 어떤 경우에 어떤 계정과목을 사용하는가를 기술해 놓은 자료집을 말한다.

고문계약

회사의 각종 질문에 대해 자문할 것을 계약으로 맺는 것을 말한다. 고문업체는 대가로 매월 일정수수료를 받는다.

고정대출

금융기관에서 조달한 차입금 중 만기까지 차입금을 유지하다가 만기에 일시 상환하는 대출이다. 보통 대출이라 하면 이를 말한다.

고정자산

1년 이상 기업에 존재하는 자산으로 기계 등 유형자산, 특허권 등 무형자산, 장기보유채권, 보증금 등 투자와 기타자산이 있다.

공급가액

물건을 팔거나 서비스를 제공하면서 받는 금액 중 부가가치세를 제외한 순수한 재화나 용역대금을 말한다.

공인노무사

국가자격증으로 기업의 노무관리에 대한 업무를 처리하는 전문가이다. 개인 사무소 또는 법인에 소속되어 근로자의 권리 · 구제업무 등에 대한 상담, 지도 등을 한다.

공채할인

차량이나 집을 살 때 일정액의 국공채를 의무적으로 구입하게 되어 있다. 이를 구입한 후 즉시 금융기관이나 사채업자에게 파는 것을 공채할인이라 한다.

관세

국경을 통과하는 수입물품에 대해 부과하는 세금이다. 반면에 용역은 관세를 부담하지 않는다.

관세사수수료

통관절차를 대신해 주는 관세사에게 지급하는 수수료를 말한다. 관세사는 관세법상의 행정쟁송을 대리해준다.

국가기술자격법

국가기술자격에 관한 기준과 명칭을 통일해 자격제도를 확립하고 그 시행에 관한 사항을 정한 법률이다.

국민연금

국민의 생활안정과 복지증진을 목적으로 국민의 노령화, 장애 또는 사망에 대비해 실시하는 연금제도를 말한다.

국세조세협약

국가와 국가가 서로 세금을 어떻게 매길 것인지 협정을 맺는 것을 말한다. 예로 한미조세협약이 있다.

국세청

국가재정을 충당하는 국세 중 내국세의 부과, 감면, 징수와 국유재산 관리를 위해 재정경제부 산하에 설치된 기구이다.

근로계약

회사와 채용되는 임·직원이 서로 어떻게 근무할 것인가, 급여는 얼마로 할 것인가 등을 협의해 동의한 것을 말한다.

근로계약서

회사와 채용되는 임 · 직원이 서로 동의한 근로조건을 명확히 해 분쟁을 방지하기 위해 작성한 계약서를 말한다.

근로기준법

헌법에 의해 근로조건의 최저기준을 정한 법이다. 이 법은 상시 5명 이상의 근로자가 근무하는 사업장에 공평하게 적용된다.

근로복지공단

산업재해보상법에 의해 근로자의 복지증진을 위해 설립된 공단으로 재해근로자의 복지후생사업, 중소기업 근로자의 복지사업을 시행한다.

근로소득

원래는 노동력의 제공으로 받는 대가를 말한다. 그러나 세무상으로는 급여총액에서 급여에 따른 근로소득공제를 한 후의 금액을 말한다.

급여규정

회사의 모든 직원에게 공평하게 적용되도록 급여에 대해 자세히 설명해 놓은 규정을 말한다.

급여대장

직원 전체에 대한 급여내역을 기록한 서류를 말한다. 여기에는 기본급, 제수당, 갑종근로소득세, 지방소득세, 각종 보험료 등의 공제사항과 순지급액이 기록되어 있다.

기간귀속차이

기업회계상 수익과 세무상 익금의 계산

시기가 달라지는 것을 말한다. 또 기업회계상 비용과 세무상 손금의 계산시기가 달라지는 것을 말하기도 한다.

기업회계

이는 기업의 적정한 재정상태 및 경영성과를 나타내는 것을 목적으로 한다. 이는 주로 대차대조표와 손익계산서로 표현된다. 이는 재무회계로도 불린다.

기장대행업체

기장을 영어로는 bookkeeping이라고 한다. 즉 장부를 대신 작성해 주는 외부업체를 일컫는 말이다. 장부 외에도 세금신고, 급여지급 등 여러 가지 업무를 수행한다.

납부불성실가산세

납부해야 할 세금금액에 미달되게 납부한 과소납부소득금액에 대해 부과하는 가산세를 말한다.

농어촌특별세

농·어업의 경쟁력 강화와 농어촌 산업기반시설의 확충 및 농어촌 지역개발사업을 위해 필요한 재원을 확보하기 위해 제정한 법이다.

담보

채무자의 채무불이행에 대비해 채권자가 채권확보목적으로 제공 받는 부동산이나 신용 등을 말한다.

당좌수표

수표발행인이 은행과의 사전약정에 의해 은행을 지급인으로 지정하되, 수표발행자의 당좌예금잔고 내에서 결제가 되도록 발행되는 수표를 말한다. 만일 수표발행자의 당좌예금잔고를 초과해 수표를 결제할 수 있도록 은행과 사전약정이 되어 있으면 이를 당좌대월이라고 한다.

당좌예금

수표 또는 어음의 결제를 위해 개설된 예금이다. 업체가 은행과 사전에 약정을 맺고, 이에 따라 발행된 수표나 어음이 이 예금을 통해 결제된다.

대여금

기업에서 다른 사람이나 회사에게 이자율, 만기, 금액을 약정하고 자금을 빌려주는 것을 말한다. 이런 내용을 증명하기 위해 금전대여약정서를 작성한다.

대표이사

보통 최고경영자로 불리는데, 주식회사에서 내부적으로는 업무를 집행하고 대외적으로는 회사를 대표한다. 대표이사는 이사들이 모이는 이사회에서 선임되지만 정관에 따라 주주총회에서 선임되기도 한다. 사장님이란 단어와 반드시 일치하는 것은 아니다.

등록세

일정한 자산을 부동산등기부등본 등의 공부에 등기 또는 등록하는 경우 부과하는 조세로 지방세에 속한다. 보통취득가액의 3%를 납부한다.

리스

임대업을 영업으로 하는 개인이나 리스회사가 사용료를 받고 일정기간 물건을 빌려주는 것을 말한다. 이런 산업을 리스산업이라고 한다.

만기일

채무금액이 상환되어야 하는 날을 말한다. 이는 지급기일이라고도 한다. 만기일이 공휴일이면 그 다음날이 지급일이 된다.

매뉴얼

기계를 움직이거나 업무를 할 때 모르는 사람도 쉽게 따라할 수 있도록 기술해 놓은 교본을 말한다.

매입세액

물건을 사거나 서비스를 제공받으면서 지불하는 금액 중 재화나 용역대금 외의 부가가치세를 말한다.

매입장

매입한 내용을 일자 순서대로 적요, 거래처, 공급가액, 부가가치세를 기록한 장부를 말한다. 이는 현금매입, 외상매입 모두를 포함한 것이다.

매출

기업이 외부에 물건을 팔거나 용역을 제공한 것을 말한다. 매출은 회사의 주수입원이며, 여기에서는 매출실적으로 이해하면 된다.

매출세금계산서

부가가치세법에 의해 부가가치세를 받아야 할 과세사업자가 매출을 일으킬 때 발행하는 서류를 말한다.

매출세액

물건을 팔거나 서비스를 제공하면서 받는 금액 중 재화나 용역대금 외의 부가가치세를 말한다.

매출장

매출한 내용을 일자 순서대로 적요, 거래처, 공급가액, 부가가치세를 기록한 장부를 말한다. 이는 현금매출, 외상매출 모두를 포함한 것이다.

면세

물건이나 용역 속에 부가가치세가 포함되어 있지 않은 것을 말한다. 예로 책을 사거나 병원에 진료비를 낼 때 이는 부가가치세가 포함되어 있지 않은 면세다.

면세사업자

물건을 팔거나 용역을 제공할 때 부가가치세를 받지 않아도 되는 사업자를 말한다. 이때 발행하는 서류가 계산서다.

무형자산

기업이 소유하고 있지만 눈에 보이지 않고 미래에 이익을 가져올 특허권 등 산업재산권과 개발비 등을 말한다.

문방구어음

보통 어음이라 하면 은행에서 주는 어음용지로 어음을 발행하는 은행도어음을 말한다. 반면에 인쇄된 어음용지를 문방구에서 구입해 어음을 발행하는 것을 문방구 어음이라 한다.

물품관리대장

회사에서 사용하는 물품 중 관리해야 할 것을 별도로 대장을 만들어 기록하고 관리하는 것을 말한다.

반제

계약에 따라 약속한 시점에 대금을 지급하거나 물건을 주는 것과 같은 채무의 이행을 말한다

받을어음

거래처로부터 외상대금 결제로 받은 약속어음 및환어음을 말한다. 따라서 어음을 발행해 지급한 측에서는 지급어음이 된다.

발생주의

회계 손익을 현금수입과 지출에 입각해 산출하는 현금주의에 대응되는 개념이다. 이는 손익을 현금기준이 아닌 현금이 들어올 것과 나갈 것이 확정된 시점을 기준으로 산출하는 것을 말한다.

배당

회사의 주주가 회사로부터 받는 배당금 등을 말한다. 현금배당이 일반적이지만 주식배당도 있다.

배당금

회사의 이익처분을 통해 주주가 회사로부터 받는 현금이나 현물을 말한다. 현금배당이 일반적이지만 주식배당도 있다.

배당소득

회사의 주주가 회사로부터 받는 배당금 등을 말한다. 배당금은 현금배당이 일반적이지만 주식배당도 있다.

법무사

국가 자격증으로 타인의 위촉에 의해 보수를 받고 법원과 검찰청에 제출하는 서류의 작성, 등기신청, 기타 등록신청에 필요한 서류의 작성, 작성서류의 제출대행을 업으로 하는 사람을 말한다.

법인

법으로 권리·의무 주체로서의 지위를 인정한 것을 말한다. 이는 보통 자연인이 달성하기 어려운 일을 할 수 있게 하기 위한 것이다.

법인등기부등본

법인이 법원에 설립신고를 마치고 나면 이를 증명해 발행하는 증서를 말한다.

법인등기비용

이는 법인등기부등본사항과 관련해 발생하는 세금 및 법무사수수료 등을 말한다. 설립시나 이전시, 증자시 등에 등기비용이 발생한다.

법인세

법인세 법인이 내야 하는 세금을 말한다. 이는 손익계산서상 당기순이익에서 세무조정을 거쳐 계산된 과세표준에 세율을 곱해 산출된 세액을 말한다. 반면에 개인이나 개인사업자가 내야 하는 세금을 소득세라고 한다.

변리사

국가자격증으로 특허, 실용신안, 의장, 상표에 관해 등록, 감정, 소송 등의 업무를 수행하는 전문가를 말한다.

병역특례요원

일정한 조건을 가진 사람이 군대에 가는 대신 지정된 업체에 근무하는 경우를 말한다. 석사학위 이상의 전문연구요원과 그 외의 산업기능요원이 있다.

병합

기존 1인의 주주가 가지고 있는 주식을 그보다 적은 수의 주식으로 만드는 것을 말한다. 회사의 자본금이나 자산에는 아무런 변화가 없다.

보조부

보조원장이라고도 한다. 장부는 총계정원장과 보조원장으로 나뉜다. 총계정원장은 모든 계정이 들어 있는 장부이며, 보조원장은 특정의 계정에 대해 작성하는 장부다.

보조원장

장부는 총계정원장과 보조원장으로 나뉜다. 총계정원장은 모든 계정이 들어 있는 장부이며, 보조원장은 특정한 계정에 대해 작성하는 장부다.

복식부기

의무자 소득세법에 의한 사업자로서 당해년도 매출액이 일정 규모 이상인 개인사업자다. 예로 도 · 소매는 3억 원 이상, 제조업은 1억 5천만 원 이상, 임대는 7천500만 원 이상이면 복식부기 장부를 비치해야 한다.

부가가치세

이는 모든 물건이나 서비스의 소비에 대해 부과하는 소비세로, 세금부담이 최종소비자에게 전가되는 간접소비세다.

부도

회사의 당좌예금계좌에 자금여유가 없어 어음이나 수표를 소지한 사람이 은행으로부터 지급거절 되는 경우를 말한다.

부채비율

대차대조표상 부채를 자기자본으로 나눈 비율을 말한다. 이 비율이 200% 이상이면 금융거래가 원활하지 못하다.

분기누계

분기란 3개월을 말한다. 따라서 분기누계란 3개월치 합계를 의미한다. 보통 부가가치세는 분기 단위로 신고하며 예외적으로 개인사업자는 6개월마다 신고한다.

비상근이사

매일 출근하지 않고 이사회 등 필요한 때만 출근해 업무를 보는 이사를 말한다. 반대가 매일 출근해 업무를 보는 상근이사다.

비용

기업이 수익을 얻기 위해 이미 소모해 버린 자원으로 매출원가, 판매비와 관리비 등을 말한다.

비품

에어컨 등과 같이 1년 이상 사용할 수 있는 물건을 말한다. 반면에 1년 미만 사용할 수 있는 물건은 소모품비나 사무용품비 등 비용으로 처리한다. 단 휴대폰, 가구, 컴퓨터 등은 사용가능 연수나 금액에 관계없이 이용처리가 가능하다.

사업자등록증

부가가치세 납세의무자인 사업자 및 사업내용이 관할세무서의 대장에 수록되고, 그에 따라 사업자등록번호 등이 기재된 증서를 말한다.

사채시장

공식적인 금융기관의 융자로는 부족해 그 수요를 충족시키기 위해 비공식적으로 융자가 이루어지는 시장을 말한다. 따라서 이자는 아주 높은 고금리다.

사채업자

은행 등과 같은 공식적인 금융기관이 아닌 사적으로 돈을 빌려주는 사람을 말한다. 이 경우에는 이자가 매우 높다.

상각

자산을 여러 기간에 걸쳐서 비용화할 때 매번 똑같은 금액이나 똑같은 비율로 비용화하는 것을 말한다.

상계

한 업체가 다른 업체에 채권도 있고 채무도 있을 때, 이 둘을 같은 금액으로 서로 소멸시키는 것을 말한다.

상여

표준 이상의 과업을 달성했을 때 특별히 추가로 지급하는 급여를 말한다. 그러나 요즘은 연봉제의 활성화로 연봉의 일부로 지급되기도 한다.

상품매출원가

상품매출이 생길 때 직접 발생한 상품원가를 말한다.

세금계산서

부가가치세법에 의해 부가가치세를 받아야 할 과세사업자가 매출을 일으킬 때 발행하는 매출세금계산서와 상대방이 받는 매입세금계산서를 말한다.

세금계산서불부합소명안내문

국세청에서 전산분석을 통해 동일한 건에 대해 업체가 제출한 세금계산서가 상대방이 제출한 세금계산서와 차이가 생겼을 때, 이를 밝혀달라고 업체에 보내는 공문이다.

세금추징

부가가치세, 법인세, 소득세 등의 세금을 제대로 납부하지 않은 경우 그 부족금액을 징수하는 것을 말한다.

세무조사

납세자가 4년 이상 조사를 받지 않는 경우, 표본조사대상으로 선정된 경우, 납세의무를 지키지 않는 경우 등에 대해 국세청에서 실시하는 조사를 말한다.

세무조정계산서

기업의 세금이 어떻게 나왔는지를 일목요연하게 설명해 놓은 책자를 말한다. 장부를 통해 세금을 신고하는 회사는 결산기로부터 일정기간 내에 이를 국세청에 매년 신고해야 한다.

세무회계

이는 기업의 소득에 대해 세법에 따라 과세소득을 계산하기 위한 회계를 말한다. 기업회계상의 이익과 세무회계상의 소득은 차이가 발생하기 마련이다.

세액공제

과세소득에 세율을 적용해 산출된 세액에서 일정세액을 깎아주는 것을 말한다. 산출세액의 일정률을 깎아주는 세액감면과 구별해야 한다.

소매매출

개인소비자에게만 판매하는 것을 말한다. 반대로 도매매출도 있는데, 이는 중간유통상에게 파는 것을 말한다.

손금

이는 세법상 수익에 대응되는 비용을 말한다. 기업회계상 비용은 세법상 손금 또는 손비에 해당된다.

손비

기업회계에서는 수익과 대응되는 것을 비용이라 한다. 세무상으로는 이러한 비용을 손비 또는 손금이라고 한다.

손익계산서

회사의 일정기간의 경영성과를 나타내는 표로 재무제표의 한 종류다. 이를 통해 매출액 및 이익수준 등을 알 수 있다.

손익분석

회사의 매출액과 비용에 따라 손실이나 이익을 추정해 보는 것을 말한다. 여기서는 직접원가계산에 의한 이익추정을 말한다.

수불부

재고수불부라고도 한다. 이는 원재료, 제품 등 재고 자산에 대해 품목별로 일자순에 따라 입 · 출고되고 남은 재고를 기록하는 장부를 말한다.

수입정산서

물건을 해외에서 수입해 올 때마다 물품대금, 관세, 운반비 등 투입된 모든 원가를 집계하는 표를 말한다.

신고대상이 되는 기타소득

기타소득 중 소득이 300만 원 이상이면 종합소득세 신고대상이 되는 것을 말한다. 여기서 소득이란 전체 받는 금액 중 필요경비를 제외한 금액이다.

신고불성실가산세

신고해야 할 소득금액에 미달되게 신고한 과소신고소득금액에 대해 부과하는 가산세를 말한다.

신용

거래상대방을 신뢰해 물건을 외상으로 팔거나 돈을 담보 없이 빌려주는 경우를 말한다.

신용평가기관

업체의 신용상태를 파악해 그 정보를 제공해주는 업체를 말한다. S&P, 무디스, 피치와 같은 세계적인 큰 기관 외에 여러 업체가 있다.

신용한도

이는 외상으로 거래할 때 업체별로 외상채권잔액의 최고수준을 결정하는 것을 말한다.

양도소득

자산의 양도로 발생한 소득이다. 현실적으로는 자산의 양도차익에서 각종 경비를 차감한 나머지를 말한다.

어음

일정한 기간 뒤에 대금을 갚기로 한 증서를 말한다. 이러한 어음의 종류에는 약속어음과 환어음이 있다.

어음추심

은행에서 고객의 편의를 위해 고객 소유 만기어음의 대금을 대신 회수해 주는 업무를 말한다. 은행에서는 추심수수료를 받는다.

역사적 원가주의

재무제표에 표시하는 금액을 현재의 시세로 평가해 표시하는 것이 아니라, 구입할 때의 금액으로 표시하는 것을 말한다. 예로 장부상 토지금액이 있다.

연말정산

매월 원천징수를 당한 근로소득에 대해 1년 동안의 세금을 다시 계산해 원천징수세액과 비교한 과부족을 정산하는 것이다.

연봉제

업무성과에 따라 임금을 1년 단위로 계약하는 제도다. 회사가 종업원의 능력 및 실적을 평가해 연간 임금을 정하고, 이를 매월 분할해 지급하는 것으로 미국에서는 일반화되어 있다.

예산

기업의 경영계획을 수치로 표시한 것을 말한다. 보통예산이라고 하면 연간예산을 말하는데, 이는 1년간 수입은 얼마이며 지출은 얼마일 것인지 추정하는 것이다.

외부회계감사

일반적으로 회사의 직전년도 자산이 120억 원 이상인 경우 등 주식회사의 외부감사에 대한 법률에 의해 공인회계사의 회계감사를 받아야 하는 경우를 말한다.

외상매입금원장

매입처원장이라고도 한다. 즉 외상거래처별로 관리할 수 있는 장부로, 보조원장에 속한다.

외상매출금원장

매출처원장이라고도 한다. 즉 외상거래처별로 관리할 수 있는 장부로, 보조원장에 속한다.

외상채권

기업이 상거래에서 신용으로 매출을 발생시킨 경우로, 외상매출금 계정과목과 같은 말이다. 반대 입장에서는 외상채무가 된다.

외상채무

기업이 업체로부터 신용으로 물건을 구입하거나 용역을 제공받고 아직 대금을 다 갚지 않은 경우를 말한다.

용역

물건이 아닌 것을 생산하는 것을 말한다. 예를 들면 소프트웨어 개발업이 이에 속한다. 또한 물건이 아닌 것을 소비하는 것을 말한다. 예로 노무의 투입 등이다.

용역수수료

재화 외의 용역사용에 대해 지불하는 수수료를 말한다. 예로 저작권료, 로열티 등이 이에 속한다.

원가

제품이나 소프트웨어를 개발하기 위해 투입된 재료비, 노무비, 경비를 원가라고 한다.

원천징수

소득을 지급할 때 지급받는 자의 부담세액을 국가를 대신해 미리 징수하는 것을 말한다.

유동성위기

유동성은 채무변제시 현금 등 자금을 동원할 수 있는 능력을 말한다. 유동성이 부족해 기업이 지급불능이거나 파산할 수 있는 것을 유동성위기라고 한다.

의결권

어떤 사안에 대한 결정에 참여하는 권리다. 이 경우에는 주주총회에 참석해 권리를 행사하는 것을 말한다. 주식매수선택권 회사의 주식을 시세보다 싼 가격으로 매입할 수 있는 권리를 부여한 후, 일정기간이 지나면 행사할 수 있도록 하는 제도다.

이사회

이사에 의해 구성되며, 회사의 업무집행사항을 결정하는 기관이다. 업무집행사항은 주주총회결의 사항 외에는 모두 이사회 결의에 의한다.

이윤

이는 경제학적인 개념으로 기업의 총수입에서 생산요소의 대가인 임금, 임차료, 이자를 제외한 잉여를 의미한다. 여기에서는 이익이라고 생각하면 된다.

익금

이는 세법에 의한 수익을 말한다. 자본을 제외하고 순자산을 증가시키는 거래로 발생하는 수익금이다.

일반관리비

손익계산서상 분류되는 비용항목이다. 매출원가 및 판매비는 매출에 직접 발생하지만 일반관리비는 간접적으로 발생하는 비용이다.

일일자금실적

이는 매일매일 자금이 들어오고 나간 것의 내역과 금액을 표시하고, 또 잔액도 기록한 것을 말한다. 이를 표로 나타낸 것이 자금일보다.

임차료

공장이나 사무실을 빌리면 매달 사용료를 내야 한다. 이것이 바로 임차료다. 흔히 임대료라고도 부른다.

입금표

원래 부가가치세법상 세금계산서가 발행된 외상대금의 지불증빙이었다. 그러나 요즘은 대금을 직접 주는 경우가 거의 없고 은행을 통해 이체하기 때문에 잘 사용하지 않는다. 대신 일반적인 지급영수증으로는 많이 사용되고 있다.

잉여금

기업의 영업활동을 통해 생긴 이익을 배당 등으로 처분하고도 남아서 계속 적립하는 잉여를 말한다. 최선의 자본조달 원천이다.

자금

경색 여유자금이 없어서 거래처에 결제를 못하거나 직원들의 급여를 못주는 경우를 말한다. 회사가 정상화되기까지 많은 시간이 걸린다.

자금수지

기업에서 자금이 들어오고 나가는 것을 말한다. 이를 통해 자금계획을 세울 수 있다.

자금월보

한 달 동안 자금의 종류별로 입 · 출금 및 자금시재를 정리한 자료다.

자금일보

하루 동안의 매출과 매입, 일상경비 등 자금의 입·출금에 대한 모든 내용 및 자금시재를 정리한 것으로, 회사에는 필수적인 자료다.

자산

기업이 소유하고 있는 자산 중 장래 이익창출에 기여하게 될 자원을 말한다. 참고로 비용은 이익창출에 이미 소모되어 버린 자원을 말한다.

잡손실

정상적인 영업활동이 아닌 것에서 발생하는 손실을 말한다. 손익계산서상 분류는 영업외비용에 속한다.

재고

재고자산이라고도 불린다. 이는 회사에서 제품을 제조하기 위해 가지고 있는 원재료나 팔기 위해 가지고 있는 제품, 상품 등을 말한다.

재고수불부

원재료, 제품 등 재고자산에 대해 품목별로 일자순에 따라 입 · 출고되고, 남은 재고를 기록하는 장부를 말한다.

재무상태표

회사의 일정기간의 재무상태를 나타내는 표로, 재무제표의 한 종류다. 이를 통해 예금은 얼마인지, 매출채권은 얼마인지 등 회사의 재산상태를 알 수 있다.

재무제표

재무상태표, 손익계산서, 자본변동표(회계감사를 받는 경우만 의무임), 이익잉여금처분계산서, 현금흐름표(회계감사를 받는 경우만 의무임)의 5종류 및 주석을 말한다.

저작권료

문학, 학술, 예술에 속하는 창작물인 저작물이 가지는 배타적 · 독점적 권리에 대해 받는 소득을 말한다.

전결규정

회사 내에서 각자의 직위와 업무성격에 따라 최종결재권이 정해진 경우 이를 규정으로 만들어 놓은 것을 말한다.

전표

원래 장부작성 전 단계로 작성하던 분개장의 경우 신속성이 떨어지는 등 불편이 많아 전표를 사용하고 있다. 종류로는 현금거래만 기록하는 입금 · 출금전표와 그 외의 것을 기록하는 대체전표로 나뉜다.

절세

세법에서 정한 범위 내에서 소득공제나 세액공제, 세액감면을 받아 세금을 줄이는 것을 절세라고 한다. 반면에 의도적으로 세금을 적게 내는 것을 탈세라고 한다.

정관

정관은 회사의 헌법으로 불린다. 이는 회사의 조직이나 활동에 대해 정해 놓은 것으로, 법인설립시 반드시 작성해야 한다.

정규증빙

증빙 중 국세청에서 정한 세금계산서나 계산서, 신용카드전표(직불카드, 기명식 선불카드 포함)를 일컫는 말이다.

제수당

일반적으로 기본급 외에 근무의욕을 북돋우기 위해 지급하는 것이다. 가족수당, 특근수당, 주택수당, 근무지수당, 주말수당 등이 있다.

종합소득세

신고대상 이자 및 배당소득, 부동산임대소득, 사업소득, 근로소득, 신고대상 기타소득이 있는 경우 이의 전체소득에 대해 내는 세금을 말한다.

주식소각

이는 회사가 발행한 주식수를 소멸시키는 것으로, 주주와의 합의에 의해 실시하는 임의소각과 합의 없이 실시하는 강제소각이 있다.

주주

회사의 주인으로서 주주총회에서의 의결권을 가진다. 참고로 대표이사는 주주들에게 뽑혀서 그들의 회사를 운영한다

주주명부

특정일자 현재 회사 주주의 성명, 주민등록번호, 주소 등 인적사항과 보유하고 있는 주식수를 나타내는 명부를 말한다.

증권거래세

주식의 양도금액에 대해서 부과하는 세금이다. 비상장주식의 경우 양도한 날이 속하는 분기의 말일부터 2개월 이내에 납부해야 한다. 이를 어길 시에는 가산세가 붙는다.

증빙

거래가 성립되거나 돈을 주고 받을 때 이를 증명해주는 서류가 증빙이다. 예로 계약서, 세금계산서, 전표 등이 있다.

증빙불비가산세

국세청에서 정한 건당 3만 원을 초과하는 거래는 세금계산서나 계산서, 신용카드영수증의 정규증빙을 갖추어야 한다. 이렇게 하지 못할 경우 지불금액의 2%를 가산세로 내야 하는데, 이것이 증빙불비가산세다.

지급어음

외상으로 매입한 상품대를 어음을 발행해 지급하게 되는 경우를 지급어음이라 한다. 이는 금융을 목적으로 발행되는 지급어음과는 구별된다.

지방소득세

지방세로서 지방자치단체에 귀속되는 세금이다. 갑근세에 딸린 지방소득세와 같은 소득할 주민세와, 일정금액만 내는 균등할 지방소득세가 있다.

지정기부금

기업이 아무런 대가 없이 지불하는 것을 기부금이라 한다. 이런 기부금 중 기업의 일정소득 범위 내에서만 세무상 손비로 인정받는 기부금을 지정기부금이라 한다.

차입

주로 금융기관에서 일정기한 내에 원금의 상환과 중간에 일정한 이자를 지급하기로 계약하고 자금을 조달하는 것을 말한다.

차입금

주로 금융기관에서 일정기한 내에 원금의 상환과 중간에 일정한 이자를 지급하는 계약에 따라 조달된 자금을 말한다.

채권

다른 사람이나 회사에서 금전이나 물건으로 받아야 할 것이 있는 경우에 이를 보통 채권이라고 부른다.

채권추심회사

기업이 특정업체에 외상대금이나 대여금 등 채권을 받기 어려울 때, 업체의 요청으로 채권을 대신 받아주는 회사를 말한다.

총계정원장

기업의 자산, 부채, 자본, 수익, 비용에 속하는 모든 계정을 기록한 장부를 말한다. 즉 현금부터 시작해 법인세비용까지 모든 계정과목이 기록되어 있다.

최저한세

세액공제나 세액감면에 해당되면 그만큼 세금을 깎아주는 것으로 알지만 실제로는 아무리 세금을 깎더라도 일정액 이상은 내는데, 이를 최저한세라 한다.

추심

넓은 뜻으로는 대금을 받아내는 모든 활동을 말하고, 좁은 뜻으로는 은행이 부수업무로 고객의 편의를 위해 어음, 수표, 사채 원리금, 주식 배당금을 찾아주는 활동을 말한다.

취득세

일정한 자산의 취득에 대해 부과하는 조세로, 지방세에 속한다. 보통 취득가액의 2%를 납부한다.

퇴사

직원이 다니던 회사를 그만두는 것을 말한다. 법인의 경우는 모든 사람이 퇴사대상이지만, 개인회사의 경우 사장은 퇴사란 것이 없고 대신 폐업을 한다.

퇴직금

근로자가 1년 이상 근무하고 퇴직하는 경우 1년에 대해 30일분의 평균임금을 근로자에게 지급하는 것을 말한다.

투자차익

자본이득을 얻을 목적으로 취득한 주식, 채권 등을 팔 때 취득금액보다 더 받는 경우를 말한다.

투자활동

기업이 이익을 올리기 위해 새로운 설비자산에 투자하거나 여유자금이 있어 주식 등에 투자하는 경우를 말한다.

프리미엄

액면금액이나 계약금액 이상으로 받거나 지불하는 금액을 말한다. 여기에서는 증자시 신주의 액면가액과 발행가액의 차이를 말하는 것으로 결손보전, 무상증자의 재원이 된다.

할인

받을어음소지자 또는 어음발행자의 요청에 따라 만기일까지의 이자를 공제하고 어음대금을 지급하는 것을 말한다. 가수금 법인의 대표이사가 회사에 일시적으로 운영자금이 부족할 때 이를 빌려주는 것을 말한다. 이는 결산기에 임원단기차입금 등 적절한 과목으로 대체된다.

헤징(hedging)

가격변동 위험을 제거하기 위해 행하는 거래를 말한다. 예를 들어 외화로 받기로 한 물건대금은 환율에 따라 영향을 받는다. 이때 환율변동위험을 제거하는 것을 헤징이라 한다.

현금실사

금고에 실제 현금이 얼마나 있는지 조사해 보는 것을 말한다. 이 경우 가불관련 메모나 미발행 · 미인도 어음, 수표나 받을어음도 있다면 함께 조사해야 한다.

현금출납장

매일 거래순서대로 현금의 입금 및 출금에 대해서 내역과 거래처 및 금액을 기록하고, 이에 따라 잔액도 관리하는 장부다.

현물출자

주식회사에서 현금 이외에 물건으로도 출자가 가능한 것을 말한다. 현물로는 토지, 건물 등 부동산과 유가증권, 상품 등 동산이 있으며, 특허권 등 무형자산이 있다.